VOYAGES D'UNE FAMILLE

A TRAVERS

LA MÉDITERRANÉE

LADY BRASSEY

VOYAGES D'UNE FAMILLE

A TRAVERS

LA MÉDITERRANÉE

A bord de son yacht LE SUNBEAM

RACONTÉS PAR LA MÈRE

TRADUITS DE L'ANGLAIS
PAR J. BUTLER

OUVRAGE ILLUSTRÉ DE 127 DESSINS, PAR A. Y. BINGHAM

PARIS

MAURICE DREYFOUS, ÉDITEUR

20, RUE DE TOURNON, 20

PREMIER VOYAGE

CONSTANTINOPLE ET LES ILES IONIENNES

Un accostage par gros temps.

CHAPITRE PREMIER

RYDE, TANGER ET GIBRALTAR

Les personnes superstitieuses qui s'étonneront d'apprendre que j'aie pu partir un vendredi, seraient plus surprises encore si elles savaient de quel prix je payai pareille audace, lors de mon voyage à Suez, pour l'inauguration du canal. Des coups de vent d'équinoxe nous retinrent à Brest pendant trois semaines; le yacht chassé par la tempête jusqu'à Southampton, nous fit défaut pendant une partie du trajet, ce qui nous réduisit aux moyens ordinaires de transport; enfin, une vilaine fièvre que j'attrapai en Syrie, faillit me faire mourir à Malte, et je n'ai pas cessé d'en subir, de temps à autre, les désagréables effets. Malgré ces souvenirs, ce fut encore un *vendredi*, *le 4 septembre* 1874, que nous nous rendîmes à Hastings, pour embarquer sur le *Sunbeam*.

1

La pluie tombait à torrent et le vent soufflait si fort, que des régates qui devaient avoir lieu ce jour-là, dûrent être ajournées, sauf pour certains bateaux de pêcheurs que leur construction particulière rend aptes à braver tous les temps. Encore sur trente-sept inscrits, il en partit seulement dix, avec deux ris dans la voilure.

La matinée du 5 *septembre* fut belle, sans un souffle d'air ; vers dix heures et demie la brise se leva, pour souffler en tempête quelques heures plus tard. Quand le yacht arriva et jeta l'ancre, on eut beaucoup de peine à y embarquer nos bagages, quoiqu'une sorte de grue, improvisée, facilitât l'opération.

Le temps s'améliora, *le lundi 7 septembre*, mais un fort vent du sud continuait à régner. Nous avons lunché, à Saint-Léonard, avec le prince et la princesse de Roumanie, et assisté ensuite à de curieuses expérience de fusées, dont le but est de porter secours aux marins tombés à la mer. De là, nous sommes allés dans la campagne, pour montrer à nos hôtes de quelle façon les fermiers du comté de Sussex récoltent le houblon et engraissent le bétail. Un thé « sans cérémonie » a terminé la journée. Le prince et la princesse nous ont instamment invités à visiter leur pays, et nous nous sommes séparés en nous promettant mutuellement de nous revoir en Roumanie.

Mardi 8 *septembre*. — Un télégramme de Tom, m'a invitée à le rejoindre à Ryde, où il m'attendait avec le yacht. Tout était prêt pour le départ lorsque j'arrivai à bord ; mais le temps s'opposait à ce que l'on prît la mer.

Mercredi 9 *et Jeudi* 10. — Temps affreux. La plupart des yachts se sont réfugiés à Portsmouth ou à Southampton, et je ne crois pas qu'une seule embarcation ait essayé de se rendre à terre. Notre canot de sauvetage, toutefois, a fait le trajet avec succès ; on n'y était pas trop mouillé, quoique les hommes eussent de la peine à le manœuvrer à l'aviron, en raison de sa lourdeur et de ses formes.

Vendredi, 11 *septembre*. — Journée plus calme, mais pluvieuse. Je suis allée avec Tom et les enfants à Sandown, voir de vieux amis. Il s'est fait de grands changements dans cette localité depuis quelque temps, et ses rangées de villas, avec jardins et vérandas, lui donnent plutôt l'aspect d'une petite ville d'eau allemande que celui, grave et monotone, de nos « parades » du bord de la mer. Après le *luncheon*, Tom et un ami se décidèrent à revenir à pied ; les enfants, qui s'étaient mouillés en jouant dans le sable, furent renvoyés par le train ; moi, j'allai en voiture jusqu'à Bonchurch et de là à Ryde, où six hommes et le grand canot m'attendaient au bout de la jetée. Comme il ventait très fort et qu'une nuit noire ajoutait au danger de la traversée, notre ancien capitaine, Bishop, qui se trouvait là, m'engagea à rester à terre ; mais, confiante dans l'embarcation et dans son équipage, et sachant, d'ailleurs, combien tout le monde à bord serait inquiet si mon absence se prolongeait, je résolus de partir avec trois ris dans la voile et deux hommes prêts à la carguer. A peine étions-nous hors de la jetée que la mer et le vent nous assaillirent avec une force telle qu'ils nous repoussaient presque en arrière ; un grand steamer, au large duquel la brise nous empêchait de passer, faillit nous couper en deux ; obligés de serrer le vent pour atteindre le yacht, nous embarquions tant d'eau que trois de nos marins travaillaient constamment à la vider. A la fin, comme je désespérais de jamais arriver, John, le patron du canot, donna l'ordre d'amener la voile et d'armer les avirons [1]. « Allons, camarades, fit-il, un bon coup de souque, pour ne pas rester ici toute la nuit ! » Les feux disposés pour nous guider donnaient au *Sunbeam* l'aspect d'un édifice illuminé et, en approchant, on distinguait l'équipage, les domestiques et les enfants qui regardaient anxieusement par-dessus le bastingage ; les uns tenaient des lanternes, les autres des cordages prêts à nous être lancés. Nous allâmes heurter lourdement le yacht, et pendant quelques instants, j'eus peur qu'on ne parvînt pas à l'accoster. Parfois, sous l'action de la lame, il se soulevait au-dessus

---

1. Autrement dit : de prendre les rames.

de nos têtes ; parfois c'était nous qui le dominions[1]. Un bout de corde, jeté de l'arrière et heureusement saisi dans le canot, aida enfin à nous amener sous le vent de la coque, et l'on parvint à me hisser sur le pont pendant que les hommes y grimpaient de leur mieux. J'étais trempée, glacée et comme terrifiée ; mais mon émotion n'était rien auprès des transes ressenties à bord. Au moment où notre embarcation avait été reconnue dans l'obscurité, Tom se disposait à prendre l'autre canot pour venir à notre aide ou pour me retenir à terre s'il en était temps. Je ne crois pas que nous eussions pu atteindre une seconde fois le yacht, si notre premier accostage avait manqué ; il eut fallu chercher alors à gagner le port de Portsmouth et passer la nuit sur cette mer tourmentée. C'était une vraie tempête équinoxiale. Bien que tenu par deux ancres avec soixante brasses de chaîne d'un côté et quarante de l'autre, le yacht chassait[2].

Samedi, 12 septembre. — Pour échapper aux difficultés d'hier dans les communications avec la terre, Tom est allé mouiller dans le port de Portsmouth, où le va-et-vient des embarcations peut se faire sans danger par tous les temps. On a dansé dans la journée à bord de l'*Excellent*, et nous y avons retrouvé beaucoup d'anciens amis des escadres de la Méditerranée et du Canada. Le soir, le vent a tourné au nord-est, direction favorable à notre départ ; mais plusieurs de nos hommes étaient aux provisions, et nous avons dû attendre jusqu'au lendemain.

Dimanche, 13 septembre. — Les marins aiment à partir le dimanche autant qu'ils détestent se mettre en route un vendredi. Tout le monde à bord était donc de bonne humeur, lorsqu'à six heures du matin le yacht sortit lentement du port et descendit

1. Voir le dessin. On conçoit qu'il est très-difficile d'accoster un bâtiment et d'y embarquer par un gros temps, en raison des oscillations mouvementées du navire et de l'embarcation.

2. Un navire court ou chasse sur ses ancres quand, en raison de la pression exercée par la mer et par le vent sur la coque, les ancres creusent des sillons dans le fond où elles se sont plantées et n'assurent plus l'immobilité du bâtiment.

le Solent en longeant Ryde et Cowes. Vers midi, on doublait le cap de Saint-Alban ; à sept heures, la pointe de Start. Outre les trois enfants, Tab, Mabelle et le baby, nous emmenons M. Swift, ma cousine miss Eva Robinson, et M. Bingham.

Lundi, 14 *septembre* — Calme. A dix heures du matin, nous dépassions Ouessant[1] ; à midi, la chaussée de Sein. En vingt-huit heures, le yacht a fait 278 milles[2]. On a éteint les feux dans la journée et mis à la voile, avec une légère brise de nord-est ; le cap, sur la pointe Ortégal.

Mardi, 15 *septembre.* — Dans la mer de Biscaye (ou golfe de Gascogne) avec beau temps, belle mer et jolie brise du sud-est. Le point de midi, porté sur la carte[3], a montré que nous avions parcouru 113 milles depuis hier à pareille heure, et que nous étions à 176 milles du cap Ortégal.

Mercredi, 16 *septembre.* — On a reconnu la terre près du cap Ortégal et aperçu un peu plus tard le feu tournant du cap Finistère. Il faisait si calme ce matin, que Muriel ayant jeté son soulier par-dessus le bord, dans un accès de gaieté ou de malice, on a pu le repêcher. Dans la journée une grosse houle s'est levée, et nous a d'autant plus secoués que les voiles ne nous soutenaient pas, faute de brise pour les gonfler[4]. Aussi a-t-on allumé les feux et marché à la vapeur, à la grande joie de tout le monde. Distance parcourue à midi : 197 milles.

Jeudi, 17 *septembre.* — Bonne brise, allant toujours en fraîchissant. On a éteint les feux à 11 heures du matin. A midi, nous étions à 50 milles du cap Mondego, ayant fait 190 milles depuis la

---

1. Près de Brest. Voir la carte.
2. Environ 129 lieues de terre. Un mille marin vaut 1,852 mètres.
3. Porter le point sur la carte, c'est y marquer la latitude et la longitude qui déterminent la position du bâtiment.
4. Il est clair qu'un navire qui n'est pas *soutenu* par ses voiles, est à la merci de la houle.

veille à pareille heure ; à 10 heures du soir, nous passions au large
du roc de Lisbonne. Grosse houle du nord-ouest toute la journée.
Le soir, il a venté si fort que la mâchoire de la corne de brigantine[1]
s'est brisée. La vergue n'étant plus retenue le long de son mât a
décrit aussitôt, au-dessus de l'arrière, de grands arcs de cercle
avec une violence inouie. On n'a pu la saisir qu'en venant debout
au vent[2], manœuvre qui a permis d'amener la voile et de tout re-

Vue du pont.

mettre en ordre. Pas de membre cassé ; mais une boussole brisée
et un habitacle avarié. Nous avons aperçu des baleines, dont l'une
si près du yacht que l'eau qu'elle projetait, faisait l'effet d'un jet
de vapeur lancé par notre machine. Des bandes de marsouins ont
pris leurs ébats à nos côtés tout le long du jour. La mer était pleine
de méduses, de couleurs et de formes variées ; le soir, elle s'est

1. L'une des vergues placées dans le sens de la longueur du navire, servant à
enverguer la voile appelée brigantine. Elle s'appuie par une mâchoire sur le mât de
l'arrière ou mât d'artimon.
2. C'est-à-dire dans la direction même du vent, ce qui fait que la voile cesse
d'être gonflée et devient ainsi maniable.

couverte de zoophytes qui la parsemaient de .points si brillants,
qu'on eût dit que chaque étoile du beau ciel au-dessus de nous,
venait se mirer dans son onde. Tout cela témoigne de la distance
en latitude qui nous sépare déjà de l'Angleterre.

Vendredi, 18 *septembre.* — Nous jouissons, depuis ce matin, d'une

Intérieur du rouf ou dunette.

jolie petite brise ; mais la houle du nord-ouest a persisté une partie
de la journée et nous a fait beaucoup rouler. Nous avons doublé
le cap Saint-Vincent : après quoi, la mer est devenue plus calme
bien que le vent eut sensiblement fraîchi. Navigation charmante,
le long de la côte de Portugal. Dans la soirée, on a reconnu le
phare du cap Sainte-Marie ; la nuit a été tranquille et chacun a pu
dormir sans être secoué dans sa couchette.

Samedi, 19 *septembre.* — Matinée très chaude, avec calme plat et
forte houle. On avait allumé les feux et hissé le tuyau de la ma-

chine pour entrer à Tanger à la vapeur, quand une violente rafale
s'est élevée soudain et a soufflé ensuite plusieurs heures durant,
en soulevant de grosses lames qui embarquaient à bord ; nous n'a-
vions pas encore été aussi maltraités par la mer, depuis notre départ. Heureusement que nous fûmes vite à l'abri du cap Spartel,
ce qui nous a permis de jouir en paix de la vue de la côte et de l'aspect de Tanger surgissant comme une perle du sein de l'Océan.
Un peu après midi, on a amené une embarcation pour nous con-

Cap Saint-Vincent.

duire à terre, pendant que le yacht croiserait au large ; mais malgré
nos passeports, nous n'avons pas pu débarquer, faute de la patente
de santé [1] que Tom avait oubliée à bord, et le consul anglais fut
avisé de notre embarras, sans pouvoir, nous venir en aide.
Sur quoi, Tom nous fit passer dans une barque vide qui se trouvait à l'ancre près du rivage, et retourna au yacht d'où il rapporta
l'important document. Au moment où il nous rejoignait, les consuls et vice-consuls des différentes nations (il y en a ici une légion),

2. Certificat attestant qu'il n'y a pas d'épidémie dans le dernier port quitté par
le navire.

venaient de décider et de nous faire savoir que nous pouvions des
cendre à terre. Tout cela se passait sous un soleil brûlant et dura
bien trois heures. Devant nous, des Arabes baignaient leurs chevaux dans la mer. Ces hommes demi-nus, au teint basané, à la
forte charpente, sont tellement immobiles sur leurs bêtes, qu'on
dirait des bustes de bronze. Quoi que fasse l'animal, qu'il dis-
paraisse dans l'eau ou qu'il se redresse en hennissant, le cavalier
a l'air d'être comme collé à sa monture.

L'*Hôtel royal Victoria* où nous nous sommes rendus en débarquant, est tenu par un noir, ancien serviteur du duc d'Édimbourg,
marié à une cuisinière écossaise. C'est un établissement confortable : bonne table, bon vin, chambres propres et fraîches, ayant
vue sur le nord. L'aspect de la ville et des habitants est si curieux,
que nous avons décidé de passer le dimanche ici. Nous sommes
allés voir le marché qui fourmillait d'Arabes au manteau blanc,
de nègres en toile rayée, de Bédouins en burnous, de Marocains et
de Juifs dans des costumes éclatants de toutes les couleurs. Les
Juives portent des draperies encore plus étoffées que celles des
hommes ; elles ont le visage découvert. Les Moresques ont la figure
emmitouflée jusqu'aux yeux, et ressemblent à des mannequins
animés, recouverts de vêtements malpropres. Près de la porte, des
rangées de chameaux venant de l'intérieur, des groupes de mules
et de chevaux amenés des villages voisins, des gens tout autour,
campés sous de petites tentes rayées ou dans des abris en bambou,
cuisinant, vaquant à leur besogne, avec des mines et des costumes
d'un pittoresque achevé. Ces familles entières, — enfants, bébés et
le reste, — empaquetées sous la tente malgré l'intensité de la chaleur, à quelques pas du grand désert, nous rappelaient les Lapons
que nous laissions, il y a deux mois, pressés dans leurs huttes en
face des neiges éternelles. Il est curieux de constater cette ressem
blance dans les habitudes de deux peuples, dont l'un vit toute
l'année sous un ciel brûlant, pendant que l'autre entrevoit à peine
le soleil. Des charmeurs de serpents fascinaient l'affreux reptile,
au centre d'un cercle d'admirateurs ; des diseurs d'histoires con-
taient et mimaient leurs légendes, devant un auditoire groupé sur

les rocs et sur les pierres de la colline. Nous avons trouvé à la table d'hôte, beaucoup de visiteurs venus de Gibraltar pour passer le dimanche à Tanger.

Après le dîner, en rejoignant l'embarcation qui devait nous conduire au yacht où nous avons passé la nuit, nous sommes

Tanger.

entrés dans un petit café éclairé par deux lampes, faites d'une mèche trempant dans l'huile, qu'une longue chaîne attachée au plafond laissait pendre presque au niveau du sol. Nous nous sommes assis sur nos talons et on nous a servi du café à la turque[1], un peu épais et trop sucré, mais d'une saveur et d'un parfum

1. Une petite cuillerée de café et une autre de sucre en poudre, mêlées dans une tasse microscopique et arrosées d'eau bouillante. (Note de l'auteur.)

exquis. La scène ne manquait pas d'originalité : une demi-douzaine
d'hommes jouant aux cartes dans un coin, un joueur de mando-
line dans l'autre, notre guide accompagnant l'air monotone du
musicien avec une grosse clef, une paire de mouchettes et un
couteau qu'il avait retirés de sa poche. Le retour à bord, au clair
de la lune, a été charmant; c'est un bonheur de respirer la brise
de mer après une chaude journée.

Au bazar, à Tanger.

Dimanche, 20 septembre. — Nous avons été à terre de grand
matin pour revoir le marché en pleine animation. Mêmes tableaux
que ceux d'hier; seulement, plus de mouvement et plus de personnages. A onze heures et demie, Tom a lu les prières. Nous
avons reçu la visite du commandant d'un navire de guerre espagnol, mouillé dans la baie depuis plus de deux mois. Il a été
envoyé ici, en même temps que des bâtiments d'autres nations,
pour mettre les Kabyles à la raison, et il y est resté parce que les
officiers et l'équipage, prélevant leurs appointements sur l'indem-

nité de guerre qui passe par leurs mains, se voient payés intégralement. C'est là, paraît-il, un avantage exceptionnel dans la situation présente de l'Espagne ; il compense auprès de l'état-major du *Nave de Tolosa* l'ennui d'un long séjour dans ces parages. On a demandé au commandant des nouvelles de la guerre ; mais il était peu renseigné et semblait fort indifférent à ce genre de préoccupation.

Une promenade à la *Caasba*, au haut de la ville, a occupé l'après-midi ; on domine de là toute la cité. Comme la plupart des villes d'Afrique, Tanger est bâtie en pierre argileuse, mêlée à de la paille ou transformée en brique ; l'extérieur est généralement blanchi à la chaux, mais il y a des maisons peintes en rouge ou en jaune, et d'autres auxquelles on laisse la couleur naturelle. Les mosquées sont construites de la même façon, à l'exception des minarets qu'on fait avec des carreaux verts, rouges et jaunes ; un superbe palmier, planté auprès de l'édifice, complète l'effet de l'ensemble. Dans la soirée, une noce maure a circulé au bruit des coups de fusil et d'une musique discordante, à travers le dédale des étroites rues ; nous l'avons suivie jusqu'à la demeure de la mariée, qu'on trouva installée dans une sorte de caisse carrée, — tapissée de mousseline et ornée de glands bariolés, — qui fut hissée sur le dos d'une mule. Quatre hommes soutenaient l'étrange véhicule pour le maintenir sur l'animal ; mais, malgré leurs efforts, l'équilibre de la caisse était souvent troublé, et la malheureuse emprisonnée dut passer par plus d'une alerte, durant le long trajet qu'on lui fit faire par la ville avant de la conduire à la maison de son mari, située pourtant tout près de la sienne. Rien de plus pittoresque que cette foule bigarrée, vue aux rayons de la lune. Nous l'avons accompagnée un certain temps ; puis, la monotonie de la musique, l'ennui de détonations éclatant aux oreilles sans qu'on s'y attendît et l'odeur répandue par les promeneurs nous ont découragés. Nous avons repris le chemin des portes qu'on nous a ouvertes sans trop de difficulté, et la rentrée à bord s'est effectuée aussi agréablement que la veille.

Lundi, 21 *septembre*. — Départ pour Gibraltar à onze heures du matin ; arrivée à deux heures et demie, après une traversée superbe dans l'incomparable détroit. Nous avions à peine jeté l'ancre qu'on est venu dire que la malle, qui devait ramener les deux aînés des enfants en Angleterre, partait le soir au lieu de mercredi. Cette séparation précipitée a été bien dure, et si nos jeunes et chers compagnons de voyage avaient demandé à rester une semaine de

Musiciens du Maroc.

plus, je n'aurais peut-être pas eu le courage de refuser. Mais ils ont été assez raisonnables pour n'en rien faire, et je m'en félicite maintenant, puisque c'est pour leur bien qu'ils retournent là-bas. Après une promenade à âne jusqu'au sémaphore, et un dîner au *Club-House-Hotel* nous avons conduit Tab et Mabelle à bord du paquebot avec la femme de chambre qui les accompagne. Ils sont très bien installés ; c'est une consolation.

Pénible instant que celui où, descendant l'échelle, au tintement de la cloche qui annonçait le départ, nous vîmes deux petites têtes et quatre petits bras s'agiter au-dessus de nous, pendant que deux voix grosses de chagrin criaient, en sanglotant : « Adieu, papa ! adieu, maman ! » Les officiers de l'*Invincible*, qui escortaient à bord leur capitaine arrivé au terme de son commandement, se retiraient au même instant en poussant des vivats en honneur de leur ancien chef. Les musiques de la flotte jouaient des airs nationaux. Ces scènes de la vie de mer, si attachantes habituellement, ajoutaient aujourd'hui à notre tristesse, et quand les feux du navire disparurent derrière la pointe d'Algeziras, il nous sembla qu'un dernier lien se brisait entre ceux qui partaient et ceux qui restaient !

La *nursery* ou chambre des enfants.

CHAPITRE DEUXIEME

Gibraltar, 22 septembre. — On grattait les mâts, on embarquait le charbon, tout était sens dessus dessous à bord, quand les capitaines de l'escadre sont venus, l'un après l'autre, nous rendre visite ; jamais je n'avais vu, autour du *Sunbeam*, un tel cordon d'embarcations : guigues, baleinières, canots de toutes sortes. Nos hôtes ont paru très satisfaits du yacht, malgré le désordre et le peu de propreté qui y régnaient. Dans la journée, nous avons assisté à une revue de soldats de marine ; puis nous sommes allés sur le *Swiftsure*, un des plus beaux bâtiments de la flotte en station ici.

Mercredi, 23 septembre. — Un paquebot des « Messageries nationales » nous a ramenés à Tanger. Le temps était superbe ;

mais le navire, insuffisamment lesté, roulait beaucoup, et le *luncheon* a été marqué par des incidents aussi désagréables à l'œil qu'à l'ouïe. En arrivant, nous avons flâné dans les rues et pris quelques photographies. De la terrasse de notre hôtel, la vue s'étend à l'est, par-dessus la baie, jusqu'à l'Atlas ; à l'ouest, sur la vieille ville et ses murs crénelés. C'est en face de ce tableau que nous achevons la journée.

Jeudi, 24 septembre. — Réveillés à quatre heures et demie ; à cheval dès six heures ; moi, sur un barbe ravissant et très agréable d'allure, bien que son humeur batailleuse m'obligeât à le maintenir à distance respectueuse des autres cavaliers. La route, ou mieux le chemin, court à travers un pays ondulé : les collines sont couvertes d'aloès, de myrtes, d'oliviers sauvages, de palmiers nains et de gommiers ; dans les plaines, poussent le maïs, le blé, l'orge et le millet. Des Arabes allant au marché avec des ânes, des chevaux, des mules et des chameaux, animent le paysage ; des faucons, en grand nombre, planent dans l'air ou s'abattent, en troupe, sur quelque carcasse d'animal mort. A midi et demi, nous atteignons l'endroit choisi comme campement, chacun très fatigué, heureux de s'étendre à l'ombre et de prendre des sorbets. Nos compagnons de voyage ont chassé avec succès dans la journée ; Evie et moi, nous sommes restées à nous reposer. Cinq tentes, bien garnies, et une autre servant de salle à manger, composent notre camp ; les hommes s'y installent deux par deux ; ma cousine, moi, et une Espagnole, momentanément attachée à notre service, nous sommes ensemble.

Il y a aussi une cuisinière française qui nous a fait ce soir, soit dit incidemment, un dîner digne de Paris ; elle couche sous la tente qui tient lieu de cuisine. La soirée a été superbe ; un arbre auquel les Arabes ont mis le feu par accident et qu'on voyait flamber dans le lointain, donnait à l'arrière plan un singulier relief. La nuit a été fraîche, et il a plu ce matin, ce qui rend la température plus supportable.

Vendredi, 25 septembre. — Nos amis ont chassé au petit jour, et sont revenus vers huit heures avec des perdrix, des lièvres et des faucons ; à dix heures et demie, départ pour Tétouan, par une route pierreuse, toute de montées et de descentes. Après une marche de quatre heures, nous avons fait halte à l'ombre de deux grands oliviers sauvages, sur la rive d'un cours d'eau bordé de lauriers-roses en fleur ; puis, une autre étape de trois heures nous a amenés devant Tétouan, ville entourée de murs, bâtie sur une hauteur, d'où l'on découvre toute la chaîne de montagnes appelée le petit Atlas. La dernière partie de notre excursion s'est faite au milieu de jolis jardins, arrosés par des ruisseaux peuplés de fougères capillaires et dont le sol produit la figue, la mûre, l'orange, le melon, la pomme, la raquette, sans parler du maïs et du blé. Sur les flancs de la montagne, les champs présentent des teintes rappelant l'aspect des campagnes anglaises ; ces tapis de verdure contrastent singulièrement avec le désert aride qui s'étend au-dessous d'eux. Il faisait presque nuit quand notre cavalcade s'engagea dans les rues tortueuses de la ville, et nous errâmes quelque temps à travers le marché et le quartier juif (où les habitants sont toujours enfermés pendant la nuit,) avant d'arriver à notre auberge. Quelle étrange petite bicoque ! Une porte si basse qu'il faut se plier en deux pour passer ; une cour recouverte d'une grille ; un escalier de pierre pour grimper au premier étage, où l'on trouve une salle à manger, meublée de deux lits, et deux chambres ouvrant sur la galerie ; au-dessus, d'autres chambres communiquant avec la terrasse. Des officiers anglais que les exigences du service ont empêchés de partir avec nous mercredi matin, sont venus nous rejoindre ici ; ils ont quitté Gibraltar le soir même, dans une felouque, mais le calme les a retenus en mer pendant plus de vingt-quatre heures, et ils n'ont pu prendre terre que sur une plage sablonneuse, large de plusieurs lieues, qu'ils ont franchie péniblement pour arriver jusqu'ici.

Samedi, 26 septembre. — En dépit de la pluie qui est tombée toute la nuit, nous étions à cheval à six heures du matin : tous enthou-

siasmés par la perspective d'une chasse au sanglier. Deux heures
de galop au milieu de jardins, semblables à ceux d'hier, nous ont
conduits au rendez-vous. J'ai rarement rencontré une scène plus
pittoresque. Sur une petite colline, située près d'un village, une
douzaine d'Arabes en burnous flottants, avec des turbans éclatants
et de longs fusils ornés de cuivre et d'argent, mangeaient, assis,
des figues de Barbarie, dont les peaux rougeâtres rejetées çà et là
formaient autour de leur groupe comme une carte nuancée. Un
peu plus loin, des hommes tenant en laisse les chiens de chasse; à

Femme de Tétouan

droite, d'autres hommes occupés à regarder un renard fraîchement
tué; à l'horizon, la mer ou des chaînes de montagne. Nous prîmes
position, et nos gens partirent avec la meute; mais plus d'une
heure se passa sans amener d'incident, et il faisait si chaud que
j'imagine que tout le monde s'assoupit plus ou moins durant cette
phase d'attente. Vers dix heures, on vit paraître le premier rabat-
teur au haut d'une éminence; d'autres apparurent bientôt, en
faisant un grand bruit; les chiens aboyaient; l'action s'engageait.
Un gros sanglier surgit du ravin près de nous, échappa aux coups
de feu qui l'assaillirent et disparut dans d'épaisses brousailles.

Un autre plus petit lui succéda, sans que personne le jugeât
digne de soi. Un énorme animal, que chacun essaya vainement
d'abattre, vint en troisième. Sur une dizaine de sangliers, on n'en
tua qu'un seul, avec deux chacals et quelque menu gibier. De
même que pour la chasse au cerf, on ne peut ni parler ni faire
un mouvement, dans ce genre de sport; le déjeûner était donc
deux fois le bienvenu, puisqu'il permettait de se mouvoir à son
aise et d'échanger ses impressions. A l'issue de ce repas, nos

Le fumoir.

amis reprirent la partie; mais, ma cousine et moi, nous
regagnâmes l'hôtel, où les chasseurs nous joignirent le soir,
ayant vu, disaient-ils, beaucoup de sangliers sans avoir réussi
à en abattre aucun. La chasse est un plaisir dangereux dans ce
pays-ci, à cause de la négligence avec laquelle les Marocains
manient leurs armes; un Anglais a été naguère victime de leur
imprudence, et nous avons, nous mêmes, perçu au-dessus de nos
têtes, le sifflement de plusieurs balles. Il arrive également qu'un
sanglier blessé s'élance de son fourré et laboure, de ses défenses,

les jambes du chasseur. Tout cela est bon à mentionner, pour qu'on se le rappelle à l'occasion.

Reconnaissant l'impossibilité de revenir à Gibraltar, en temps utile, par la route de Tanger, nous avons décidé d'aller à cheval, demain, jusqu'à Ceuta, et d'y prendre le bateau d'Algeziras et de Gibraltar qui nous conduira lundi à bord du yacht, date fixée pour notre rentrée. La *Fête des Tabernacles* a fait surgir dans les rues et jusques sur les toits du quartier israélite de curieuses petites tentes ou baraques en verdure; c'est en même temps le signal de gênantes pratiques. Par exemple, il n'y a pas dans tout Tétouan un juif qui voudrait toucher à une lampe après le coucher du soleil. J'ai cherché à en acheter une, ancienne et originale, suspendue au plafond de ma chambre, et bien que j'en offrisse un prix avantageux, le maître de céans refusa le marché en raison de la solennité; il promit, seulement, de m'écrire, une fois la fête terminée [1]. On nous a apporté le registre de l'hôtel en nous priant d'inscrire nos noms; commencé en 1838, il ne contient par année que cinq ou six noms d'Anglais, et en tout cinq noms de femmes.

Dimanche, 27 septembre. — Conformément au plan arrêté hier, nous nous sommes mis en route, dès l'aube, pour Ceuta. La chaleur a été supportable jusqu'à midi, mais elle est devenue si excessive vers deux heures qu'il a fallu descendre de cheval et reprendre haleine à l'ombre d'un roc. Très jolie route, d'ailleurs: tantôt courant le long d'une plage de sable fin et de coquillages, tantôt s'élevant sur des falaises d'où l'œil plonge dans une mer si limpide qu'on distingue nettement, au fond, éponges, corallines, algues et zoophytes. Un peu plus loin, on rencontre des collines chargées d'arbustes, voire de gros mûriers, et des plantations de myrtes sous les branches desquels ont peut passer à cheval sans avoir à se baisser. En descendant de ces hauteurs,

---

1. 1879. La promesse n'a pas été tenue. J'ai su par des amis qui ont visité Tétouan, que l'homme montrait l'objet à ses hôtes en l'appellant « la lampe de M⁰ˢ Brassey », et je reste prête à l'acquérir. (Note de l'auteur).

nous avons défilé sur les rives d'un lac qui regorgeait, littéralement, de poissons de toutes sortes et de poules d'eau très rares.
S'il avait fait moins chaud ou si nous avions eu assez de temps
devant nous pour voyager seulement le matin et camper le reste
de la journée, notre excursion n'eût rien laissé à désirer.

Nous avons atteint vers quatre heures les avant-postes de
Ceuta, où notre soldat marocain a déposé ses armes; il les repren-
dra en retournant au désert. La ville est garnie de portes, de remparts, de ponts-levis, de fortifications de toute espèce, et il faut
traverser tout cela pour arriver à la *fonda*, ou hôtel. Il est rempli de
soldats, en ce moment, qui laissent peu de chambres libres et
encore moins de lits. Après un repas sommaire, nous avons
parcouru les rues, poursuivis par une troupe d'enfants. Comme
configuration et comme situation, la ville ressemble à Gibraltar.
La forteresse est au haut d'un rocher relié au continent par une
étroite langue de sable; mais elle est dominée du côté de la terre,
ce qui la rend moins forte que celle de Gibraltar. Soldats en
profusion, et pas une créature parlant une autre langue que l'espagnol. Nous avons fini par trouver un petit homme sachant
vingt mots d'anglais et autant de français; il connaissait les gens
de notre hôtel et a eu l'obligeance de s'employer à nous trouver
un gîte dans une maison voisine. Nous nous sommes installés
de notre mieux pour la nuit; mais dévorés par les moustiques et
troublés par nos hôtes qui traversaient à tout moment la pièce
qu'on nous avait abandonnée, nous avons peu ou point dormi.
De fait, cette pièce qu'on décorait du nom de salon était plutôt
une sorte d'antichambre.

Lundi, 28 *septembre*. — Vains efforts ce matin pour obtenir un
peu de café; c'est même avec peine que nous avons trouvé des
gens pour porter nos bagages jusqu'au quai. L'obligeant petit
homme d'hier au soir (Señor Luis Tareño y Rodriguez, secrétaire
du pénitencier des Canaries, en congé d'un mois avec son frère
señor Antonio Paus, receveur des Douanes) est encore venu à
notre aide, et nos caisses, grâce à lui, sont arrivées à temps sur

le steamer *Dos Hermanos* qui nous a menés, en moins de trois heures, à Algeziras[1]. Une embarcation du pays nous a alors conduits directement au *Sunbeam* ; c'est une vraie satisfaction de se retrouver dans un logement propre, après les épreuves des derniers journées. Muriel était ravie de nous revoir : *So glad to see you, oh! so glad!* criait-elle par desssus le bord, comme la felouque accostait le yacht.

Mardi, 29 *septembre.*—Nous avons pris un bain dans l'endroit de

Gibraltar.

la plage réservé aux dames, établissement luxueux où l'on peut se baigner à couvert si on en a la fantaisie. Son Excellence le gouverneur, notre vieil ami sir Fenwick Williams, est arrivé par le paquebot anglais pendant que nous étions dans l'eau; le canon a tonné et les musiques ont joué en son honneur, si bien que notre bain s'est achevé au bruit de l'artillerie et des fanfares. Nous avons

1. Algeziras est tout à côté de Gibraltar. L'un est aux Espagnols, l'autre aux Anglais.

été revoir, avant le déjeuner, les fameuses galeries du roi[1] ; mais elles ont été décrites tant de fois que je crois inutile d'en parler plus longuement. Je note simplement l'effet toujours nouveau de la mer bleue et de la campagne, vues à travers les embrasures : on

Notre grande chambre.

dirait autant de petits paysages, entourés de cadres sombres. En quittant les galeries, visite au marché dont les stalles sont toujours bien approvisionnées en viande, fruits et légumes ; puis, excursion hors de la ville jusqu'au village de Campimento, en traversant le terrain neutre qui sépare les lignes anglaises des lignes espagnoles. Cette promenade faite en partie autour de la baie, presque

1. Galeries percées dans le roc.

à toucher la crête des lames, a été des plus agréables ; elle a été
suivie d'une halte chez un ami, dans un charmant jardin plein de
geraniums rouges, de myrtes et de romarins. Le soir, sir Fenwick
Williams et ses aides-de-camp sont venus prendre le thé à bord.

Mercredi 30 *septembre.* — On a allumé les feux avant le lever du
jour ; mais le maître d'hôtel qui était allé aux provisions s'étant
fait attendre, nous ne sommes partis qu'à huit heures. Une petite
brise d'ouest a permis d'établir avantageusement la voilure, et
nous filons maintenant de 9 à 10 nœuds[1] sur une mer à peine ridée.

Jeudi, 1ᵉʳ *octobre.* — A midi, nous étions à 250 milles de Gibraltar. Latitude 36° 39' N, longitude 0° 30' O[2]. Le vent a sensiblement
fraîchi et une houle du nord-ouest nous fait terriblement rouler,
au point que personne n'a pu dormir. Vers huit heures, on a reconnu le feu du cap Ténez, entre Alger et Oran.

Vendredi, 2 *octobre.* — Nous avons passé devant Alger, au petit
jour : assez près de la côte pour voir distinctement la ville et ses
abords. Le point de midi nous met à 37° 16' N et 3° 48' E ; 206
milles depuis hier à pareille heure. Mer de plus en plus houleuse ;
nous roulons tellement qu'il est presque impossible de trouver une
pose supportable, couché, assis ou debout. Il a fallu tout attacher
à bord, pour prévenir les accidents.

Samedi 3 *octobre.* — La côte nord de l'Afrique est restée en vue
toute la journée. Quelques poissons volants sont venus s'abattre à
bord ; beaucoup de tortues autour de nous, flottent à la surface et
se chauffent au soleil. Latitude 37° 40' N ; longitude, 6° 38' E. Le
vent souffle toujours très fort, et le golfe du Lion nous envoie une
grosse houle qui nous prend de côté.

1. Autrement dit, 9 à 10 milles à l'heure.
2. Toutes les longitudes mentionnées dans ce livre sont comptées à partir du
méridien de Greenwich.

Dimanche, 4 octobre.—Doublé l'île de Galite, à 30 milles environ, pendant la nuit. A midi, nous étions à 60 milles au sud de l'île de Sardaigne. La brise est restée fraîche, mais la mer est plus calme.

Lundi 5 octobre.—Le vent nous ayant quittés, nous faisons route à la vapeur. On a reconnu au lever du jour les hautes montagnes de l'intérieur de la Sicile, et peu de temps après, les îles Sevanza et Maritimo. Nous avons doublé le cap Saint-Vito et traversé ensuite la baie de Castellamare, gouvernant sur le cap di Gallo. La côte est magnifique; semée de rochers et de précipices entre lesquels s'étendent des pentes ensoleillées et des plaines couvertes de verdure. Nous avons atteint, vers onze heures, la baie de Palerme, et à midi le *Sunbeam* était en dedans du Môle. Distance parcourue : 171 milles.

Le yacht était à peine mouillé que des bateaux l'ont entouré, avec des gens vendant du corail, des oiseaux, des boîtes en coquil lage, des dessus de table en marbre — jolis et bon marché — des animaux hideux, des sirènes aux longues queues faites en coquillage, des paniers pleins de fruits : raisins, figues, grenades, melons, etc. Nous avons débarqué à la *Marina* et lunché aussitôt à *l'hôtel Trinacria* dont le propriétaire nous a reçus dans le même style irréprochable qu'il y a juste douze ans, lors de notre voyage sur l'*Albatros*. Dans la journée, nous sommes partis pour Monreale. Comme les brigands ont fait parler d'eux tout récemment, il y avait des sentinelles de vingt mètres en vingt mètres et, de distance en distance, des postes de soldats. La route passe entre des montagnes dont les flancs portent des vignes, des orangers, des lauriers-roses et des pommiers de couleur pourpre.

Monreale, avec sa cathédrale et son monastère, occupe le sommet d'une hauteur. Le monastère sert aujourd'hui de caserne; la cathédrale, presque unique dans son genre, est ornée de mosaïques sur fond d'or, représentant toutes les scènes de l'Ancien et du Nouveau Testament, et se rattache, par son architecture, aux trois styles normand, byzantin et gothique. Notre excursion a été écourtée par l'obligation d'être de retour pour l'heure du dîner de la table d'hôte. Il est vraiment absurde de dîner de si bonne heure (cinq heures et demie), dans un pays et dans une saison où le coucher du soleil et le crépuscule sont les moments les plus agréables de la journée. Nous nous sommes dédommagés de notre promenade tronquée en allant respirer la brise de mer sur la *Marina*, puis une embarcation nous a ramenés à bord.

Mardi, 6 octobre. — Notre première visite, en revenant à terre, à été pour la cathédrale ; la seconde, pour la *Capella Reale*, chapelle attenante au palais royal, dont elle fait, pour ainsi dire, partie. Autant l'une est élevée, large, aérée, spacieuse, autant l'autre est petite, sombre et étroite, tout en étant, du reste, extrêmement remarquable par ses décorations. On y trouve d'admirables mosaïques rappelant celles de Monreale. Le sol est tapissé de marbres de couleur ; la voûte est de bois sculpté, fouillé jusqu'au dernier recoin ; vue un jour de fête pendant que le soleil éclaire ses vitraux et que les prêtres officient dans leurs riches vêtements, cette nef doit être d'un grand effet.

Dans l'après-midi, nous avons été en voiture au pied du Mont Pellegrino où, quittant le véhicule, nous avons pris des ânes pour gravir la rampe escarpée et en zig-zag, — établie sur des arches par-dessus un torrent, — qu'on construisit il y a cent ans à l'usage des pélerins de la grotte de Sainte-Rosalie. On crut, à cette époque, que les ossements de la sainte avaient préservé Palerme de la peste, et l'archevêque dit aux fidèles que leurs âmes seraient sauvées s'ils faisaient cette route. Elle coûta cher, mais elle fut faite. Comme nous étions pressés d'arriver tout en haut pour y voir la statue qui, debout sur une pointe, semble suspendue au-dessus de la mer, nous avons simplement passé devant la grotte sans nous y arrêter. La statue n'a plus de tête, ses mains sont brisées et la balustrade qui l'entourait tombe en ruine ; mais de son emplacement, l'œil découvre un immense horizon : à l'ouest, les îles d'Alicudi et de Filicudi ; à l'est celles de Lipari et de Stromboli : au sud, la masse énorme de l'Etna. Une légère brume nous a malheureusement empêchés de jouir, dans toute son étendue, de ce magnifique panorama : c'était le prélude d'un orage qui a éclaté comme nous revenions à bord.

Si le mouillage était sûr devant Palerme, il n'y aurait peut-être pas de meilleur quartier d'hiver ; mais l'ancrage est mauvais, le port encombré, sans air, et les aboiements perpétuels des chiens font de la nuit un supplice.

Château d'Euripe.

CHAPITRE TROISIEME

ATHÈNES, LA GRÈCE ET L'ARCHIPEL

Mercredi, 7 octobre. — Un incident qui a fait, comme on dit, plus de peur que de mal, a troublé notre sommeil. L'un de nos matelots, assez souffrant depuis quelque temps, s'est avisé de boire, à terre, plus de vin qu'il n'eût dû, et sous l'influence de ces libations trop copieuses, il a pénétré dans la chambre d'Evie pour y prendre des caisses sur lesquelles il est chargé de veiller. Très effrayée, ma cousine s'est sauvée dans la *nursery* [1] et moi, entendant du bruit, j'ai réveillé Tom et appelé M. Bingham pour voir ce qui se passait. Notre première pensée fut qu'un voleur s'était introduit à bord par dessus les navires près desquels

1. Pièce réservée aux enfants. (Voir le dessin, page 17.)

le yacht est amarré; mais en apercevant l'homme couché par terre, dans une pose caractéristique, nous eûmes le mot de l'énigme. A sept heures, nous avons repris la mer à la vapeur.

Jeudi, 8 octobre. — Dépassé les îles Lipari, Pasnaria et Stromboli, et doublé le Phare de Messine pour entrer vers midi dans le détroit de ce nom, qui est large, en ce point, seulement d'un mille. A gauche, les rocs de Scylla couronnés par un fort en ruine, et toute la côte sud de l'Italie; à droite, la côte de Sicile. C'est un superbe panorama. Nous nous sommes arrêtés quelques heures à Messine, laissant le yacht croiser au large pendant que nous allions chercher nos lettres à la poste et luncher à *l'hôtel Victoria* où nous sommes déjà venus il y a plusieurs années. Le propriétaire de l'établissement m'a reconnue et m'a offert un ravissant bouquet. Rentrés à bord, nous avons retrouvé l'admirable détroit éclairé par les feux du soleil couchant. Voici la cinquième fois que je viens dans ces parages ; je ne me lasse pas de les contempler.

Vendredi, 9 octobre. — Calme plat, toute la nuit; notre position depuis hier n'a peut-être pas varié de deux milles; aussi marche-t-on maintenant à la vapeur. Avec deux chaudières allumées, nous filons facilement neuf nœuds. Un coucou s'est fait prendre à bord; mais on l'a relâché et il aura gagné la terre. Au coucher du soleil, la côte de Sicile avait disparu, et l'Etna, encore visible, paraissait surgir du sein des flots. La nuit a été superbe; le ciel resplendissait d'étoiles et la mer éclairée par les animalcules brillants qui la peuplent, semblait refléter le firmament. Le plus beau phénomène de ce genre que nous ayons vu dans ce voyage-ci, date de notre passage auprès de Lisbonne; la surface de l'eau faisait l'effet d'une nappe d'or; et l'onde était éclairée à une telle profondeur, qu'on voyait les poissons s'élancer de tous côtés comme des comètes. Beaucoup d'étoiles filantes et de météores lumineux ; les nuits sont si tièdes et si belles qu'on s'oublie sur le pont, sans pouvoir se décider à aller se coucher. En revanche il fait très chaud pendant le jour — 25° à l'ombre; mais une petite brise tempère généralement cet excès de chaleur.

Samedi, 10 *octobre*. — Un coup à ma porte, et une voix effrayée, cette nuit, à deux heures du matin ! « Edgard Jones est très-malade sur le pont, faisait la voix; je crois qu'il va mourir ». Je me suis levée aussitôt et j'ai trouvé le pauvre diable en proie à de vives souffrances; il était étendu, entouré de camarades, et se plaignait de crampes qui contractaient ses traits. Tom lui a donné une potion qui a agi rapidement; il va à peu près bien maintenant. Ce n'est pas la première fois, du reste, qu'il y a parmi l'équipage des indispositions de cette espèce; mais sous ce climat-ci, dans un pays où les fruits abondent, il ne faut pas s'en étonner.

Une brise fraîche s'est levée avec le soleil et nous a poussés en bonne route, à raison de douze milles à l'heure: toutes voiles dehors. Quelques instants avant midi, on a aperçu la côte de Grèce et l'île de Zante; une fois à l'abri de la terre, notre vitesse a augmenté jusqu'à treize milles. En faisant les observations astronomiques, Tom a aperçu le commencement d'une éclipse de soleil à laquelle il n'avait pas songé antérieurement. Armés de verres de couleurs, nous avons suivi avec grand intérêt ce curieux phénomène.

La brise est tombée le soir et, de huit heures à minuit, nous sommes restés en calme non loin de l'île de Navarin et de la côte dentelée de la terre grecque.

Dimanche, 11 octobre. — Sous vapeur, à minuit; reconnu le cap Matapan, puis l'île de Cerigo à la hauteur de laquelle nous avons rencontré une forte brise contraire. Au lever du soleil, on a aperçu un grand nombre de navires: les uns faisant route avec le vent, les autres louvoyant. Ces voiles qu'on découvre de tous côtés, ces coques inclinées qui marquent leur sillon dans l'onde bleue, sont toujours d'un plaisant effet. Nous avons

traversé le golfe de Nauplie, puis gouverné sur le cap Hydra.
Bien que le thermomètre marquât encore 25° à l'ombre, la brise
du nord-est qui souffle à peu près constamment dans ces parages,
laissait presque une impression de froid. Le bleu de la mer semé
de petites rides blanches et la teinte sévère des rochers de
la côte formaient un contraste indescriptible. Nous comptons
arriver à Athènes entre neuf et dix heures ce soir et, au point
de vue de la cuisine, cela est bien à désirer. Il a fallu jeter à
l'eau les provisions de viande que nous avions faites, la chaleur
les ayant gâtées, et nos derniers poulets vivants serviront au
dîner d'aujourd'hui.

Le vent a été en augmentant toute l'après-midi et a beaucoup
retardé notre marche, même quand nous voguions à l'abri de
la terre, dans une eau relativement tranquille. A cinq heures
service religieux. A huit heures, nous dépassions l'île d'Égine,
puis l'isthme de Corinthe et l'île célèbre de Salamine. Il est très difficile d'entrer de nuit au Pirée, en raison du peu d'étendue de la
passe ; c'est à peine s'il y a la largeur de deux navires, entre le phare
et le grand roc situés à l'entrée. Tom s'y est risqué, cependant,
sans pilote, et vers dix heures et demie le yacht jetait l'ancre.

Lundi, 12 octobre. — Les officiers de la santé sont venus de
bon matin à bord et nous ont informés qu'il y avait dans la ville
plusieurs cas de petite vérole, ajoutant que, d'ailleurs, cela
n'empêcherait probablement pas le consul turc d'apposer son visa
sur notre patente, ce qui suffirait à nos besoins puisqu'en partant
d'ici nous irons à Constantinople. Après quelques hésitations,
nous avons décidé d'aller à terre au risque d'une quarantaine en
Turquie, et peu d'instants après deux officiers de marine en
station ici, l'un russe, l'autre français, nous ont complètement
rassurés sur l'état sanitaire de la localité. Le yacht a été entouré
de bateaux amenant des marchands, des blanchisseuses, des
interprètes. Nous avons choisi parmi ceux-ci, pour nous servir
de *cicerone*, un certain Angelo Millessimo qui nous a rendu de
bons services.

Immédiatement après le premier déjeuner, nous avons débarqué et pris une voiture sur le quai pour nous conduire à Athènes. Le costume des hommes qu'on voit représenté sur la gravure ci-contre, produit beaucoup d'effet; les femmes ont de grandes robes également décrites un peu plus loin. Beaucoup portent le fez, même avec des vêtements européens, ce qui est tout à fait grotesque. Figuiers, oliviers, grenadiers poussent dans la vaste plaine que traverse la route; on s'étonne qu'un sol qui n'est pas irrigué par des moyens artificiels et où il n'a pas plu depuis dix-huit mois, puisse produire d'aussi beaux fruits. Pas de haies, point de clôtures d'aucune sorte; les conducteurs des singulières petites charrettes que nous avons croisées, entraient dans les vignes sans se gêner, et remplissaient leurs tabliers de raisins. A mi-chemin d'Athènes, il y a deux puits et quelques cabanes, où cochers et chevaux s'arrêtent habituellement pour boire : rafraîchissement justifié par la poussière qui flotte en épais nuages blancs tout le long de la route, plutôt que par la durée du trajet. Bientôt nous laissions derrière nous l'avenue de *Bella Sombras*, et Athènes, avec son Acropole, apparaissait dans le ciel bleu. Ce bleu est la seule nuance qu'on observe autour de soi; tout est gris, à cette époque-ci. Les collines sont brûlées par le soleil; les plaines le sont davantage; les maisons sont grises ou blanches; les toits sont tous gris; les volets verts se recouvrent d'une telle couche de poussière, qu'ils semblent gris eux aussi. C'est seulement vers le soir, quand les montagnes s'empourprent aux rayons du soleil couchant que l'œil échappe à cette monotonie dans l'aspect de toute chose.

Nous sommes allés d'abord au *Temple de Thésée*, le temple le mieux conservé de l'ancien monde; sa situation topographique l'a mis à l'abri des obus et des bombes, mais c'est surtout sa transformation en église, au moyen âge, qui l'a préservé de la destruction. Magnifique édifice, avec une double rangée de colonnes et de beaux bas reliefs, le tout en parfait état; il renferme maintenant une collection intéressante d'antiquités, recueillies dans son voisinage immédiat. En quittant ce monument, nous avons monté la colline de l'*Acropole*, laissant à gauche l'*Aréopage* où saint Paul prêcha; à droite le *Pnyx*, où se réunissaient les assemblées populaires, puis, au milieu de ruines de toutes sortes, statues, colonnes, bas-reliefs, frises, chapiteaux, nous avons atteint les *Propylées*. Ce nom, donné en général au vestibule de plusieurs édifices de la Grèce, désigne plus particulièrement celui de l'Acropole. Après

Costume grec.

une visite, malheureusement trop courte, au *Temple de la Victoire*, plein d'admirables spécimens de l'art d'autrefois, nous sommes arrivés par une longue série de marches au sommet de la colline d'Acropolis, en vue de toutes ses splendeurs. D'un côté l'incomparable *Parthénon* ; de l'autre, l'*Erectheum* avec le portique des Caryatides. Au-delà d'Athènes, Eleusis, Salamine, Corinthe; dans l'Est, le mont Panthélique et le mont Hymette, Phalère,

le Pirée, et la route des Tombeaux plus grise que jamais vue
de ce point élevé. Nous avons pris des photographies et des croquis, et il était près de trois heures quand nous sommes revenus
à la ville pour nous reposer un instant à l'*Hôtel des Étrangers*,
établissement très bien tenu, dont toutes les pièces sont propres

Femme d'Athènes

et convenablement meublées. A l'issue de cette halte nécessaire
pour nous remettre des fatigues de la matinée, nous avons été voir
la *Porte d'Adrien* et le *Temple de Jupiter Olympien*, actuellement
réduit à seize magnifiques colonnes dont une gît à terre, en morceaux. Un cafetier qui s'est établi à côté, a disposé ses chaises et
ses tables de bois entre les gigantesques piliers; cela serait pres-

que choquant, si cette installation toute moderne ne faisait ressortir davantage la grandeur des ruines voisines. Notre journée s'est
terminée par une promenade dans le jardin royal ; il entoure le
palais et contient de belles plantes et de beaux arbres auxquels un
arrosage assidu permet de braver la sécheresse du climat. Nous
sommes revenus au Pirée par la même route poudreuse déjà
prise le matin ; en arrivant, on nous eut pris pour des meu-
niers.

Mardi, 13 *octobre.* — Nouvelle visite à Athènes et à l'Acropole ;
cette fois, par le train, pour éviter la poussière. En dix minutes,
nous étions arrivés. Après avoir complété nos impressions de la
veille et fait de nombreux achats de photographies, nous avons
déjeuné à l'hôtel et goûté les vins du pays. Le vin ordinaire que
consomment les gens du peuple, est fortement mêlé de résine.
Cela le conserve, paraît-il, et on prétend qu'on n'en peut plus boire
d'autre dès qu'on s'y est accoutumé ; en attendant, ce breuvage
est une véritable médecine pour le palais novice dans l'art de
l'apprécier. Le miel du mont Hymette, en revanche, est délicieux ;
il s'en dégage un parfum rappelant l'odeur de la bruyère par une
belle matinée d'août. Nous voulions revenir par le chemin de fer ;
mais les trains font la sieste comme tout le reste dans ce pays-ci,
en sorte qu'il a fallu se résigner à affronter en voiture la route du
Pirée. Auparavant, nous avons visité des serres appartenant à un
jardinier écossais, au service du consul anglais ; tout ce qu'il y a
de rare ou de curieux ici, nous a-t-il dit, vient de Londres ou de
Paris.

Le yacht était sous vapeur quand nous avons regagné le bord,
et Athènes fut vite à plusieurs milles derrière nous ; mais en même
temps s'élevait une grande brise de Nord-Est qui nous obligea à
chercher un abri sous le cap Sunium ou cap Colonne, magnifique
promontoire que couronnent les ruines du *Temple de Minerve.* Par
un singulier hasard, une barque norvégienne que nous avons
vue autrefois, en Norvège, près de l'ile de Tromsoë, a mouillé à
côté du *Sunbeam,* et, l'ayant reconnu, nous a salués de son dra-

peau. Un petit bâtiment autrichien a trouvé bon d'en faire autant,
si bien qu'il y a eu, de part et d'autre, tout un échange de poli-
tesses.

Mercredi, 14 *octobre*. — En route à six heures du matin. Le
temple de Minerve était plus beau encore qu'hier au soir, pendant
que le soleil levant éclairait ses blanches colonnes et dorait les
falaises à pic sur la mer bleue. De petites voiles gonflées par la
brise ajoutaient au charme du tableau, et, à les voir ainsi se jouer
dans le vent, on eût pu supposer que la tempête de la veille avait
cessé. Elle persistait pourtant si bien au large du cap protecteur,
que Tom dut renoncer à la braver et préféra se risquer dans une
passe étroite qui sépare la terre ferme de l'île de Négrepont. Là,
abrités par de hautes montagnes, nous nous retrouvions en eau
tranquille ; mais le vent demeurait si fort que nous filions à peine
cinq nœuds à toute vapeur. Nous avons reconnu la plaine de Mara-
thon, séparée d'Athènes par le mont Pentélique ; les ruines de
Rhodes, au milieu de plantations de myrtes et de lenstiques ;
Délos et Apostoli, appelé ainsi en mémoire des nombreux voyages
des apôtres ; les environs de Sycamino, où M. Vyner et ses malheureux compagnons furent fusillés par des brigands en 1870,
victimes de la négligence de leurs amis et de l'incurie, — pour ne
pas dire davantage, — du gouvernement grec.

Arrivés dans un passage étroit et visiblement peu profond, nous
avons essayé de nous renseigner auprès de pêcheurs qui étaient
venus le long du bord ; mais ne parvenant pas à nous comprendre
les uns les autres, nous envoyâmes la guigue sonder devant nous,
et le yacht la suivit lentement jusqu'à Drokho, près de l'emplacement de l'ancienne Chalcis, où il jeta l'ancre.

Comme nous étions là, tout près de montagnes qui passent, —
non sans raison, — pour des repaires de brigands, la garde du pont
a été doublée et armée, avec ordre d'appeler le reste de l'équipage si un bateau faisait mine d'approcher du bord. La nuit, toutefois, s'est passée sans incident.

Jeudi, 15 *octobre*. —Nous sommes allés à Euripe de bon matin,
Tom et moi, pour tâcher de trouver un pilote. La ville est entourée
de vieux murs vénitiens percés de créneaux, actuellement presque
en ruine ; au pied, on trouve, de ci de là, les gros boulets de pierre
qui commencèrent, il y a des siècles, l'œuvre de destruction.
Euripe occupe l'emplacement de l'ancien Chalcis ; bâtie sur le
côté sud du canal de Négrepont, elle est défendue au nord par un

Promenade d'Europe (ancien Chalcia).

fort vénitien relié à la ville par un pont long d'une quinzaine de
mètres, qui s'ouvre pour livrer passage aux navires. Les assises
sur lesquelles repose ce pont, datent de 411 années avant J.-C.
Maîtres du détroit par cette importante position, les Béotiens
purent empêcher le commerce direct des Athéniens avec la
Thrace, la Thessalie et la Macédoine, en obligeant leurs navires
à naviguer sur une mer tourmentée où le vent soufflait dans la
même direction pendant dix mois, et où, de nos jours encore,

il n'est pas rare qu'un bâtiment à voile attende six semaines avant de pouvoir passer.

On nous a laissé descendre à terre sans nous demander aucun papier, bien qu'en dépit de l'heure matinale des soldats et des gens du pays nous aient aussitôt entourés, et nous eûmes la chance de rencontrer quelqu'un comprenant l'italien. Pendant qu'il envoyait à la recherche d'un pilote, nous avons traversé le

Athènes.

pont pour pénétrer dans l'intérieur du fort; on y voit de curieux reliefs en marbre blanc, parmi lesquels le lion ailé de St-Marc est souvent répété. La grande rue de la ville est remarquable par des toits sculptés en surplomb, et par certaines chambres des maisons qui se projettent en dehors des façades; elle conduit à la mosquée, édifice pittoresque avec un minaret, qui sert présentement de caserne. Il y a à côté une ravissante fontaine turque, ombragée par un palmier, au centre d'une petite place entourée de bancs de pierre où vient jouer la musique. Notre promenade a été interrompue par l'arrivée du pilote, lequel, heureusement, savait un peu d'italien.

Un hydrographe bien connu, le capitaine Mansell qui est venu, de la part des autorités grecques, réparer l'oubli qu'elles ont commis relativement à nos papiers, nous a donné des renseignements intéressants sur cette vieille ville, presque ignorée du monde, qu'il habite depuis sept années. Le climat est délicieux, et les relations, quoique restreintes, sont agréables. Une ou deux fois par semaine, survient un tremblement de terre qui cause souvent des dégâts considérables; aussi les maisons n'ont elles guère qu'un étage. C'est là un des désagréments de ce séjour; un autre consiste dans l'impossibilité de communiquer avec le continent, en raison des brigands qui infestent le pays. Le capitaine a ajouté qu'il y avait des années qu'il ne s'était aventuré hors de l'île.

La marée arriva sous le pont avec la rapidité d'une chûte d'eau de moulin; mais on nous dit que le courant changerait vers dix heures et, en effet, le *Sunbeam* s'étant approché à cet instant, passa sans difficulté. La côte nord de Chalcis est véritablement très belle; les hautes montagnes qui la forment sont couvertes de forêts et de bouquets de myrtes allant jusqu'au bord de l'eau. Un banc de marsouins nous a accompagnés pendant quelques temps, et des oiseaux de terre et de mer ont volé toute la journée autour du yacht. A quatre heures, nous sommes sortis du canal de Talanti pour entrer dans celui d'Orios, laissant la passe des Thermopyles à gauche. Malheureusement le soleil s'est couché trop tôt et ne nous souciant pas de naviguer de nuit dans un canal très étroit, nous avons mouillé dans la baie de Gadakira, si près de terre que le parfum des myrtes arrivait jusqu'à nous.

Vendredi, 16 octobre. — L'aurore projetait ses teintes rosées sur les sommets neigeux du Pinde, quand le yacht a repris sa route et durant les trois premières heures un tableau enchanteur

s'est déroulé devant nous. Nous avons franchi le canal de
Trikhiri, passé près de la grande ville d'Argalasti, bâtie sur une
colline, puis défilé entre les îles de Skiatos, Scopelos, Ios, etc..
Une fois en pleine mer on a éteint les feux et établi les voiles;
mais nous avions vent debout, voire un vent fort, si bien qu'au
lieu de gouverner vers les Dardanelles, nous avions le cap sur
Skiro. Au haut du mont Athos qu'on distinguait nettement,
s'élève un monastère dont la règle est singulière. Aucun animal
du sexe féminin n'est admis à en approcher; il est interdit aux
moines de prendre du lait et des œufs frais, et les voyageurs
ne peuvent pas y introduire même des poules mortes, pour
leur usage personnel. Il y a quelques années, cependant, deux
Anglaises ont réussi à déjouer la rigueur de cette règle comique.
Comme généralement les hommes de ce pays-ci portent des
jupons, et les femmes des pantalons, les religieux ne dé-
couvrirent le sacrilège qu'après qu'il eût été consommé. On
devine leur consternation et les pénitences qui y firent suite.

L'île de Skiro, dépassée vers 3 heures, a des rives escarpées:
c'est de là que Thésée se précipita à la mer. Les moindres îlots
de ces parages-ci sont intéressants, en raison des légendes mytho-
logiques qu'ils rappellent et du rôle qu'ils ont joué dans l'histoire
de la Grèce.

Samedi, 17 *octobre.* — Reconnu pendant la nuit Ipsara et
Chios, puis le feu du cap Sigri, à l'extrémité nord de l'île de
Mételin. C'est une grande île dont certains points sont très
fertiles; mais elle est peu fréquentée, bien que la nature y ait
ménagé deux beaux ports et qu'elle renferme d'intéressantes
antiquités. Le vent ayant changé, c'est à la vapeur que nous
avons longé la côte d'Asie-Mineure, entre l'île de Ténédos et la
terre ferme, près des plaines de Troie et de la baie de Besika,
mouillage bien connu de la flotte anglaise. Ténédos, capitale
de l'île du même nom, a l'aspect d'une grande ville; on apercevait, tout autour, des navires à l'ancre, attendant un vent
propice pour franchir les Dardanelles. Vers huit heures, nous

avons aperçu les feux qui marquent l'entrée du célèbre détroit, et peu d'instants plus tard nous atteignions Chanak-Kalesi où deux tours gardent la passe, très étroite en ce point. Comme nous supposions qu'une embarcation viendrait demander la patente de santé, le yacht a ralenti sa marche; mais nous ne vîmes rien venir, sauf un boulet de canon tiré au-dessus de l'avant qui nous décida à stopper complètement. Après quoi, l'incident n'ayant eu aucune suite et le courant, en revanche, nous faisant reculer, nous nous sommes remis en route.

Quoique la passe des Dardanelles soit bien éclairée, son peu d'étendue et la quantité de navires qu'on y rencontre, en font un endroit difficile pour le navigateur, surtout pour un étranger. Aussi est-on étonné que Tom ait osé s'y aventurer de nuit et qu'il l'ait fait avec succès. Mais les cartes de l'Amirauté sont si bonnes et il les avait si bien étudiées qu'il n'a pas hésité un instant et qu'il a marché continuellement à toute vitesse. En arrivant à Constantinople, on nous a dit que c'était une chance que le boulet, pointé par dessus notre avant, n'eut pas été tiré dans notre coque. Une amende d'environ 500 francs aurait pu nous être imposée; l'intervention de notre consul nous a épargné cet ennui.

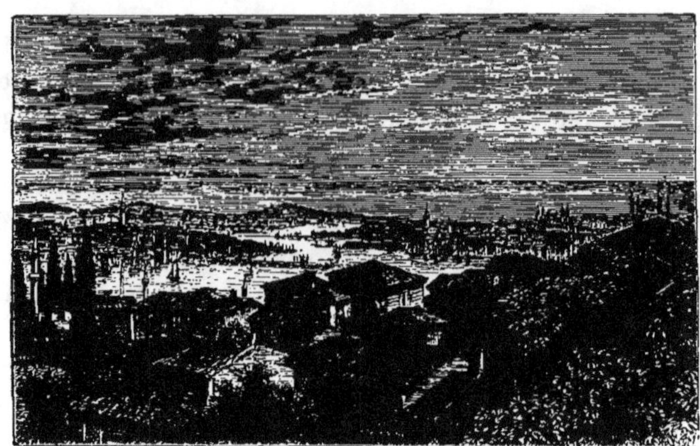

Vue générale de Constantinople.

CHAPITRE QUATRIÈME

CONSTANTINOPLE

Dimanche, 18 octobre. — Tout le monde était sur le pont de grand matin, pour voir le soleil se lever au-dessus des basses rives de la mer de Marmara ; mais ce n'est qu'à neuf heures que Constantinople a commencé à émerger de la mer, et il était près de midi avant que nous fussions assez rapprochés pour en embrasser la merveilleuse perspective. Des mosquées dans toutes les directions, avec des dômes flanqués de légers minarets, sentinelles planant sur le sanctuaire ; de vieilles fortifications, des maisons, des palais de tous les styles ; des tours hautes, basses, grosses, effilées, rondes, carrées, avec ou sans créneaux ; des casernes, des monuments, des jardins, des navires, des barques ; le tout mêlé dans la plus pittoresque des confusions,

au fond d'un des plus vastes ports du monde, commerçant par lui-même et maître du trafic de la mer Noire. Les villes de Stamboul, Péra et Scutari, qui composent cette grande capitale, sont séparées par des bras de mer si étroits, qu'à distance la terre et l'eau se confondent, au point qu'on ne peut distinguer ni où l'une commence ni où l'autre finit. Nous avons gagné, lentement, à la vapeur, la Pointe du Sérail, à l'entrée du Bosphore et de la Corne d'Or, pour aller mouiller devant l'*Arsenal de Topaneh* où séjournent les navires de guerre, et à quatre heures et demie nous descendions à terre. Cette promenade s'est réduite à une audition de musique dans le jardin publique, rendez-vous du monde élégant, et à un dîner à « l'*Hôtel Misseri.* » On est ici en plein Ramadan [1], et les bons musulmans ne doivent ni boire, ni manger, ni fumer (leur plus grande privation) entre le lever et le coucher du soleil ; mais quand le canon du soir annonce la fin du jeûne, ils se dédommagent des privations de la journée en passant la nuit à se divertir. Ce réveil de la capitale, et les centaines de minarets éclairés par des myriades de petites lampes, formaient, vus du yacht, un ravissant tableau. Malheureusement les chiens qui errent en troupes dans tous les quartiers de la ville, troublent les plus attrayants spectacles par leurs perpétuels aboiements, et nous sommes trop près du rivage pour échapper à cet inconvénient.

Lundi, 19 *octobre.* — Bien que la matinée ait été belle, l'atmosphère est restée sombre assez longtemps ; à voir Constantinople sous cette espèce de brouillard, on eût dit Manchester ou Liverpool plutôt qu'une ville d'Orient. Nous avons visité les fameux bazars de Stamboul, où nombre de grandes dames turques, escortées de vieilles femmes, de nègres et d'eunuques, étaient en train de faire leurs emplettes. Rien d'amusant comme de les voir s'arrêter, dans l'attitude de l'admiration, devant des costumes européens, déjà portés évidemment, mais encore tentants par l'éclat de leur cou-

1. Carême des musulmans.

leur et la variété des garnitures. Je m'étais souvent demandé ce
que devenaient nos robes de bal et de dîners de gala ; on a le mot
de l'énigme en voyant quelle quantité de ces toilettes s'étale dans
la partie, — très vaste, — du bazar qui leur est consacrée. Entre les
rangées de boutiques, le passage est très étroit ; la circulation n'est
possible qu'à la condition de pousser et de se laisser pousser.
Chaque catégorie d'objets a sa rue spéciale ; ici les soieries, là les
lainages, plus loin les broderies, les mouchoirs, les lits, les
chaises, etc. Cette disposition facilite les choix et éveille parmi les
vendeurs un louable esprit de concurrence ; mais l'acheteur, qui a
en vue des acquisitions d'espèce différente, est obligé de faire
un énorme trajet. Les bazars occupent une telle étendue, qu'on
dit qu'il n'est personne, même habitant Constantinople, qui les
connaisse à fond.

Nous avons été peu satisfaits des étalages ; sans doute, les belles
choses ne sont pas exposées. Dans le *Bezistan,* cependant, point central, on trouve de vieilles armes remarquables, des bijoux antiques,
des meubles curieux, et toute une collection de pendules qui marquent le quantième et le jour de la semaine et jouent plusieurs airs.
Elles ont été construites en Angleterre, il y a une centaine d'années,
à l'usage des Turcs, qui ont une véritable passion pour les horloges.
J'ai souvenir d'avoir vu vingt-six grandes pendules avec autant de
paires de candélabres, dans une pièce du harem du bey de Tunis.
Actuellement, ces objets se vendent bon marché, leur ancienne
forme n'étant plus de mode. C'est une véritable fatigue de flâner
dans les bazars ; outre qu'on y est poussé à toute minute, il y fait
très chaud, parce qu'il sont couverts et que les larges trous ronds
pratiqués dans la toiture ne suffisent pas à les aérer. En sortant,
nous sommes allés à la *Banque ottomane* porter une lettre d'introduction au président, M. Forster. Il était absent ; mais un autre
directeur, que nous avons connu à Beyrouth et qui a été lié avec
le père de Tom, s'est présenté à sa place. C'est une douce satisfaction pour nous de voir en quelle haute estime est tenu partout
le souvenir de M. Brassey [1]. Il n'est pas une ville, pas un pays

1. M. Brassey a construit des lignes de chemins de fer dans presque tous les

où son nom ne nous mérite des témoignages de sympathie.

Immédiatement après le *lunch,* nous avons repris nos pérégrinations dans Stamboul, reconnu les différentes mosquées et admiré les curieuses *Colonnes de Théodose et des Trois Serpents.* L'obélisque en granit, haut de quinze mètres et d'une seule pièce, que Constantin le Grand rapporta d'Égypte, est tout près de là. Nous avons été jusqu'à la porte de la Citerne de Constantin, appelée maintenant les *Mille et une colonnes* (en raison de ses nombreux

Agrafe de ceinture turque.

supports), sans descendre toutefois dans ses profondeurs souterraines ; de là, aux *Tombeaux des Sultans* vaste salle sous un dôme, au milieu d'un jardin. Au centre de cette pièce garnie de magnifiques tapis, est la tombe du dernier sultan, entourée d'une grille ornée de nacre ; la famille du souverain repose auprès. Toutes ces tombes sont recouvertes de brocarts et de châles, et entourées de prie-dieu richement sculptés, sur lesquels on aper-

pays du monde, en France notamment. Il occupait le premier rang, dans le monde industriel.

çoit, ouverts, des exemplaires illustrés du Coran. A côté, sont ensevelis les trois fils de la sœur de l'ancien sultan, massacrés tout jeunes, selon la loi de cette époque, pour écarter du trône toute rivalité future. Au moment de son avènement au pouvoir, le même sultan fit, dans le même but, étrangler sous ses yeux ses cinq frères. Étrange pays que celui-ci, dans son mélange de civilisation et de barbarie !

Notre promenade s'est terminée à l'hôtel, et, après le dîner,

Tour dans le Bosphore.

nous avons regagné le bord. Ce n'est pas chose plaisante de marcher, le soir, dans certaines rues de Constantinople. Outre qu'elles sont semées de pierres et qu'elles présentent souvent toutes les irrégularités d'un escalier mal fait ou usé, on y heurte des chiens qui se vengent d'être dérangés, en vous sautant aux jambes Le soir, les femmes circulent généralement en chaise à porteurs ; le jour, il y a au coin de chaque rue des chevaux à louer. Les voies carrossables sont rares et si éloignées l'une de l'autre qu'elles allongent indéfiniment les moindres trajets ; on y est, de plus,

canoté d'une façon véritablement atroce. Tous les minarets étaient
encore illuminés, mais les petites lanternes n'avaient pas la même
disposition que la veille.

Mardi, 20 octobre. — Un ami, initié aux habitudes des bazars,
s'est fait fort de nous montrer ce qu'ils contiennent de remarquable ou de curieux ; néanmoins, ce n'est pas sans peine que les
marchands se sont décidés à étaler devant nous des objets de
valeur réelle. Ils fermaient soigneusement leurs portes et exhi-
baient toute leur collection de choses banales ou ordinaires, avant
de se résigner à produire les vrais trésors. Parmi ceux-ci, je note
d'admirables broderies, vieilles de quatre, cinq et huit cents ans ;
des tapis pour la prière, parsemés de perles et de broderies or et
soie; des émaux de Perse ; des lampes en cuivre ouvré, avec des
turquoises entourant une figure d'homme ou d'animal; des tasses
en or ou en argent, aux anses enrichies de pierres précieuses ; des
pistolets, des fusils, des dagues ; de la porcelaine rare ; bref, tout
ce qu'on peut imaginer en fait de curiosités et d'antiquités. Nous
avons été de là à la mosquée dite *des Pigeons.* On l'appelle ainsi à
cause des milliers d'oiseaux sacrés qui habitent ses cours et ses
toits ; durant le présent mois, — le mois du Ramadan, — elle est
entourée de petites baraques où l'on vend des jouets, des lampes,
des fruits, des *pickles,* des drogues. C'est un but de promenade,
très apprécié des Turcs des deux sexes. Ce soir, le personnel de la
table d'hôte s'est accru de deux amusants personnages : l'un est
un professeur anglais qui va observer le passage de Vénus et qui
déclare, en attendant, que sir Isaac Newton était fou ; l'autre, un
Brésilien, qui a servi dans l'armée et dans la marine, qui a appris
vingt langues et qui a la prétention d'en parler couramment sept
ou huit. Les conversations de ces deux originaux ont fait la joie des
autres convives.

Encore un mot des chiens. Ils abondent, ainsi que je l'ai dit,
dans les trois villes, et comme ils y remplissent l'office de
balayeurs, les habitants les nourissent au lieu de les malmener.
Chaque bande — d'une douzaine environ — a sa rue, et le chien

assez mal appris pour s'introduire dans un quartier qui n'est pas
le sien, est attaqué, mordu, même dévoré par les autres, à moins
qu'il ne regagne docilement, devant la meute, son domicile personnel. Les petits de ses intéressants animaux pullulent; quand
il y en a trop dans un endroit, les parents émigrent pour laisser
le champ libre à leur progéniture. En somme, ce sont des bêtes
intelligentes qui rendent de réels services en s'appropriant les os
et les débris de toutes sortes que les Turcs ont l'habitude de jeter
aux portes, sans souci de la propreté des rues, et je leur dois cette
justice qu'ils ont été polis envers Félise. La première fois qu'elle
s'est montrée devant eux, ils l'ont regardée de travers parce qu'ils
croyaient avoir affaire à une intruse ayant des prétentions à s'établir sur leur domaine. Dès qu'ils ont reconnu qu'elle était simplement un hôte de passage, ils lui ont permis de circuler comme
elle voulait.

Mercredi, 21 *octobre*. — Pendant le Ramadan, le mercredi
est le seul jour où l'on peut visiter les mosquées; encore a-t-on
de la peine à se procurer l'autorisation nécessaire, parce que les
employés de la Sublime Porte ayant joué la nuit, dorment le jour,
et que, de plus, le jeûne les met de mauvaise humeur. Nous
avons pu, cependant, par l'intermédiaire de notre consul, obtenir
le firman voulu, et pénétrer ainsi dans plusieurs édifices du culte
musulman. *Sainte-Sophie* est aussi remarquable à l'intérieur qu'à
l'extérieur. Le dôme, qu'on dit être le plus vaste du monde, est
supporté par des arceaux aux amples proportions; ces arceaux
reposent eux-mêmes sur d'énormes piliers dont plusieurs, en
jaspe gris, proviennent du temple de Diane à Ephèse, et dont
d'autres, en porphyre, ont été rapportés du temple du Soleil à
Balbek. A l'exception de lampes suspendues de façon à former
de grandes circonférences lumineuses, le nef ne contient rien, en
sorte que ses dimensions se révèlent aisément à l'œil. Le sol est
tapissé de mosaïques et de pierres de couleur.

La *mosquée d'Achmet* est la mosquée des solennités : celle
où va le sultan, le jour de la fête du Baïram. C'est un très bel

édifice, flanqué de six minarets. Ste-Sophie en a quatre; la
mosquée de la Mecque, sept. Le dôme, quoique très grand, est
moins beau et moins décoré que celui de Ste-Sophie; la chaire est
la reproduction exacte de celle de la Mecque. Auprès de ce monument, on voit le musée des Janissaires qui contient des figures
en cire dont les costumes sont ceux des hauts dignitaires, officiers
et serviteurs de la cour durant les derniers siècles.

Fontaine Sainte-Sophie.

La *mosquée de Soliman* est un spécimen de la vraie architecture musulmane. Mais il était déjà tard quand nous y sommes
entrés et, comme elle commençait à se remplir de fidèles, nous
avons jugé prudent de ne pas nous y attarder. On prétend, en
effet, qu'en ce temps d'abstinence, les Mahométans sont disposés
à se dédommager de leur jeûne en insultant les *giaours* pour la
plus grande gloire du Prophète.

Nous avons visité *la Trésorerie*, située dans la cour du palais
du vieux Sérail, brûlé il y a quelques années. Un magnifique trône,

en émail, incrusté de rubis, de perles et de diamants, est le premier objet qui frappe l'œil. Les vitrines autour de la salle contiennent des tapis brodés d'or et de pierres précieuses, des fusils, des dagues, des épées ornées de joyaux sans prix, des émeraudes de la grosseur d'un œuf de poule, des rubis aussi gros que des œufs de pigeon, mais pleins de défauts néanmoins ; de grandes coupes remplies de turquoises, de coraux, d'agates, de cornalines, de topazes ; des rangées de grains d'ambre, d'une pureté exceptionnelle ; des vases en jade ou en cristal, avec des montures en émail ou en pierre précieuse. Au premier étage, il y a des selles, des housses, des garnitures de cheval enrichies de coraux et de bijoux. Mais la grande merveille est une table de toilette incrustée de diamants et de rubis : les supports de la glace sont garnis de gros diamants ; le cadre du miroir est un amas de rubis et de diamants ; la frange qui entoure la table est une vraie ceinture de diamants. On raconte que l'ex-impératrice Eugénie reçut pour près de trois millions de cadeaux, quand elle vint voir ces trésors ; le sultan lui donnait tout ce qu'elle admirait, sans qu'elle exprimât aucun désir de l'avoir.

En quittant la Trésorerie, on nous a montré ce qui reste du *Palais du Sérail* depuis le désastreux incendie ; après quoi, l'avis général ayant été qu'il était temps de se reposer, nous sommes revenus au bac où nous avions laissé notre bateau. Comme Constantinople se compose de trois villes séparées par des bras de mer, il règne toujours une grande animation aux abords des points où l'on passe d'une rive à l'autre, et les deux ponts qui unissent Péra, Stamboul et Scutari sont constamment encombrés. Le caïque tient lieu de voiture ; cependant, on rencontre de très beaux équipages.

Palais de Dolmabagtcheh.

CHAPITRE CINQUIÈME

LE BOSPHORE ET SES PALAIS

Jeudi, 22 octobre. — A l'issue d'une promenade matinale au haut de la colline appelée Boolgoorloo, d'où l'on jouit d'une vue superbe, nous avons pris des caïques (chaque caïque contient deux personnes) pour rejoindre le yacht, qui remontait lentement le Bosphore à la vapeur. Le temps était magnifique ; l'aspect des deux rives dépassait en variété et en richesse, tout ce que j'avais imaginé. Ici, des terrains ondulés et boisés ; là des vallées courant se perdre dans les hautes montagnes du second plan ; partout des kiosques et des palais. Un des plus beaux, parmi ceux-ci, appartient au vice-roi d'Égypte ; mais il est actuellement occupé par sa mère, qu'il a envoyée, au lieu de venir lui-même, pour épargner à sa bourse l'épreuve de l'année dernière. A force de distribuer des

cadeaux à tout le monde, il est parti à demi ruiné, et il ne se soucie
pas de recommencer ces largesses. On rapporte, à ce propos, qu'une
fois où il avait donné à dîner au sultan dans un magnifique service, fraîchement arrivé de Paris, le souverain demanda que personne ne se servît après lui de cette vaisselle : ce qui équivalait à
dire qu'il désirait qu'on lui en fît présent. Le souhait fut exaucé,
et l'anecdote se raconte comme un bon spécimen du régime dispen-
dieux que le roi eût à subir.

Nous avons passé près de Kandili, d'où une garde spéciale
veille, jour et nuit, aux incendies et tire des coups de canon indiquant, par leur nombre, le quartier de la ville qui se trouve menacé.
On a compté souvent deux incendies par jour ; mais, depuis quelque
temps, ils sont moins fréquents. Les pompes sont traînées et
manœuvrées à la main ; une fois arrivé sur le théâtre de l'évène-
ment, le personnel s'assied et attend pour se mettre à l'œuvre qu'on
ait fait un prix avec lui. Roomili-Hissard, qu'on aperçoit un peu
plus loin, est la partie la plus étroite du Bosphore ; c'est là que
passe le câble sous-marin qui relie l'Europe à l'Asie. Le palais
des *Eaux-Douces d'Asie,* que nous avons longé, est adossé à une
verte prairie ombragée de platanes. Les Turques de la haute
classe viennent s'y promener, le vendredi et le dimanche, pendant
l'automne et à la fin de l'été ; durant le printemps et la première
partie de l'été, elles vont aux *Eaux-Douces d'Europe,* à la Corne
d'Or ; l'hiver, à Mashleck. Toujours des palais et des kiosques
entourés de jardins ; puis Thérapia, où le yacht a mouillé vers
cinq heures. Sur tout ce parcours, d'environ huit milles par rapport
à Constantinople, le détroit est si peu large que, malgré la salure
de son eau, on s'étonne qu'il soit honoré du nom de mer.

Dîner à l'ambassade anglaise. L'extérieur est en bois ; mais, dès
l'entrée, on trouve un vestibule en marbre et un escalier de marbre
qui conduit à un corridor avec des colonnes et des plantes. Les
pièces sont belles ; elles ont malheureusement l'inconvénient d'être
glaciales pendant l'hiver et l'automne, à quelque moyen de chauffage
qu'on ait recours. Tous les invités appartenaient à la diplomatie ; on
a servi dans la vaisselle plate sauvée de l'incendie de 1870. Quinze

cents personnes périrent dans le désastre, et des milliers de maisons furent détruites, bien que le feu ait pris en plein jour, et qu'il ait été éteint en six heures. Lady Elliot, ses enfants et ses domestiques s'enfuirent à bord de l'*Antilope*, sans pouvoir rien emporter. Les gens accourus pour porter secours, se livrèrent à un pillage éhonté; on relevait dans les rues des malheureux tués ou blessés.

Grande dame turque.

dont les poches regorgeaient d'objets volés, montres, bijoux, pièces d'argenterie, etc.

Vendredi, 23 octobre. — Nous avons descendu le Bosphore par le steamer de neuf heures et demie, pour voir le sultan se rendre à la mosquée, comme il en a l'habitude tous les vendredis à midi. La peur d'être assassiné fait qu'il ne dit jamais d'avance ni à quel temple il ira, ni de quelle façon il s'y rendra : par terre, par mer, en voiture ou à cheval. Les divers moyens de locomotion sont tenus prêts pour qu'il n'ait plus qu'à choisir, le dernier instant venu; et la seule chance qu'on ait de l'apercevoir, est de se poster près du palais entre une voiture et un caïque, de façon à pouvoir le suivre, quelque voie qu'il prenne. C'est ce que nous avons fait. L'avenue ombragé qui entoure le palais de Dolmabagtcheh est, du reste, un endroit délicieux pour attendre ; il n'y a pas de foule, mais seulement des troupes, des officiers, des chevaux richement caparaçonnés et des carrosses.

A midi précis, le son du bugle se fit entendre ; les cavaliers se mirent en selle ; les pachas obèses, en uniforme bleu clair avec des broderies d'or, se hissèrent, — ou furent hissés, — sur leurs montures aux harnais or et rouge ; chacun prit la pose du silence et de l'attention. Presque aussitôt arriva le fils du sultan, vêtu de pourpre et d'or, entouré d'une quarantaine d'aides-de-camp à pied ; la housse de son cheval ruisselait de pierres précieuses. Le grand-vizir, suivi de tous les ministres en costume de gala, vint ensuite. Puis apparut le sultan sur un superbe cheval arabe, tout blanc, dont la selle et les brides resplendissaient d'or et de diamants. Il portait un uniforme de petite tenue, avec un manteau flottant sous lequel brillaient trois grandes plaques en diamant, et s'avançait sans regarder personne, indifférent aux saluts et aux acclamations ; on lui donnerait soixante-deux ans, quoiqu'il n'en ait guère que quarante-quatre, et nous l'avons trouvé affreusement vieilli depuis son voyage à Paris en 1867. Tout un régiment d'officiers et de pachas ventrus (il y avait bien deux cents de ces derniers) se plaça derrière lui, ceux-là à pied, ceux-ci à cheval ; des troupes et quelques carrosses formèrent le cortège. Dans les rues, des soldats faisaient la haie, et des musiques échelonnées de cent mètres en cent mètres jouaient l'hymne national.

Nous n'avons pas attendu le retour de Sa Hautesse, parce qu'on dit que le sultan apporte dans ses prières les mêmes habitudes capricieuses qui caractérisent presque tous ses actes. Quelquefois il reste une demi-heure à la mosquée ; d'autres fois, il y passe deux heures. On prétend qu'il est fou ; mais il n'en a pas moins assez de présence d'esprit pour laisser aux étrangers avec lesquels il s'entretient, une haute opinion de son intelligence. Quand il monta sur le trône, encore tout jeune, il aimait le tir et la chasse. Aujourdhui, il ne s'amuse plus qu'aux combats de coq, au jeu d'échecs, ou encore à couper la tête, d'un coup de sabre, à de malheureux dindons qu'on réserve dans une cour pour cet étrange divertissement. Personne n'ose lui parler autrement que par monosyllabes, et le front incliné presque à toucher le sol; le grand-vizir lui-même se courbe en deux, quand il l'approche, et garde cette posture pendant tout l'entretien, sans lever les yeux sur son maître. Le sultan est complètement dominé par sa mère Validé, une ancienne esclave que Mahmoud II remarqua comme elle portait du bois au bain et dont il fit sa favorite. Ignorante, superstitieuse, bigote, elle est l'ennemie de tout progrès, et son influence s'exerce constamment dans ce sens. Mais l'heure des changements dans les mœurs du pays approche malgré elle, et, en dépit des édits, il est visible, certainement, que le *yashmak* féminin tend à se réduire à une mince gaze. Les voitures contenant les femmes des harems osent maintenant s'arrêter près de la mosquée de Bymzel à Mashleck ou dans les jardins de Chumleyjah; les nègres et les eunuques s'éloignent discrètement, et la *flirtation* va son train.

Une des manies du sultan est la peur du feu.

Il a fait abattre on ne sait combien de maisons pour écarter de son voisinage les chances d'incendie, et il ne tolère pas l'introduction d'un morceau de bois dans sa demeure. L'autre jour, il a fait étrangler deux sultanes qui avaient violé la consigne, et il a presque iué, pour une raison semblable, la femme d'un de ses colonels. Frappée, jetée à terre et foulée aux pieds, la malheureuse a failli mourir. Les patères en bois servant à accrocher les fez sont interdits; les bougeoirs doivent être entourés d'eau. Une nuit, il s'est sauvé en chemise et a sauté dans une voiture, croyant que le feu avait pris au palais; on a eu beaucoup de peine à lui prouver qu'il se trompait.

Ces cauchemars s'expliquent facilement chez un homme qui fait onze repas par jour, tous copieux. Le sultan ne boit pas, ne fume pas, ne prend pas de café; mais il mange énormément, et cet excès d'alimentation est la cause évidente de l'état de somnolence chagrine dans lequel il est tombé. On n'apprête jamais moins de quatre-vingt-dix plats à son intention; ceux qu'il choisit sont soigneusement scellés par sa mère elle-même, et le sceau est ensuite brisé en sa présence. Il ne touche à rien, dont on n'ait goûté avant lui; il boit dans un gobelet spécial, qui jouit de la propriété de changer de couleur sous l'action du poison. On lui prête le désir de modifier l'ordre de succession au trône pour laisser la couronne à son fils au détriment de l'aîné de ses parents mâles; mais la loi mahométane[1] s'opposant à cette fantaisie, il est peu probable qu'il réussisse à l'imposer.

Ses quatre malheureux neveux, dont le plus âgé a trente-quatre ans, sont gardés à vue dans un palais, et leurs repas se préparent à la cuisine du sultan. Comme ils craignent d'être empoisonnés, ils ne mangent jamais des mets qu'on leur envoie; une vieille femme y supplée en cachette. Dans la journée, on leur permet d'aller sur le Bosphore, sous l'œil d'une forte escorte. Ils ont appris secrètement à jouer du piano et à lire le français; s'ils arrivent au pouvoir, j'imagine qu'ils y feront preuve d'idées plus avancées que le sultan actuel qui ignore tout et à qui on n'ose rien dire, de peur d'être disgracié ou étranglé. Personne ne s'est encore aventuré à lui annoncer la famine qui sévit dans l'Asie Mineure; il ne s'en doute même pas.

Le sultan n'a pas la permission de se marier; mais les esclaves qui lui donnent des enfants prennent le nom de sultanes, et cessent de faire aucun travail. Elles ont des appartements séparés, des domestiques, des voitures et des chevaux; chacune espère être la mère du futur sultan et devenir ainsi la femme la plus en évidence dans toute la Turquie. Les sultanes ne prennent pas leurs repas avec leurs enfants, parce qu'elles ont été esclaves et que leurs fils et leurs filles sont princes et princesses; pour la même raison, elles ne reçoivent pas les femmes des ministres. Les princesses peuvent choisir pour époux l'homme qui leur plaît. Si l'objet de leur préférence est déjà marié, il est forcé de quitter sa

---

1. Qui veut que le plus âgé parmi les membres mâles de la famille d'Osman occupe le trône. (*Note de l'auteur.*)

femme ou ses femmes et il lui est interdit de prendre des compagnes en dehors de la princesse, laquelle peut, au besoin, le faire punir ou étrangler. Malgré ces revers de médaille, on regarde comme un grand honneur de faire un semblable mariage, et il est probable, en effet, qu'il comporte plus d'un avantage.

Les Turcs ont une façon gênante de compter le temps; elle change d'un jour à l'autre. Pour nous, la journée commence à minuit; pour eux, elle s'ouvre avec le coucher du soleil. Il en résulte quotidiennement une variation de quelques minutes, qui rend presque impossible d'avoir une montre bien réglée. On chercherait vainement, dans la ville, deux horloges donnant exactement la même heure. Aujourd'hui par exemple, nous nous sommes trouvés de trois quarts d'heure en avance sur le bateau qui devait nous ramener à bord. C'est une perte de temps considérable.

Samedi, 24 octobre. — Un lunch au bord d'un cours d'eau, derrière le village de Beiksot où la guigue[1] nous a conduits, puis une promenade à la montagne du Géant ont occupé l'après-midi. C'est une excursion intéressante, qui permet d'embrasser, à mesure qu'on s'élève, l'horizon de la Mer Noire. En haut, on trouve la tombe d'un derviche mort en odeur de sainteté; des loques, des morceaux de linge sont pendus à la grille et servent ensuite de talismans contre la fièvre et les maux de toute sorte. La montagne ne jouit pas d'une bonne réputation et, bien qu'armés de revolvers, nous sommes revenus avant la tombée de la nuit. Il y a quelques mois, un attaché de l'ambassade d'Autriche qui se promenait de ce côté avec sa femme et sa fille, a été attaqué et maltraité par une bande de soldats.

[1] Embarcation légère.

Brousse, vu de « l'Hôtel de l'Europe. »

CHAPITRE SIXIÈME

LA MER NOIRE, SCUTARI, BROUSSE, LES HAREMS

Dimanche, 25 octobre. — Toute la nuit, le vent a soufflé en tempête et, ce matin, la mer, généralement si bleue et si paisible, était tellement agitée qu'il a fallu renoncer à entendre le service religieux célébré à bord de l'*Antilope*[1]. Dans la journée nous avons été à la forêt de Belgrade, en passant sous l'aqueduc qui approvisionne d'eau Pera et Galata; les réservoirs qui sont un peu plus loin, à Bagtcheh Keui, se composent simplement de cavités maçonnées où l'eau vient s'accumuler, pour se rendre ensuite dans des tuyaux à l'aqueduc.

La forêt[2] est très remarquable : rivière coulant pendant des kilomètres à travers une grande pelouse verte, sous des platanes et

1. Aviso aux ordres de l'ambassade anglaise.
2. Les Russes y ont coupé un grand nombre de beaux arbres en 1878. (*Note de l'auteur.*)

de vieux chênes; collines chargées de hêtres, de chataigniers et
de sapins; promeneurs en grand nombre et dans toutes sortes de
costumes, malgré le mauvais temps. Vers le soir, la pluie qui avait
cessé s'est remise à tomber et nous sommes rentrés précipitam
ment à bord, où des amis sont venus dîner avec nous. Quand il
s'est agi de les renvoyer à terre, il ventait tant que nous voulions
les retenir; ils ont insisté pour nous quitter, et leur débarquement
s'est opéré sans accident.

Lundi, 26 *octobre.* — Nous avons résolu de partir pour Kustendje et nos préparatifs ont été faits en conséquence; mais c'est en
vain que le yacht a essayé de passer du Bosphore dans la Mer Noire.
Le vent soufflait avec une telle violence et la houle était si forte
qu'au lieu de mettre le cap sur Kustendje, nous avons dû retourner vers Constantinople. On a mouillé à Fundukli [1], au milieu des
navires de guerre et non sans peine, avec cet affreux temps.

Mardi, 27 *octobre.* — Visite à une curieuse mosquée de Pera
pour voir les derviches tourneurs; nous avons pris place dans une
galerie, près de celle réservée au harem. Après avoir prié et gesti-
culé devant le grand prêtre assis au centre, les derviches ont ôté
leurs souliers et leurs vêtements de dessus; puis, conduits par le
prêtre, ils ont fait trois fois le tour de l'espèce d'autel qui renferme
l'exemplaire sacré du Coran, en se saluant gracieusement l'un
l'autre lorsqu'ils passaient devant le livre saint. Cette cérémonie
préliminaire accomplie, ils se sont mis tous ensemble à tourner
sur eux-mêmes d'un mouvement rapide, continu, chacun restant
dans son orbite sans jamais toucher le voisin; et je n'aurai pas de
peine à faire croire que le spectacle de ces hommes en longs
jupons blancs, avec des chapeaux mous de forme conique sur la
tête, tournant comme des totons, les bras en l'air, était des plus
singuliers.

1. Fondook veut dire grosse noix, et Dolmabagtchech, qui est à côté, signifie
plantation de noyers. Il est probable qu'au moment de la construction du palais
on abattit un grand nombre de ces arbres. (*Note de l'auteur.*)

On prétend que le sultan s'est pris de passion pour le yacht
et qu'il veut en faire l'acquisition. Si a nouvelle est vraie, nous
n'avons que trois partis à prendre : refuser de vendre, ce qui amè-
nera indubitablement un changement de ministère ; vendre, ce
qui serait désagréable, même si l'opération donnait un bénéfice ;
quitter de nuit Constantinople et laisser le sultan à ses regrets,
sans qu'il puisse s'en prendre à personne, ce qui n'a rien non plus

Les derviches.

de bien attrayant. Voilà à quoi on est exposé dans les pays où les
chefs d'État ont l'habitude de voir exaucer tous leurs caprices.

Mercredi, 28 *octobre*. — Nous avons fait aujourd'hui, quelques
visites dans des harems. Les deux nièces du vice-roi d'Égypte,
les princesses Nazli et Azizieh, étaient à la campagne. Madame
Ikbal Kiasim, belle-fille de Fuad-pacha (le plus grand politique
qu'ait jamais eu la Turquie), nous a envoyé dire par sa demoiselle
de compagnie, une Française, qu'elle avait le regret de ne pouvoir
nous recevoir, étant au bain. Chez Mme Hilmeh Bey (petite-fille de
Fuad-pacha) nous avons été plus heureux. Elle nous a reçues dans

une toilette du matin : robe en cachemire bleu, brodé de bouquets de roses, coiffure à la dernière mode (des cheveux qui ont été noirs et que la teinture a faits d'un blond doré). A notre entrée, elle s'est levée pour nous saluer et a fermé un volume—un roman français—qu'elle lisait. Aujourd'hui toutes les femmes de la haute classe sont convenablement élevées; elles ont des gouvernantes européennes, lisent des livres étrangers et récriminent contre leur condition. C'est une grande erreur de la part des Turcs, de croire qu'ils peuvent élever le niveau intellectuel de leurs femmes et de leurs filles, et les maintenir en même temps dans leur état actuel de réclusion. Il suffit d'avoir entendu notre pauvre petite Turque d'aujourd'hui m'exprimer à cet égard son opinion et celle de ses amies, pour comprendre qu'un changement se pré pare dans les mœurs du pays. Si elles renonçaient, par la même occasion, à frapper leurs domestiques, la métamorphose serait complète; car j'imagine, qu'en général, ces dames ont la main très leste. Pendant notre visite, deux esclaves habillées moitié à la turque et moitié à l'anglaise, ont apporté des sucreries et du café; la maîtresse du logis s'est excusée de ne rien prendre, en alléguant le Ramadan.

Nous avons été le soir à un théâtre où l'on jouait une pièce qui paraissait fort amusante, quoique nous n'y ayons rien compris. Les costumes étaient tous turcs; les actrices, toutes Arméniennes. Il y a dix ans, les Arméniennes portaient des voiles aussi épais que ceux des Turques, et on ne pouvait reconnaître les unes des autres; actuellement elles ont les manières et les vêtements des Européennes.

Jeudi, 29 *octobre*. — Tom a été reçu ce matin par le grand-vizir et par plusieurs ministres. On a causé en français ou par l'intermédiaire d'un interprète; mais en raison du Ramadan, les pipes et le café n'ont pas fait leur apparition habituelle. Un ami nous a pourtant raconté que, ces jours-ci, au cours d'une longue entrevue avec un membre du ministère, ce personnage ferma la porte, et alluma une cigarette, sans se soucier autrement des prescriptions relatives au jeûne. Il est vrai qu'une fois la cigarette finie et avant d'enlever le verrou, il tira de sa poche une petite brosse pour disperser les cendres qui eussent pu le trahir.

Les appointements du grand-vizir sont de 750,000 fr.; ceux du ministre des finances, 375,000 fr. Ces fonctionnaires étant congédiés au moindre caprice du souverain, sont fortement tentés de remplir leurs poches, tandis qu'ils sont aux affaires.

Leur élévation au pouvoir est due le plus souvent à une fantaisie du maître. Le dernier grand-vizir était simple *chaouc*, ou sergent, dans un régiment de ligne. Un autre *chaouc* reçut une gratification de 12,500 francs et le brevet de colonel, parce que le sultan, grand amateur d'animaux, lui ayant vu deux oiseaux rares qu'il tenait du domestique d'un de nos amis, s'offrit à les acheter; le sergent refusa de les vendre, mais les donna à Sa Hautesse qui le mit, en récompense, à la tête d'un régiment. Un des plus beaux navires cuirassés de la flotte est commandé par un matelot qui a été élevé à ce poste, pour avoir présenté au sultan un chat auquel il avait appris toutes sortes de tours. Ces histoires ressemblent à des inventions; je les regarde, cependant, comme absolument vraies. Tom s'est senti allégé d'un grand poids, en voyant que son entrevue se passait sans qu'on lui parlât d'acheter le yacht.

Nous sommes allés à une mosquée de Scutari, dans le but d'entendre les derviches hurleurs; mais ils chômaient, toujours à cause du Ramadan, et, pour remplir la journée, nous avons visité le cimetière turc. C'est une succession de bouquets de cyprès, entremêlés de tombes, dont quelques-unes peintes dans les couleurs les plus voyantes. Les Orientaux prétendent que l'odeur aromatique des cyprès remédie aux inconvénients de l'inhumation des cadavres, et la prétention doit être justifiée, car on rencontre à tout instant de petits cimetières au cœur des centres les plus peuplés, et les Européens conviennent que ce voisinage n'a rien de préjudiciable à la santé. Un des chevaux favoris du sultan actuel est enterré au milieu du cimetière; son tombeau est un des plus remarquables. On compte huit cents chevaux et sept cents femmes appartenant au souverain, sans pouvoir dire toutefois desquels il se soucie le plus : à l'exception des favoris de l'une et de l'autre espèce.

Le cimetière anglais où reposent tant de braves gens morts à l'hôpital de Scutari, pendant la guerre de Crimée, n'a pas l'aspect abandonné et désolé du cimetière turc. Ombragé d'arbres et planté de fleurs, il s'étend en haut d'un précipice baigné par la mer de Marmara et domine un vaste horizon. Après y avoir recueilli quelques inscriptions, nous sommes revenus à la ville en ayant soin de quitter la voiture au moment de pénétrer dans les rues, pour éviter les affreux cahots que nous avions eus en allant. J'ai remarqué une grande abondance de gibier aux étalages : lièvres, cailles, coqs de bruyère, bécassines et faisans. Ces derniers sont ici à l'état sauvage : rares et chers. Le bac nous a ramenés à Stamboul, où j'ai fait diverses emplettes : entre autres un manteau doublé de fourrure. Les Turques de la haute classe portent toujours un manteau fourré : léger en été, épais en hiver.

Vendredi, 30 *octobre.* — Le grand duc d'Oldenbourg est venu ce matin à bord avec sa suite, nous demander la permission d'assister au défilé du cortège du sultan qui doit se rendre, par mer, à la mosquée de Fundukli, juste en face du *Sunbeam.* Il tenait le renseignement du sultan lui-même, qui lui avait, en outre, signalé le yacht comme le meilleur endroit pour bien voir. Le grand duc qui peut avoir vingt-deux ans, est le futur héritier du duché d'Oldenbourg ; il voyage accompagné d'un professeur et de deux officiers, et annonce l'intention d'avoir un navire de plaisance dès son arrivée dans son pays. Aussi le *Sunbeam* l'a-t-il beaucoup intéressé.

Vers midi, cinq caïques se sont rangés devant le palais de Dolmabagtchech. Le sultan a pris place dans le premier qui était bleu, doublé de velours rouge, avec un dais en or ; il s'est assis sur des coussins brodés de pierres précieuses, ayant en face de lui deux de ses ministres à genoux, le front incliné, les bras croisés sur la poitrine. Derrière, se tenait l'homme de barre [1], en costume

1. Celui qui gouverne.

vert ruisselant d'or. Vingt-quatre rameurs, en pantalon blanc, jaquette d'or, fez écarlate, conduisaient l'embarcation; avant chaque coup de rame, ils s'agenouillent, touchent le fond de la barque avec leur front, puis ils se redressent rapidement et plongent l'aviron dans l'eau en le portant le plus possible vers l'avant. Ce mouvement qui est indiqué par la gravure ci-jointe imprime une vitesse considérable au caïque [1]; mais il exige un déploiement de force qui épuise rapidement les tempéraments les plus robustes. En deux ans, un rameur est hors de service. L'effet est merveil-

Le caïque du sultan.

leux; l'embarcation semble glisser sur l'eau, et on est tenté de la prendre pour un objet surnaturel.

Le second caïque, où était le fils du sultan, différait un peu du premier : une proue ronde au lieu d'une pointue, un petit oiseau — devant — au lieu d'un grand, dais moins beau, et seulement vingt rameurs. Les trois autres embarcations n'avaient pas de dais et n'étaient manœuvrées que par dix hommes; elles contenaient les ministres. A terre, des soldats et des musiques; sur mer, les navires pavoisés et les hommes rangés sur les vergues; coups de canon et hourras, comme les caïques défilaient. Nos gens pei-

1. Les caïques ainsi manœuvrés battent aisément le meilleur navire à vapeur.

gnaient la coque, quand le grand-duc est arrivé à bord ; mais on a
fait cesser aussitôt le travail, et le yacht était en ordre lorsque le
sultan a passé. Quand Sa Majesté a débarqué, sur un grand tapis
de velours rouge retenu par des petites mains en cuivre, les pachas
qui formaient la haie des deux côtés se sont inclinés : le front presque à la hauteur des genoux.

Le sultan a été si touché de voir que le *Sunbeam* s'était pavoisé
en son honneur, qu'avant d'entrer à la mosquée il a appelé le
ministre de la marine pour lui donner l'ordre d'aller nous remercier immédiatement. Ce personnage ne parlant que le turc, c'est
Aarif-Pacha, amiral commandant l'escadre cuirassée, qui est venu
à sa place. Il sait un peu d'anglais, et il a été fort aimable.

Dans la journée, nos hommes se sont remis à la peinture, pendant que nous descendions en caïque la Corne-d'Or, jusqu'aux
Eaux-Douces d'Europe. C'est un trajet de deux heures, dont la dernière partie se fait dans un passage étroit, bordé des deux côtés par
un gazon velouté et par de superbes platanes. Au printemps et
pendant l'été, quand ce charmant endroit est encombré de caïques
ou de voitures et que les promeneuses se groupent sous les arbres,
assises sur des tapis en buvant du café et en mangeant des sucreries, la vue doit être pleine d'animation et de gaieté. Nous avons
mis pied à terre auprès du kiosque du sultan, et avons visité les
abords du palais situé un peu plus haut. Partout des paons : sur
les arbres, sur la pelouse, sur les murs, à tous les coins de la
demeure somptueuse construite à leur intention. Le sultan ado-
rant les paons, ces bêtes sont l'objet de soins particuliers. Nous
sommes revenus à Constantinople en voiture, et, au moment où
nous partions, notre *drogman* a demandé si nous avions nos revolvers. Personne n'avait cru devoir s'en munir, et nous n'en sommes
pas moins arrivés sans encombre.

Samedi, 31 octobre. — Visite au nouveau palais de Tcheragan,
ainsi qu'il avait été convenu hier avec Aarif-Pacha. On nous a montré les harems qui se composent de centaines de chambres avec des
planchers de nattes, des murs peints en détrempe et de très beaux

rideaux. Chaque pièce contient un grand lit et plusieurs divans recouverts en brocart, dont le dessin varie d'un meuble à l'autre. J'ai aperçu une seule garde-robe et pas une seule chaise ; si riches que soient leurs vêtements, les femmes les jettent en tas sur le plancher. Nous aurions désiré voir les appartements du sultan ; mais il devait venir passer une inspection, et cette partie du palais est restée inaccessible.

Comme il était trop tard pour pousser jusqu'à Beylerbey, nous sommes allés à bord de l'*Osmanlieh* rendre à l'amiral sa visite de la veille. L'amiral était absent ; mais le commandant et le docteur, qui savent quelques mots d'anglais et de français nous ont reçus, et nous ont fait voir le navire, superbe bâtiment, très bien tenu, qui ferait honneur à toutes les marines. Canons, affûts, projectiles, machine, mâture, etc., tout était merveilleux d'ordre et de propreté[1]. La visite terminée, on nous a reconduits en grande pompe à l'embarcadère qui nous avait amenés ; les officiers s'étaient groupés sur le pont pour nous saluer, et les sentinelles portaient les armes.

Après le lunch, nous avons visité l'atelier de M. Chlebowski, qui est en train de peindre, pour le sultan, une grande toile représentant l'entrée triomphale de Mahmoud II à Constantinople. Cet artiste possède une intéressante collection de croquis à l'encre rouge faits par Sa Majesté, quand elle commande une toile, pour en indiquer le caractère. Ce ne sont que des dessins à main levée, mais ils témoignent d'un sentiment artistique très prononcé, notamment ceux qui ont trait à des sujets militaires.

Dimanche, 1er *novembre*. — Une lettre de la princesse de Roumanie nous a donné le mot d'une énigme que nous cherchions vainement depuis plusieurs jours. Si Son Altesse n'a pas répondu plus tôt à la dépêche que nous lui avons adressée mardi, pour lui annoncer que nous partirions le mardi suivant, c'est parce qu'elle a compris que nous nous mettrions en route le mardi même où

---

1. La marine turque est une des bonnes marines de l'Europe. Elle a été formée par des officiers anglais, et en compte encore dans son état-major.

était expédié notre télégramme. La méprise a été si complète
qu'on a fait préparer un train spécial à notre intention, donné des
ordres aux gares, envoyé des voitures pour nous attendre, etc.
Nous, pendant tout ce temps, nous étions à Constantinople, étonnés

Cimetière turc.

de ne pas recevoir de réponse, et aujourd'hui, par suite d'une
prochaine absence du prince, il est trop tard pour réparer le
malentendu.

Lundi, 2 novembre. — Pour éviter l'ennui de mettre à la vapeur,
un remorqueur, la *Sarah Smart,* nous a conduits jusqu'à la hauteur

de Beylerbey. Là, on a établi les voiles, et après avoir dépassé Péra et la *Pointe du Sérail*, nous avons gouverné sur le cap Boz à travers la mer de Marmara, pour jeter bientôt l'ancre devant Moudanieh, à moins de trois cents mètres de la côte. C'est un très mauvais mouillage et seulement praticable à l'endroit choisi pour le yacht, car, à droite et à gauche, on trouve soixante brasses de fond. Nous

Cimetière anglais à Scutari.

sommes allés à terre faire nos préparatifs pour la journée de demain ; mais les rues de la ville, sales et pierreuses, nous ont paru peu engageantes. On débarque et on embarque à une jetée battue par la mer ; c'est une opération qui, dans ces conditions, est difficile et même dangereuse pour qui n'a pas le pied marin.

Mardi, 3 *novembre*. — La journée a été remplie par une longue et intéressante excursion en voiture. Après avoir dépassé le joli village grec de Missolonghi entouré d'arbres et de jardins, nous avons gagné le sommet d'une colline d'où le regard domine la fertile plaine de Brousse et embrasse jusqu'aux cimes lointaines du mont Olympe. Dans un petit café où nous avons lunché, à l'ombre d'un magnifique bouquet de chênes, on nous a montré de très singuliers oiseaux avec des ailes sur les pattes. J'ai voulu en acheter ; mais comme ils provenaient de la basse-cour du sultan, mes offres ont été repoussées. Certain coq de combat mêlé à cette collection, portait une paire de bas de soie et trois éperons à chaque patte.

Une fois la colline descendue, nous avons traversé la plaine de Brousse en longeant de temps en temps la voie ferrée qui unit cette ville à Moudanieh ; puis, gravissant une autre pente couverte de végétation, nous sommes arrivés à l'*Hôtel de l'Olympe*, situé à l'entrée de Brousse, mais dans une position élevée qui lui ménage une vue étendue sur toute la plaine. La ville contient une manufacture de soie fondée, il y a dix-sept ans, par des Français venus de Lyon ; nous y avons été en arrivant. Beaucoup de monde dans les rues et beaucoup d'étrangers à l'hôtel.

Mercredi, 4 novembre. — Les anciens bains de Brousse sont vraiment très remarquables : bâtis en marbre, au-dessus de sources sulfureuses chaudes. Les bazars sont grands, pleins de broderies superbes et d'autres curiosités, plus orientaux d'aspect que la majeure partie de ceux de Constantinople. Pas d'Européens et peu de Juifs ; les marchands regardent avec indifférence, pendant qu'on examine leurs étalages, et réfléchissent longtemps avant de conclure un marché. Entre autres choses, j'ai acheté des ornements pour mule, dont je ferai des embrasses de rideaux, et des pipes destinées à l'équipage.

En quittant le bazar, nous avons aperçu une superbe mosquée ; plus loin, les tombes des sultans, qui sont très belles ; enfin, nous avons atteint une terrasse d'où l'on a vue sur toute la ville.

Il était déjà tard quand nous avons regagné l'hôtel, et nous cussions aimé à y passer une seconde journée ; mais, bien que le temps soit beau, il y a du vent, et Tom est inquiet du yacht. Si le maître d'équipage était obligé de lever l'ancre, nous serions, lui et nous, fort en peine pour nous retrouver.

Donc, retour à Moudanieh le soir même et rentrée à bord par une nuit noire. On a mouillé deux ancres et filé soixante brasses de chaîne [1] d'un côté et quarante-cinq de l'autre, afin de pouvoir dormir en pleine sécurité.

Jeudi, 5 novembre. — Grand étonnement ce matin en voyant que nos hommes n'en finissaient pas de déraper [2], mais la surprise a cessé quand une chaîne de navire, longue de plus de cent brasses, a paru à la surface, accrochée à une de nos ancres. Sans doute le bâtiment auquel appartenait cette chaîne a été obligé de la filer par le bout [3], pour échapper à un coup de vent qui l'aura surpris au mouillage. Au large de Moudanieh, dans la mer de Marmara, nous avons trouvé une grosse brise et une houle à l'avenant. Le bout-dehors de foc s'est cassé, la voile est tombée sous l'avant et on a eu beaucoup de peine à la hâler à bord. En somme, journée pénible, et satisfaction générale quand le yacht, n'avançant pas, s'est décidé à mouiller pour la nuit dans la baie abritée de Silevri.

Vendredi, 6 novembre. — L'ancien mouillage de Fundukli a été repris vers deux heures, après une charmante traversée à la voile. Au moment où nous allions partir pour dîner à Constantinople, un ami de notre mécanicien s'est présenté à bord disant, les larmes aux yeux, que la *Violette*, où il est embarqué et qui est sur le point de partir avec un chargement de blé, se trouvait dans des conditions de navigabilité qui rendaient impossible son arrivée à bon port. Il a supplié Tom, presque à genoux, d'intervenir auprès du

---

1. Le poids des chaînes s'ajoute à l'ancre pour assurer la tenue du navire
2. Lever l'ancre.
3. Quand un navire est surpris au mouillage par un coup de vent qui l'expose à être jeté à la côte, il abandonne son ancre pour hâter l'appareillage. On file alors toute la chaîne en y attachant une bouée, pour pouvoir la retrouver plus tard.

consul, ajoutant que tous ses camarades lui en seraient reconnaissants. Tom a promis de s'occuper de l'affaire.

On nous a servi un excellent dîner. Depuis le potage à la Reine jusqu'au gâteau à la Richelieu, en passant par les croquettes à la financière, la noix de bœuf sauce malaga et les cardons à la moelle, les menus de Constantinople ne le cèdent en rien à ceux de Londres ou de Paris.

Tom a eu un entretien à propos de la *Violette*, avec le consul-général, qui l'a engagé à voir le capitaine et lui a laissé carte blanche.

Samedi, 7 novembre, — Un de nos amis, M. Crake, nous a rejoints ce matin; il est venu de Hastings, sur un bon paquebot du *Lloyd autrichen*. Tom est allé à bord de la *Violette* et a demandé au capitaine la permission de réunir l'équipage. Il l'a obtenue avec quelque difficulté et, une fois les hommes rassemblés, il leur a annoncé que, mis au courant de l'état du navire, il avait vu le consul anglais, lequel était tout prêt à empêcher le départ, s'ils croyaient à l'urgence de cette mesure. Plusieurs ont déclaré que la coque faisait toujours de l'eau et qu'il fallait constamment pomper; mais le même individu qui est venu hier, pleurer et se lamenter sur le *Sunbeam*, a protesté que le navire était dans de bonnes conditions, qu'il n'était pas trop chargé, qu'il ne prenait pas d'eau, et a démontré à ses camarades que les pompes ne fonctionnaient jamais que pour le service de la machine! Après cette tirade, il ne restait plus à Tom qu'à se retirer. C'est ce qu'il a fait. Quelques heures plus tard, la *Violette* est partie, toute penchée sur un bord et trop enfoncée dans l'eau[1], ce qui ne permet pas de rien augurer de bon pour son voyage. L'an dernier, un navire chargé de la même façon (riz de Nicolaïeff) et allant en Norvège, a disparu après avoir passé Chanak-Kalesi.

Evie et moi avons fait diverses visites dans les harems, après avoir préalablement prévenu de notre intention, parce que les

1. Nous avons su, depuis, qu'elle n'était jamais arrivée à destination.

(Note de l'auteur).

Turques n'aiment pas à être surprises à l'improviste. Pour arriver dans le salon de la princesse Azizieh — très belle pièce, d'où l'on a vue sur le Bosphore — nous avons franchi plusieurs portes et monté d'innombrables escaliers. La princesse nous a reçues dans dans une toilette en velours bleu, garnie de plumes d'autruche naturelles ; c'est une jolie personne, un peu forte, ayant de beaux yeux, de belles dents, de beaux cheveux et beaucoup de physionomie. Dès notre arrivée, on a fait circuler autour du salon un long tuyau de pipe, terminé par un bout d'ambre orné de diamants ; ensuite, sont venues les sucreries dans des plats d'or enrichis de pierreries, puis le café servi dans de petites tasses tenues par des supports en filigrane d'or, dont les mailles sont remplies par de gros diamants montés en pendeloques. Comme la princesse a pour demoiselle de compagnie une française, et qu'elle-même parle assez bien le français, notre visite, quoique longue, s'est passée agréablement [1]. C'est une impolitesse de rester chez quelqu'un moins d'une heure, et nous avons largement satisfait à la règle. Plusieurs esclaves étaient en grande tenue pour nous faire honneur, entre autres un petit page noir, dans le costume albanais : veste couverte de broderies d'or, et jupon blanc comme la neige. La princesse a fumé des cigares pendant tout le temps, et s'est montrée très désireuse de voir le yacht. Elle nous a questionnées sur les usages anglais, sur nos voyages, sur Londres et sur Paris qu'elle rêve de visiter, sans que, pour le moment, elle ait la moindre chance d'y jamais venir, la pauvre créature. Naturellement, la situation de la femme en Turquie a fait le fond de la conversation : toujours les mêmes regrets et les mêmes espérances d'émancipation prochaine.

Notre seconde visite a été pour la princesse Nazli, sœur de la princesse Azizieh qu'elle égale en beauté et qu'elle dépasse peut-être au point de vue de l'esprit et du savoir. Ses appartements sont tendus en satin bleu ; ses meubles sont français ; des livres, des fleurs donnent à cet intérieur un aspect tout à fait européen. La

2. Mrs Brassey et tous les siens parlent le français avec une remarquable pureté

Le salon du *Sunbeam*.

princesse qui parle couramment l'anglais, nous a accueillies avec
une bonne grâce charmante; elle avait une robe en étoffe écossaise, et son service de dessert resplendissait de diamants et de
rubis comme celui de sa sœur. Tout en fumant la cigarette, elle
nous a donné, sur la vie turque et sur elle-même, des détails intéressants. Son père, Mustapha Fazil, n'a que vingt jours de moins
que son frère, le vice-roi d'Égypte, et fut l'héritier présomptif de
celui-ci jusqu'au jour où le sultan changea l'ordre de succession
au profit du fils aîné de Son Altesse, ainsi qu'il voudrait le faire
dans sa propre famille. La princesse Nazli, qui est la petite-fille de
Mehemet Ali, était fiancée à son cousin, le nouveau dauphin, et
l'on avait déjà préparé son trousseau, quand le vice-roi fut pris de
la peur d'être empoisonné, s'il s'entourait d'un trop grand nombre
de proches parents. Cette préoccupation amena la rupture du
mariage, et la jeune fille fut alors promise à Halil Pacha qui passe
pour avoir hérité, à la mort de son père, de 62 millions en or,
enfermés dans des boîtes. Il alla à Paris, y dépensa la plus grande
partie de sa fortune, puis revint se marier avec sa fiancée : ce qui
ne l'a pas empêché, du reste, de continuer à mener la vie à grandes
guides.

Izzet Bey qui a épousé la sœur de la princesse, est moins riche
et moins extravagant; il est le fils d'une charmante mère, une
esclave circassienne, recueillie et élevée par Fuad Pacha. Ce dernier personnage, qui accompagna le sultan en Angleterre et à Paris
en 1867, plaçait l'émancipation de la femme au nombre des
réformes les plus importantes pour la Turquie. Il déclara même
en public, dans un discours qui eut beaucoup de retentissement,
que l'empire ottoman n'occuperait jamais le rang auquel il peut
prétendre, aussi longtemps qu'il y aurait un mur entre le *selemlek*[1]
et le harem, et que « l'influence purifiante de la femme » ne serait
pas libre de s'exercer. Aussi les personnes que nous avons été voir
aujourd'hui, appartenant à sa famille, jouissent de plus de liberté
que le commun des femmes turques.

1. Appartement des hommes.

« Comme il doit vous sembler étrange, m'a dit une des
cesses, de nous entendre parler de nos frères, de nos sœurs et de
leurs mères, et de constater ainsi qu'il y a autant de mères différentes que d'enfants. » Puis, parlant de la religion, elle ajouta :
« J'ai lu une trentaine de fois le Coran dans le texte arabe original, et je ne sais combien de commentaires ; les prêtres m'ont
appris qu'il y a un Dieu, qui n'est ni homme ni femme, mais un
esprit, et que Mahomet est son prophète. Seulement, comment
croire tout cela, quand l'homme est tout et la femme rien ? Un Dieu
purement spirituel ne serait pas aussi injuste ; il faut qu'il soit
homme, voire un très mauvais Turc, pour tolérer le sort qui nous
est fait. On nous enseigne que nous devons nous agenouiller
devant nos maris et leur baiser les mains, et que s'ils baisent les
nôtres (ainsi que fait le mien, qui a été élevé en Europe) elles
seront brûlées, pendant que leurs lèvres à eux seront torturées.
On nous commande d'aller à pied, même faibles et souffrantes,
tandis qu'ils vont à cheval. On nous enjoint de porter leurs paquets. Comme je ne puis admettre que toutes ces choses soient
justes, à quoi dois-je croire ? » En s'exprimant de la sorte, notre
interlocutrice émettait des idées familières à toutes les personnes
de son sexe qui ont un peu d'éducation. Il semble impossible
qu'un mécontentement aussi général n'amène pas une révolution
dans les mœurs, en dépit des services spéciaux pour les femmes
dans les mosquées, et des sermons des prédicateurs sur la sou-
mission.

Encore un souvenir de ces conversations, qui n'est pas
exempt d'une certaine clairvoyance. « Quoique mon mari ne soit
pas trop rigoureux, m'a dit une femme turque, je n'imagine pas
qu'il fasse jamais grand'chose pour nous émanciper ou pour nous
procurer des places au théâtre. Ils sont tous les mêmes, — de vrais
Turcs ! — enchantés d'avoir une excuse pour sortir seuls et se divertir en dehors de nous. »

CHAPITRE SEPTIÈME

VISITES DE FEMMES TURQUES, FÊTE DU BAÏRAM

MURS ET PALAIS DE CONSTANTINOPLE

Lundi, 9 novembre. — Il a plu toute la matinée, mais nous n'en sommes pas moins allés de bonne heure aux bazars, piétinant dans la boue et dans une demi obscurité, mais abrités du moins, puisqu'ils sont couverts. Le Ramadan finissant aujourd'hui, les marchands étaient tous anxieux de faire le plus d'argent possible pour le dépenser à la fête du Baïram, et l'occasion se prêtait aux marchés avantageux. Nous n'avons pas manqué d'en profiter. A la *Mosquée des Pigeons*, il y avait plus d'étalages et de vendeurs que jamais; la circulation dans tous ces endroits était si lente et si difficile que nous avons failli ne pas être de retour à bord, à l'heure où nous y attendions plusieurs de nos amis turcs. Izzet Bey, petit-fils de Fuad Pacha, et mari de la princesse Azizieh, est arrivé le premier et a été rejoint par sa mère, Mme Kiasim, que ses quarante-cinq ans n'empêchent pas d'être encore merveilleusement belle. Quand elle eut ôté dans la cabine (les portes closes, bien entendu) son *feridjee* et son *yashmak*, on aurait dit une Française, à son costume, à ses manières et à sa conversation. Ses remarques sur les livres, sur les tableaux, sur tout ce qu'elle voyait, témoignaient d'autant de goût que de jugement, et l'on se demandait en l'écoutant où elle avait pu acquérir ces connaissances variées. Car, ainsi que je l'ai dit, c'est une ancienne esclave, achetée par Fuad Pacha pour jouer avec son fils, et mariée ensuite à celui-ci en raison de son esprit aussi bien que de sa beauté. Elle était accompagnée d'une esclave blanche et d'un eunuque noir.

Pour amuser Muriel, la princesse Azizieh nous a envoyé son petit nègre, en grand costume albanais; mais elle n'a pu l'accompagner, étant souffrante, circonstance qu'elle a d'autant plus regrettée qu'elle avait eu beaucoup de peine à obtenir la permission de venir à bord. C'est en effet la première fois que de grandes dames turques rendent visite à une Européenne.

La princesse Nazli nous est venue dans une robe de satin bleu, garnie de dentelle de Bruxelles, avec un petit chapeau en satin bleu orné de plumes rose pâle. Elle aussi était escortée d'un eunuque noir et d'une esclave blanche, et le yacht a paru l'intéresser beaucoup. Elle a fumé presque tout le temps, mais notre thé et notre café ont eu peu de succès auprès d'elle. Nos visiteuses sont restées plus de deux heures avec nous et sont parties, je crois, enchantées de leur visite.

Toute l'après-midi et toute la soirée, le canon a tonné et les musiques ont joué pour annoncer la fin du Ramadan et le commencement du Baïram. Comme nous sommes mouillés au milieu des navires de guerre, il faut se résigner à entendre à tout moment, pendant trois jours, des salves d'artillerie; on en tire même la nuit. Nous avons eu, avant le dîner, une loterie pour l'équipage et pour les domestiques; des mouchoirs de poche, des blagues à tabac, des pantoufles, des caïques en miniature formaient les lots. Tout le monde s'est beaucoup amusé, et une tournée de vin, couronnée par un *speech* de notre mécanicien, a complété l'entrain général.

Mardi, 10 novembre. — De temps immémorial, la première matinée de la fête du Baïram est marquée par une visite du sultan à la *Mosquée d'Achmet* ; il part au petit jour du *palais du Sérail*, en grande pompe, accompagné de ses ministres et d'un nombreux cortège de troupes. Aussi avions-nous pris toutes nos dispositions pour assister à ce défilé, quand à sept heures notre *drogman* est venu nous dire que Sa Majesté irait par mer, et seulement jusqu'à Tophaneh. Le désappointement a été vif, mais qu'y faire? On a pavoisé le yacht le plus rapidement possible, et quand le sultan l'a aperçu de son caïque, il a donné l'ordre de gouverner de façon à passer auprès. En approchant, il nous a salués plusieurs fois et nous l'avons très bien vu. A terre, où nous sommes allés immédiatement après le passage des cinq caïques que j'ai déjà décrits ailleurs, il y avait une foule énorme de piétons et de voitures. Jamais je n'aurais pu croire qu'il y eût autant de carrosses à Constantinople — tous remplis de dames turques dans leurs plus belles toilettes, couvertes de bijoux, flanquées d'eunuques noirs sur des chevaux blancs et d'eunuques blancs sur des chevaux noirs. Dans plusieurs de ces voitures, tout était de même couleur depuis les livrées des domestiques, les coussins et les garnitures intérieures, jusqu'aux *feridjees* des occupantes.

L'effet de ces groupes uniformes, jaunes, bleus, verts, est des plus singuliers. Bien que nous fussions à cheval, nous circulions difficilement, et seulement au petit pas.

Le sultan est revenu par eau de la mosquée de Tophaneh à Dolmabagtcheh, en passant de nouveau tout près du *Sunbeam*, qui, décidément, l'intéresse beaucoup. On s'est porté alors du côté du palais, pour voir la rentrée des femmes du harem et l'arrivée des hauts fonctionnaires venant présenter à Sa Hautesse leurs compliments et leurs hommages. La sultane Validé, qui tenait la tête du cortège féminin, est « la mère du sultan et du pays ; » pour cette raison, c'est la seule femme turque à qui il soit permis de sortir sans *yashmak*. Car, dit-on, puisqu'un fils a le droit de voir le visage de sa mère, de même le peuple doit être admis à voir sans voile la mère commune. Son carrosse était fort beau, attelé de quatre chevaux blancs richement harnachés, et entouré d'une troupe d'esclaves et de soldats ; mais les stores sont restés baissés. Les autres

sultanes occupaient également de magnifiques voitures de gala,
traînées par des chevaux blancs et escortées d'une suite. Derrière,
venaient le fils aîné de Sa Majesté, commandant en chef de l'armée,
et son autre fils, un enfant de sept ans, grand-amiral de la flotte.
Enfin, des voitures pleines de personnages en uniformes brodés
d'or, fermaient la marche.

Mercredi, 11 *novembre.* — Ali-Bey est venu nous demander de la
part du Sultan quel jour il nous plairait de visiter le palais de
Beylerbey, afin que d'ici là on pût tout y mettre en ordre. C'est
cette nuit, paraît-il, que cette gracieuse idée est venue à l'esprit de
Sa Majesté, et tous ses aides-de-camp ont été mis sur pied pour
la transmettre à Aarif-Pacha, qui s'est hâté, ce matin, de nous
dépêcher un officier chargé de nous en faire part. La visite aura
lieu demain.

Dans la journée, nous avons pris des chevaux pour aller voir
les fortifications, avec halte à l'église grecque de Balukli, où l'on
montre des poissons miraculeux. Un bassin situé à l'intérieur d'une
chapelle, dans un endroit obscur, sert à leurs ébats; ils passent
pour avoir huit cents ans et pour jouir de la spécialité d'être
rouges d'un côté et bruns de l'autre, en conséquence de certain
saut qu'ils firent de la poêle à frire, non pas dans le feu, mais dans
l'eau, lors de la prise de Constantinople! Les murailles, qui sont
triples, permettent d'apprécier la solidité des constructions au
moyen âge. De dimensions énormes, flanquées de tours carrées de
distance en distance, elles furent très fortes autrefois; mais le sultan actuel les a vendues à sa mère au prix insignifiant des maté-
riaux, et elles eussent été rapidement démolies, si l'ambassadeur
d'Angleterre n'était intervenu en 1869 pour arrêter cette œuvre
de vandalisme. Nous avons poussé notre promenade jusqu'à la
Mosquée d'Eyoob, où les sultans viennent ceindre l'épée d'Osman,
lorsqu'ils montent sur le trône, cérémonie analogue à celle du
couronnement de nos rois. Les chemins sont vraiment exécrables ;
j'étais si fatiguée en revenant dîner à l'*Hôtel Miseri*, que j'ai pris
ensuite une chaise à porteurs pour gagner le quai, où attendait

l'embarcation qui nous ramène le soir à bord. Ce mode de locomotion est fort agréable; malgré les aspérités du sol, les hommes s'arrangent pour éviter les secousses, et je ne m'étonne pas qu'on préfère ce véhicule aux voitures, dans cette ville si mal pavée.

Jeudi, 12 *novembre.* — Aarif-Pacha, amiral de la flotte, était à bord dès huit heures, disant, de la part du sultan, qu'il viendrait nous prendre à onze heures pour nous montrer lui-même le palais et les jardins de Beylerbey. Il est revenu, en effet, à l'instant indiqué, avec une embarcation à douze rameurs qui nous a conduits rapidement, en remontant le Bosphore, au but de notre excursion. Une demi-douzaine de domestiques attendaient sur les marches, et nous ont tout d'abord présenté un grand phoque logé dans un réservoir d'eau salée; puis on nous a introduits dans le jardin, qui est fort bien tenu, rempli de fleurs, malgré la saison avancée, et parsemé de lacs en miniature, ainsi que de statues de bronze. Le kiosque impérial s'élève sur une terrasse dominant le Bosphore; il est percé d'énormes fenêtres garnies de glaces, qui forment chacune comme un cadre à un paysage vivant. Quant au palais lui-même, il est réellement magnifique, particulièrement l'escalier dont les degrés et la rampe sont en superbe marqueterie. La grande salle repose sur des colonnes de marbre; elle est entourée de nombreuses chambres, plus riches l'une que l'autre, avec des plafonds ornementés et des marines pendues de tous côtés aux murs. Ce sont là les appartements qui constituent le *selemlek;* ceux qui forment le harem comprennent également une grande salle, où l'on remarque une très belle table garnie de candélabres et d'une pendule en argent damasquiné, présent du vice-roi d'Égypte, ainsi que deux jolis meubles renfermant une partie des bijoux du sultan. Les chambres contigues à cette salle sont aussi somptueuses que celles dont je viens de parler; seulement, les murs sont blanchis à la chaux, au lieu d'être peints ou tendus de soie. En prenant un second escalier, on arrive à une troisième salle, dont le centre est occupé par une énorme fontaine qu'on transforme aisément en bain. Il doit y faire délicieusement frais en été, et on y donne quelquefois des représentations théâtrales. Les appartements de la mère du sultan sont situés dans la partie du palais réservée aux femmes; ceux de son fils, de l'autre côté.

Après nous être reposés dans une pièce où on a servi des sucreries, du café et des cigarettes, nous sommes retournés aux jardins et, de là, au kiosque supérieur qui domine le parc public. Le sultan aime beaucoup à s'asseoir dans cet endroit et à regarder la foule; mais il n'entre plus dans le palais, depuis que l'ex-impératrice Eugénie y est venue. Il prétend que les malheurs de la Turquie datent de cette visite et que « la souveraine avait le mauvais œil. » Non loin de là est un petit lac peu profond sur lequel, en été, on promène des barques. Souvent, pour l'agrément de Sa Majesté, des femmes du harem prennent place dans ces embarcations et se font chavirer devant Sa Hautesse. Elles s'habillent ces jours-là avec une coquetterie particulière, et reçoivent des vêtements neufs en dédommagement de leur bain. Lorsque l'impératrice Eugénie demeurait ici, le sultan lui faisait une visite quotidienne. Une fois, elle alla voir la sultane Validé et l'embrassa sur la joue. La sultane fut furieuse et se retira dans sa chambre en disant qu'elle n'avait jamais subi un affront aussi grave, surtout de la part d'une chrétienne. Sur quoi elle se fit saigner et prit plusieurs bains turcs en manière de purification. Embrasser une vieille femme, une ancienne esclave, pour que cette politesse ait un semblable accueil, c'est avoir peu de chance! Parmi les titres du sultan, il y a celui-ci : « Fils d'une esclave. » On prétend qu'il en est particulièrement fier, sans dire d'ailleurs pourquoi.

Aarif-Pacha nous a quittés à Beylerbey pour se rendre à bord du vaisseau-amiral et y donner ses ordres aux capitaines, à l'occasion du déplacement de la flotte qui va, pendant l'hiver, du Bosphore dans la Corne-d'Or. Comme c'est là une des deux seules croisières que l'escadre fasse par an, l'incident a de l'importance. Le trajet est très court, trois milles tout au plus. Néanmoins les navires manquent rarement de s'aborder ou d'avarier les deux ponts qui se trouvent sur leur route.

Dans la soirée nous avons été en caïque, sur la Corne-d'Or,
assister au coucher du soleil, et ensuite jusqu'au pont français
dont le constructeur a perdu, dit-on, des sommes énormes dans
les circonstances suivantes. Le pont devait être achevé à une date
fixée, et l'entrepreneur ayant reconnu qu'on n'y parviendrait pas
avec des ouvriers turcs, avait obtenu de faire travailler la nuit, à la
lueur de torches fournies par le sultan, qui paraissait pressé de
voir terminer l'œuvre. Tout alla bien pendant quelque temps ; les
travaux avançaient ; on pouvait espérer leur achèvement à l'heure
dite quand, un jour, le constructeur fut invité à ouvrir le pont pour
permettre à un navire de sortir de l'arsenal. Il répondit que c'était
impossible, qu'il faudrait deux ou trois mois pour replacer les écha-
faudages avec leurs accessoires, et il courut chez les ministres de la
marine et des finances pour protester contre un ordre qui boule-
versait ses plans. « Si le sultan le veut, il n'y a qu'à obéir, ou nous
perdrons nos places sinon nos têtes », répondirent ces personnages,
et le bâtiment passa au prix d'un retard de trois mois dans la
construction du pont et d'une perte de deux millions et demi. Il
paraît qu'un jour, en entrant au harem, le sultan avait trouvé son
plus jeune fils pleurant, et que le bambin, interrogé sur la cause
de ses larmes, avait répondu que c'était triste pour lui de ne pas
pouvoir voir des fenêtres de sa chambre, son pavillon d'amiral hissé
sur un bâtiment à lui. Aussitôt Sa Majesté d'ordonner qu'on fît
sortir un cuirassé de l'arsenal pour le mouiller devant Dolmabagtcheh, sans se soucier autrement des inconvénients de toutes
sortes qu'entraînerait cette fantaisie. L'enfant fut ravi, et ne pleura
plus ; c'était tout ce que son père voulait.

Vendredi, 13 novembre. — Aujourd'hui Mme Hilmeh, petite-fille
de Fuad-Pacha, est venue me voir à bord. Elle avait un *yashmak*
très mince et un ravissant *feridjee* en soie bleue, garni de dentelles,
qui, une fois écarté, découvrait une robe couleur saumon, avec un
peplum pompadour ; le chapeau, assorti à la toilette. Mme Hilmeh
a eu toute une conversation en français avec Tom, et elle ne s'est
point gênée pour paraître devant nos compagnons de voyage. C'es^t

une des femmes les plus ardentes à réclamer l'émancipation des
Turques, et son mari est si bien de son avis qu'il parle de tout
vendre et de s'établir à Paris, afin qu'elle puisse jouir de toute sa
liberté. Le yacht l'a enchantée, et elle nous a demandé de la
ramener avec nous en Angleterre, pendant que son mari et ses
enfants prendraient la voie de terre; mais il faudrait démarche
sur démarche pour qu'elle pût obtenir l'autorisation de quitter

Le plus jeune fils du sultan.

le pays, en admettant que cette permission lui fût jamais donnée. Dans quelques années d'ici, si les mœurs de la Turquie se
transforment au point de vue de la condition de la femme, il
sera intéressant de se rappeler ces visites des quatre grandes
dames turques, qui ont eu le courage de rompre avec les pré-
jugés séculaires de leur race, en venant voir une Européenne.
Plusieurs princesses de la famille impériale auraient été heu-
reuses de suivre cet exemple, mais le sultan ne s'y est pas

prêté. Bien que Sa Majesté nous ouvre ses palais, elle commence, dit-on, à se montrer un peu jalouse de l'intérêt qu'éveille le yacht.

Samedi, 14 novembre. — Il est si difficile d'obtenir de visiter les résidences impériales que deux de nos compatriotes, qui habitent pourtant ici depuis des années, nous ont demandé la permission de nous accompagner au palais de Tcheragan, dont une gracieuseté du sultan nous a ouvert les portes. Il est bâti sur le même plan que celui de Beylerbey, mais la décoration et l'ameublement y sont plus somptueux encore. Des cabinets en bois et en marqueterie, incrustés de nacre et de lapis lazuli, sont peut-être les plus beaux que j'aie vus de ma vie. Les portes ont des incrustations en nacre et des poignées en argent massif; les fauteuils sont sculptés et dorés ; les divans sont couverts des plus riches étoffes. Deux salles sont tendues en brocart d'or, une autre en damas de soie, le tout tissé à la main. Le bain et les pièces adjacentes sont décorés en marbre blanc, diversement sculpté. Tous les coussins sont blancs et or; pas d'autre couleur. Après avoir parcouru les jardins qui regorgent de belles fleurs, nous avons pris congé du personnel du palais en remettant aux domestiques un souvenir de notre visite. Quoiqu'ils aient l'air d'être de trop grands personnages pour se préoccuper du *backshish*, ils n'en ont pas moins accepté avec gratitude ce témoignage de notre satisfaction.

Croquis fait par le sultan Abdul-Aziz.

CHAPITRE HUITIÈME

LA MER DE MARMARA, LES DARDANELLES, SMYRNE, ÉPHÈSE, CHIOS ET MILO

Dimanche, 15 novembre. — Le service religieux a été célébré à bord comme d'habitude. Dans la journée, nous avons été en voiture aux *Eaux-Douces*, où plusieurs de nos amis sont venus nous rejoindre pour nous faire leurs adieux; car, après bien des ajournements, notre départ est définitivement fixé à de-main matin. J'ai reçu aujourd'hui divers cadeaux. Madame Ikbal Kiasim et Madame Hilmeh m'ont envoyé un *feridjee* et un *yashmak* tout prêts à mettre, et un costume brodé. Madame Kiasim m'a fait don d'un superbe essuie-mains brodé en or, et la princesse Azizieh m'a offert une serviette à fond brodé. La broderie représente l'Arche de Noé sous la forme d'un bateau à vapeur à roues, dont la cheminée lance des flocons de fumée, au milieu desquels on reconnaît la colombe portant le rameau d'olivier.

Lundi, 16 novembre. — Avant de partir, je suis allée remercier M. Chlebowski, le peintre polonais dont nous avons déjà visité l'atelier, de l'envoi qu'il m'a fait d'une esquisse dessinée par le sultan Abdul-Aziz. Il nous a raconté sa vie auprès de Sa Majesté, à l'époque où il habitait le palais impérial; elle ressemble fort à celle d'un prisonnier d'État. On lui laissait à peine le temps de manger, et il n'avait pas la permission d'être malade ou fatigué, car le sultan congédie sur-le-champ tout officier, employé ou domestique, qui a la mauvaise chance d'avoir besoin, pour sa santé, d'un jour de repos. M. Chlebowski n'a vu le souverain qu'au bout de cinq années; mais, une fois la connaissance faite, Sa Hautesse entrait à tout moment dans la pièce où il travaillait, suivait la marche de ses tableaux et indiquait elle-même, en quelques coups de crayon, les sujets qu'elle désirait lui voir traiter. C'est un de ces originaux, gracieusement offerts par le peintre, qu'on trouvera reproduit ci-contre.

Comme je le mentionne plus haut, le sultan exigeait que l'artiste fût toujours à la tâche. Le vendredi, il lui disait : « Puisque vous êtes chrétien, vous pouvez travailler, quoique ce soit notre jour de repos ». Le samedi : « Puisque vous n'êtes pas israélite, vous devez travailler aujourd'hui »; et enfin, le dimanche : « Je sais que c'est votre jour de fête, mais ce n'est pas le mien, puisque je suis musulman, en sorte que vous devez faire ma besogne. » Après neuf années de ce régime, M. Chlebowski dut renoncer à ses fonctions, sous peine de tomber dangereusement malade.

Il était près de cinq heures, quand nous sommes retournés à

bord et comme les deux ancres se sont trouvées surjalées [1] et sur-
pattées, nous n'avons pu appareiller qu'à sept heures. On ne quitte
pas une aussi belle ville et tant de bons amis sans ressentir quelque tristesse. L'avenir n'appartient à personne; qui sait si nous
reverrons jamais les beaux palais du Bosphore, la grande capitale
de l'Orient et tous ceux que nous y laissons? Au moment du
départ, il faisait calme; mais, dans la nuit, la brise s'est levée et
a fraîchi si vite que nous avons fait quarante-cinq milles en trois
heures, bien qu'au plus près [2] et sous petite voilure. Tom est
resté toute la nuit sur le pont, de peur des navires qui sont très
nombreux dans ces parages et qui n'ont pas toujours soin de
porter les feux règlementaires. Il y a quelques années, à l'endroit
où nous sommes, un des yachts du vice-roi, le *Muffa*, a coupé
en deux un bâtiment anglais qui a coulé instantanément. Tout
l'équipage a été sauvé et, quant au navire égyptien, il avait une
telle vitesse (15 nœuds à l'heure) qu'à peine s'y aperçut-on de la
collision.

Mardi, 17 *novembre*. — Le vent est tombé peu à peu, et nous
avons marché à la vapeur; mais, avant de dépasser Gallipoli, —
une ville blanche, perchée sur des falaises sombres, — une forte
brise debout s'est levée tout à coup, avec accompagnement de
pluie et de brouillard. Aussi, une fois à Chanak-Kalesi (la partie
la plus étroite des Dardanelles, où nous avons dû stopper pour
produire notre firman et la patente de santé), Tom a jugé prudent d'y passer la nuit. Chanak-Kalesi veut dire *Château de
faïence*, et est renommé pour ses poteries. On y a fait, dans les
dernières années, divers travaux qui ont sensiblement amélioré
sa condition; le cimetière, situé jadis au milieu de la ville, a
été transféré en un autre point, et une large voie traverse le

---

1. C'est-à-dire que la chaîne était entortillée autour de la patte et du jas de
l'ancre, circonstance qui rend l'appareillage plus long.
2. Autrement dit, le plus près possible de la direction du vent : mauvaise condition pour la marche, parce que l'angle d'incidence du vent sur la voile est alors
très aigu.

terrain qu'il occupait. Ce n'est pas sans peine qu'on se livre dans ce pays-ci à des œuvres d'édilité. Le déplacement du cimetière a fait beaucoup de mécontents, et quand le gouverneur proposa de transporter ailleurs la tombe de certain derviche mort en odeur de sainteté, il y eut un tel soulèvement d'opinion qu'on dût renoncer à ce projet. Aujourd'hui, le tombeau est en pleine grande route, entouré d'une grille, avec une lampe à chaque coin pour le signaler, la nuit, à l'attention des passants. La pluie a cessé dans la journée, puis elle a repris au moment où nous revenions à bord. Néanmoins, nous avons eu une nuit passable.

Mercredi, 18 *novembre*. — Le yacht s'est remis en route à neuf heures du matin. Nous nous attendons à un coup de vent, à cause de la baisse du baromètre, et nous naviguons sous petite voilure pour être plus prêts à faire face à toutes les éventualités.

Jeudi, 19 *novembre*. — Nos craintes ne se sont pas réalisées, et nous avons gagné, ce matin, sans encombre, la jolie baie de Smyrne.

La neige couvrait le sommet des collines, et il faisait extrêmement froid ; à tout instant, tombaient des averses torrentielles. Il fallut patauger dans la boue jusqu'aux chevilles pour arriver chez le consul où nous espérions trouver des lettres ; certaines rues étaient transformées en rivières, et on ne pouvait les traverser qu'en passant sur des planches disposées en manière de ponts. Quoique couverts, les bazars sont encore plus sales que les rues ; la pluie avait formé des ruisseaux entre les rangées de boutiques, et quand les longues files de chameaux qui passent et repassent pour prendre ou déposer des chargements, venaient à déboucher dans ces ornières, on ne savait où se mettre pour leur livrer passage. Ce sont de superbes animaux, très différents de leurs frères d'Afrique. Dans les boutiques, peu de jolies choses, même dans celles de bijouterie. Nous avons pourtant trouvé quelques bracelets et quelques chaî-

nes, justifiant la réputation qu'a Smyrne pour la fabrication de **ces** objets.

Un peu plus tard, à la faveur d'une éclaircie, nous avons été voir les restes du *Bain de Diane*, — une belle nappe d'eau claire remplie de poissons, — et, en dépit de la saison, nous sommes revenus chargés de fleurs, roses, orangers et myrtes, qu'un jardinier nous a aimablement offertes. Il entrait dans nos projets d'aller demain à Sardes, l'ancienne capitale de la Lydie ; mais le mauvais temps nous oblige à abandonner cette excursion.

Vendredi, 20 novembre. — Un de nos hommes souffre, depuis plusieurs jours, d'une fièvre intermittente contractée en Asie, et on s'est demandé ce matin s'il fallait le laisser ici, à l'hôpital, ou le renvoyer en Angleterre par un paquebot en partance. Comme il insiste pour ne pas quitter ses camarades et que le médecin n'y voit pas d'inconvénient, nous le garderons sur le yacht. Hier soir, en rentrant, on nous a dit qu'un serpent de deux pieds de long avait été trouvé dans la couchette d'Allnutt [1]. Sans doute il se sera introduit à bord dans un des pots achetés à Chanak-Kalesi, où il avait pris ses quartiers d'hiver ; mais un serpent ne venant jamais seul, s'il faut en croire le proverbe, la découverte n'a rien de rassurant. Chacun a passé, avant de se coucher, l'inspection de son lit et de sa cabine, et Tom a donné l'ordre de monter sur le pont, pour les remplir d'eau et les boucher ensuite hermétiquement, toutes les poteries venant de Chanak-Kalesi.

Nous avons visité le *grand* dépôt des tapis de Turquie ; c'est une *petite* boutique occupée par un Turc, solennel, accroupi, les jambes croisées, qui nous a permis de faire nos achats avec une sublime indifférence ; les tapis sont meilleurs que tous ceux que j'ai vus, et coûtent beaucoup moins cher. Muñie et moi, nous avons ensuite été, à âne, au Château gênois, pendant que le reste de la bande cheminait à pied. Le château défendait jadis la ville et la baie ; il est aujourd'hui tombé en ruine. Dans le voisi-

1. Le fils aîné de M^r et Mrs Brassey.

nage, on a trouvé des débris de vases et de statuettes grecques ;
j'ai acheté à un berger une très jolie tête en terre cuite, provenant d'une statue mutilée.

Samedi, 21 *novembre*. — Un véritable ouragan s'est abattu cette
nuit sur la rade et a persisté toute la journée ; jamais, depuis des

Chameau de Smyrne.

années, le baromètre n'avait été aussi bas à Smyrne. Nous avons
dû renoncer à une excursion à Éphèse, et comme on ne pouvait
pas descendre à terre au milieu d'une pareille tempête, notre
temps s'est passé à écrire des lettres, à recopier les journaux de
voyage et à mettre en ordre les photographies. Vers une heure du
matin, le yacht a chassé sur son ancre et a failli tomber sur un
steamer autrichien. Celui-ci a filé de la chaîne[1] pendant que, de

1. De façon à reculer et à laisser de la place au yacht.

notre côté, nous mouillions une seconde ancre ; le choc a pu être
évité, grâce à la rapidité apportée de part et d'autre dans les mouvements. Mais nous l'avons échappé belle ; il y a eu un instant où
nous n'étions guère qu'à quelques pouces l'un de l'autre.

Dimanche, 22 novembre. — La mer déferlait encore avec force

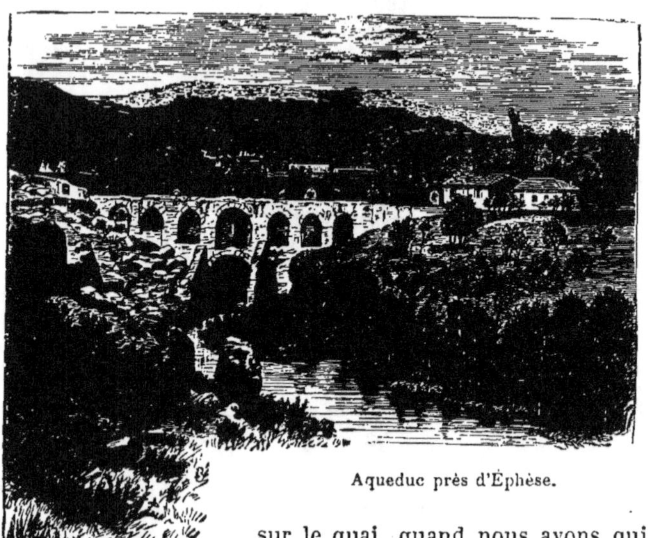

Aqueduc près d'Éphèse.

sur le quai, quand nous avons quitté
le bord pour aller assister au service
religieux, célébré à la chapelle anglaise. Un train spécial nous
attendait à l'issue de l'office, et nous a bientôt emportés sur la
ligne qui relie Smyrne à Aidin, à travers un joli pays entre
deux rangées de montagnes qu'arrosait jadis une rivière [1]. De
longues files de chameaux chargés de tentes, de couvertures ou
de tapis, et entourés d'une troupe d'enfants, de femmes, d'animaux domestiques (signe évident d'un changement de camp) croi-
saient notre route. Des campements arabes parsemaient l'horizon ;

1. Le Caystre.

mais point d'habitations, en dehors de celles appartenant à la compagnie, durant tout le trajet jusqu'à Ayasolook où l'on s'arrête pour Éphèse. Un peu avant cette station, un choc nous a mis en émoi et a amené l'arrêt du train : c'était une pauvre vache que nous avions coupée en deux et dont les assistants se partagèrent les restes.

En descendant de wagon, des chevaux nous ont conduits au sommet d'une colline d'où l'on a une vue générale des ruines. Ici des restes de mosquées, là des fragments de tombeaux ; au bas, le *temple de Diane* découvert par Mr Wood à sept mètres au-dessous du sol environnant. Ce monument était au nombre des Sept merveilles du monde, et, bien que brûlé sept fois, contenait encore suffisamment d'objets d'art pour dédommager notre compatriote. La plupart de ces objets ont été transportés au *British Museum* [1].

Sur une petite éminence, on montre les ruines de l'église de Saint-Jean ; auprès, sa tombe et celle de la vierge Marie. Nous avons pris des photographies et acheté à l'agent de Mr Wood quelques morceaux de marbre jugés indignes du musée de Londres ; puis nous avons été voir les aqueducs turcs qui tombent en ruine, mais où l'on retrouve encore de beaux morceaux de sculpture grecque. Les moindres cottages, toutes les fontaines des environs portent des traces de l'art grec, inscriptions ou sculptures. Partis d'Ayasalook à cinq heures, nous étions à Smyrne à sept heures et à bord à sept heures et demie.

Lundi, 23 *novembre*. — Nous devions reprendre la mer de bon matin ; mais, comme toujours, les incidents imprévus ont retardé le départ. Le *steward* s'est fait attendre ; la citerne [2] aussi ; bref, il était plus de dix heures quand nous avons mis en marche, sous une pluie battante et avec calme plat. Dans l'après-midi, le ciel s'est dégagé et la brise s'est si bien faite, qu'à la hauteur de Chios (ou Scio), nous filions douze nœuds. Malgré cette circonstance

1. Célèbre musée de Londres.
2. Bateau qui apporte l'eau douce aux navires.

propice, on décida de rester en panne [2] devant l'île pour descendre
à terre le lendemain. La soirée a été superbe; les rayons de la
lune se jouaient dans les voiles; les aromes du rivage arrivaient
jusqu'à nous; il ne manquait que quinze degrés de plus au thermomètre pour que cette nuit réalisât l'idéal de la navigation dans
l'Archipel.

Mardi, 24 novembre. — Notre premier soin en débarquant ce
matin, a été d'envoyer un médecin à bord pour voir un de nos
hommes atteint de la fièvre du pays, même gravement malade.
Evie, Mûnie et moi avons pris des ânes et, escortées de nos compagnons de voyage qui ont préféré marcher à pied, nous avons promené au milieu des orangers, des citronniers, des grenadiers et
des lentisques dont le parfum nous a embaumés toute la nuit. Le
mastic est le principal produit, voire la spécialité de l'île; on a vainement essayé d'en récolter ailleurs. Beaucoup de jolis jardins,
encore pleins de geraniums, de girofles rouges et d'autres fleurs
brillantes, bordaient les étroits sentiers que nous parcourions.
Après avoir ainsi erré un peu à l'aventure et pris quelques photographies, nous sommes revenus sur nos pas et nous allions regagner le yacht, quand le vice-consul français est accouru, en sup-
pliant, nous demander une place à bord jusqu'à Smyrne et à
Tinos. A cause du mauvais temps, il a guetté en vain depuis trois
semaines, une occasion de conduire sa petite fille en pension, et il
a tellement insisté pour obtenir l'hospitalité du yacht que nous
avons fini par céder, quelque gênant que cela soit, puisque nous
comptions aller directement à Corfou. La malle et les matelas de
l'enfant ont été mis dans notre embarcation avec la valise du vice-
consul et un panier rempli de ces inévitables « on ne sait quoi »,
sans lesquels les étrangers ne voyagent point; une demi-heure plus
tard, nous avions repris la mer. J'imagine que notre passager a
pris le *Sunbeam* pour un bâtiment de commerce; il semblait tout
surpris de voir notre installation et demandait « où nous logions

2. Arrêter la vitesse du navire par une disposition particulière des voiles.

la cargaison ». La petite fille a couché dans le lit de Mabelle, et a été malade malgré le calme.

Mardi, 25 novembre. — A quatre heures du matin, étant devant Tinos, Tom a appelé nos compagnons de rencontre et les a conduits à terre dans le grand canot. On dormait là-bas lorsqu'ils ont débarqué, et, pour comble de malheur, le bureau de la santé

Un campement sur la route.

n'ouvrait qu'à huit heures. Tout a pourtant fini par s'arranger, et, en se séparant de Tom, notre hôte l'a remercié avec effusion ; il a été évidemment très touché de notre complaisance, car il m'écrit encore de temps en temps. Nous avons passé entre l'île de Syros et celle, autrefois sacrée, de Delos. Syros — ou Syra — est le grand centre commercial de l'Archipel ; les produits de toutes les îles y sont envoyés dans de petits bateaux et expédiés de là, par des steamers, en Angleterre et ailleurs. Un instant nous avons songé à nous y réfugier, le temps étant vraiment horrible ; mais, après un con-

seil de guerre, on décida de prendre des ris et de pousser bravement
jusqu'à Milo[1] où l'on trouve un port aussi beau que sûr. L'entrée
est magnifique; les rochers volcaniques qui s'élèvent des deux côtés offrent d'admirables teintes, rouge, pourpre, verte et jaune; la

Munie, Mr. Crake, Evie et Felise.

nuance rouge, notamment, est si brillante, qu'avant d'avoir pris
nos jumelles, nous croyions qu'elle était due à des plantes grim-
pantes tapissant le flanc du rocher. Au sommet d'une montagne
pointue, on aperçoit une petite ville qui semble dominer toute
l'île; elle est si haut juchée qu'on se demande comment les habi-

1. On dit aussi Mélos.

tants peuvent grimper jusque là et communiquer d'une façon suivie avec leurs semblables.

Le yacht a mouillé près de l'ancienne capitale, autrefois dépeuplée par la peste et aujourd'hui renommée pour sa malaria et pour ses fièvres. Quelques maisons nouvelles ont été bâties parmi les ruines ; mais la majorité des habitants s'est transportée dans la petite ville perchée en l'air, à l'abri des maladies et des fièvres. Au coucher du soleil, le vent a molli et le ciel s'est éclairci ; bientôt la pluie a repris et a persisté toute la nuit.

Jeudi, 26 *novembre.* — Evie, Muñie et moi, à âne, les hommes, à pied, nous avons gravi la colline par d'étroits sentiers bordés de murs en marbre ou en pierre de couleur, pour aller voir l'amphithéâtre. On n'y arrive pas sans peine, puisqu'à partir d'un certain point il faut renoncer aux ânes et grimper comme l'on peut ; mais l'excursion, toute fatigante qu'elle est, mérite d'être faite. On sait que c'est là qu'on a retrouvé la *Vénus de Milo*, actuellement au Louvre ; deux rangées de sièges semi-circulaires, en marbre blanc et suffisamment conservés, marquent l'emplacement du théâtre ; autour, des blocs de marbre merveilleusement sculptés gisent sur le sol. Bien que les voyageurs soient rares dans ces parages, les paysans ont des objets de toutes sortes à vendre : figurines, lampes, pièces de monnaie, jarres, etc. De cette espèce de plateau on découvre la mer et les îles ; c'est une position admirable, et nous ne nous lassions pas de la photographier sous tous ses aspects.

La petite ville en l'air était maintenant trop près pour que nous ne profitions pas de ce voisinage ; nous nous sommes donc remis en route. Le cyclamen sauvage et le crocus blanc poussent de tous côtés ; la *clematis montana* court sur les murs ; le myrte et le lentisque abondent.

De rocher en rocher, on arrive en une demi-heure. Hommes, femmes, enfants, accouraient pour nous voir, tous très propres et ayant le type grec au plus haut degré. La plupart des femmes ont des vêtements blancs d'une netteté irréprochable ; les yeux sont noirs et larges, le nez droit, la bouche petite. Non seulement on nous suivait dans les rues; mais il y avait des curieux à toutes les fenêtres et jusque sur le toit des maisons. L'exhibition de l'appareil photographique a mis le comble à l'étonnement, et quand nous avons avons repris nos ânes pour revenir au yacht, chacun semblait se demander si c'était une apparition qui venait de s'abattre

Ruines de l'amphithéâtre de Milo.

sur la ville. Malgré notre désir de rester à Milo un jour de plus, pour profiter du temps qui était devenu beau, Tom a cru sage de ne pas laisser passer l'occasion, exceptionnelle en cette saison, de naviguer avec belle mer et jolie brise, et, dès trois heures et demie, nous poursuivions notre route.

Vendredi, 27 novembre. — Le soleil s'est levé dans un ciel sans nuage, près du cap Malée. A cet instant, le vent a tourné pour se mettre contre nous, en sorte qu'il était plus de neuf heures du

matin quand nous avons doublé le cap Matapan. Malgré cette brise
contraire, la journée a été agréable ; nous longions une côte pittoresque, et la mer était absolument tranquille.

Samedi, 28 novembre. — Une pluie torrentielle, accompagnée
d'éclairs et de coups de tonnerre, a fondu sur nous cette nuit et a
persisté jusqu'à dix heures. Néanmoins le yacht a fait bonne route,
à la faveur d'une petite brise qui s'est levée dans la matinée ; à
trois heures et demie, il jetait l'ancre dans la baie de Zante, devant
la ville du même nom. Le capitaine de l'*Alaska*, navire de guerre
américain, qui se trouvait au mouillage, a envoyé une embarcation
porter ses offres de service ; nous avons demandé que son docteur
vînt voir nos deux malades, ce qui fut fait immédiatement. Le
médecin a constaté que la fièvre dont souffrent ces deux braves
gens n'a rien de contagieux, et que les remèdes administrés par
Tom et par moi sont bien ceux qu'on devait prescrire.

Une église, à Zante.

CHAPITRE NEUVIÈME

ZANTE, THÉAKI, CÉPHALONIE, CORFOU ET L'ALBANIE

Dimanche, 29 novembre. — Service religieux à la chapelle anglaise, suivi d'une promenade dans la ville. Rues mal pavées, un ou deux hôtels d'apparence convenable, beaucoup d'églises, marché bien approvisionné en fruits, légumes, fleurs, gibier et volailles. Les habitants sont inférieurs, comme types de la race grecque, à ceux des autres îles ; très peu de femmes dehors.

Après le lunch, nous avons été remercier le commandant de l'*Alaska*, et nous sommes retournés à terre pour aller en voiture à la citadelle. Des vignes, des plantations d'oliviers, des terrasses couvertes de cyclamens pourpres et de crocus blancs en fleurs, du lycopode sur toutes les pierres, des fougères capillaires le long des cours d'eau, sont les traits saillants du pays.

La citadelle, ex-forteresse vénitienne, est maintenant vieille et démantelée ; mais elle domine l'île, et on jouit de là d'une vue superbe.

En revenant à bord, nous avons trouvé un grand panier de fleurs et de fruits, gracieusement envoyé par la femme d'un négociant qui nous avait, le matin, offert l'abri de son toit durant une courte averse. Parmi les fleurs, il y avait plusieurs roses vertes, moins rares ici qu'en Angleterre. Les poires et les pommes ont une saveur exquise.

Lundi, 30 *novembre*. — Nous voulions visiter les fameuses sources de bitume décrites par Hérodote, il y a plus de deux mille ans, et restées, depuis, dans le même état. On voit le bitume bouillonner à travers une couche d'eau claire, de plusieurs brasses d'épaisseur, et éclater en arrivant à la surface où les habitants le recueillent dans des jarres.

Malheureusement les excellentes routes faites par les Anglais, au temps de l'occupation, sont si mal entretenues par le gouvernement grec qu'il nous a été impossible de réaliser notre projet : en maint endroit, grâce aux récentes pluies, le chemin disparaissait sous une nappe d'eau. Pour nous dédommager, nous avons circulé un peu de tous côtés, au milieu des vignes et des plantations d'oliviers et d'orangers. Plus on parcourt cette île et plus on est frappé de sa fertilité et de sa beauté ; elle mérite sous tous les rapports son nom de « Fleur du Levant » et il est vraiment déplorable que l'administration témoigne d'autant de négligence à l'égard d'un pareil pays. Aussi toute la partie éclairée de la population regrette le départ des Anglais [1] et se plaint amèrement du gouvernement hellénique qui ne se manifeste, dans ces îles-ci, que par des actes de corruption. Les voleurs, les maraudeurs qui peuvent donner quelques piastres à la prétendue police ne sont jamais inquiétés, pendant que des innocents sont mis en prison et punis à leur place. Aux époques d'élection on trafique des votes, et les soldats pénè-

---

1. Les îles Ioniennes furent occupées par l'Angleterre en 1809.

trent en armes dans les maisons pour contraindre les récalcitrants à prendre part au scrutin. Routes, ports, établissements d'utilité public, tout tombe en ruine sous un semblable régime. On bâtit, cependant, un nouvel opéra à Zante et une très bonne troupe italienne joue en ce moment dans un petit théâtre.

La récolte des olives, en Céphalonie.

L'ancre a été levée dans l'après-midi et jetée, quelques heures plus tard, devant Argostoli, la capitale de l'île de Céphalonie. C'est un port presque complètement abrité.

Mardi, 1er *décembre.* — La ville d'Argostoli est des moins curieuses, et l'ensemble de l'île n'offre point, par lui-même ou par les souvenirs classiques qui s'y rattachent, l'intérêt des autres îles; peut-être l'ancienne forteresse vénitienne de Saint-Georges et la maison occupée par lord Byron à Melaxata sont-elles les deux seuls buts d'excursion. Bien que le moindre coin de terre soit cultivé et planté de vignes, l'aspect général est déplaisant. Point d'orangers et peu d'oliviers : ceux-ci vieux, gris, noueux comme des arbres de forêt. On fait, en ce moment, la récolte des olives; les enfants grimpent dans l'arbre, les hommes battent les branches avec de longs bâtons, les femmes et les filles ramassent le fruit, à mesure qu'il tombe dans de grands draps placés au dessous. C'est un spectacle plein de pittoresque. Les olives sont envoyées au moulin et écrasées; la meilleure huile est exportée; celle provenant d'un second écrasement, est consommée sur place. Les olives naturelles ou pressées une première fois forment, avec le pain et un petit vin sûr, l'alimentation ordinaire des gens de l'endroit; arrivées à la période de maturité, elles contiennent tant d'huile qu'elles sont presque aussi nourrissantes que la viande, tout en étant beaucoup plus saines dans un climat chaud. Ici comme à Zante, les routes ne sont pas entretenues; nous avons pourtant réussi à gagner le sommet d'une chaîne montagneuse qui court à travers l'île ou plutôt qui la longe, et d'où l'on embrasse une vaste étendue de mer parsemée d'îlots.

Le soir une troupe italienne jouait *Rigoletto* et nous désirions l'entendre; mais c'était la première fois qu'on donnait cet opéra, et nous n'avons pas pu avoir de places. Les domestiques ont eu plus de chance et sont revenus enchantés; ils disent que le théâtre est petit et la mise en scène insuffisante, mais que les loges étaient pleines de femmes très élégantes.

Mercredi, 2 *décembre*. — Encore un changement de domicile. Nous sommes à Théaki, l'ancienne Ithaque, dans le port de Bathy ou Vathi. L'entrée de cette rade, perdue au milieu des rochers, nous a rappelé la Norwège; seulement il n'y a pas de neige sur les montagnes, et les fleurs qu'on y voit ont une teinte bronzée au lieu du vert de là-bas. En descendant à terre, nous nous sommes mis en quête de moyens de transport pour aller à la *Grotte des Nymphes* et au *Château d'Ulysse;* mais, de même qu'au temps d'Homère, la circulation est difficile, surtout en ce moment où tous les animaux concourent à la récolte des olives. On a pourtant trouvé un âne pour Muriel et un mauvais cheval pour moi, et le reste de la troupe s'étant résigné à marcher à pied, nous nous sommes mis en route. Tout le long du trajet, la vue est admirable et dédommage des misères du chemin ; j'ai rarement rencontré des sentiers plus rocailleux que ceux par lesquels on passe. Un trou tout petit donne accès dans la grotte, et malgré plusieurs ouvertures faisant passer la lumière, il faut allumer des bougies pour voir les stalactites. Le spectacle est moins beau que ne le fait supposer la lecture d'Homère, quoique tous les détails matériels répondent à la description du poète, y compris la clarté du ciel vue à travers un voile bleu. Il ne manque que les nymphes qui, selon la légende, tenaient le rideau.

En revenant à la ville, nous avons parcouru les rues, dans l'espoir d'y trouver quelque curiosité. Elles s'élèvent graduellement du rivage jusqu'au sommet de collines situées derrière, et les terrains plantés de citronniers et d'orangers qui les bordent, ajoutent au charme de la vue qu'on découvre à mesure qu'on en gravit la pente ; mais elles sont mal tenues, et les boutiques ne contiennent rien d'intéressant. Auprès de la cathédrale, il y a un café qui s'intitule : *Café de Télémaque.* C'est une singulière enseigne. On s'imagine difficilement Télémaque et son grave Mentor prenant le café et le petit verre dans la principale rue de Vathi.

Il paraît que le coup de vent que nous avons essuyé au large de Milo s'est fait sentir jusque dans cette rade-ci, quoiqu'elle soit entourée de hautes montagnes. Mais c'est la première fois depuis un siècle qu'on a à relever un pareil fait, et la bonne renommée du port ne peut souffrir de cette exception. Outre qu'on y est très abrité, l'eau y est si profonde qu'un gros navire peut s'amarrer le long du quai.

Jeudi, 3 *décembre.* — Belle nuit, suivie d'une matinée plus belle encore. Nous avons levé l'ancre au moment où le soleil dorait es

sommets de l'île, et où de légères vapeurs flottaient encore au-
dessus des vallées ; ces tableaux ont beau revenir souvent au cours
de notre vie errante, ils ne fatiguent ni l'œil ni l'esprit. A onze
heures, nous étions au large du fort Santa-Maura, découvrant
Prévisa et les ruines de Nicopolis de chaque côté du golfe d'Arta,

Citadelle de Corfou.

région mémorable par la bataille d'Actium « où l'empire du monde
fut perdu par une femme ; » au second plan, les pics des montagnes
de Thessalie, couverts d'une épaisse couche de neige. J'imagine
qu'un gros vent d'ouest a dû souffler récemment dans ces parages,
car il y régnait une houle énorme qui nous eût fait rouler, si une
brise assez fraîche pour gonfler les voiles n'était venue fort à propos appuyer le yacht et ses hôtes contre les mouvements désor-
donnés de la mer, tout en nous faisant filer une dizaine de nœuds.
De bonne heure dans l'après-midi, on a dépassé l'île de Paros, et,

peu après, le *Sunbeam* entrait dans le canal de Corfou par l'extrémité sud, où il n'a guère plus de cinq milles en largeur. L'île se
termine, en ce point, par des falaises blanches et à pic ; le mont
San Salvador s'élance fièrement hors de l'eau à une hauteur de
900 mètres ; l'ensemble du paysage a beaucoup de grandeur, et nous
avons tous regretté que la nuit vînt si vite nous dérober ce beau
spectacle. Le reste du trajet s'est effectué dans une obscurité si
complète que Tom a eu de la peine à trouver le mouillage entre

Un bain forcé.

l'îlot de Vido et la capitale de Corfou qui porte, comme on sait, le
nom de cette île.

Vendredi, 4 décembre. — J'étais sur le pont de bonne heure,
soucieuse de voir le soleil se lever au-dessus de ce beau port. La
ville est jolie, et la vieille citadelle qui la couronne est d'un effet
très pittoresque ; partout, les signes d'une fertilité exceptionnelle ;
sur la côte opposée, les cimes neigeuses de l'Albanie. Dans la journée, nous avons été en voiture à Pelleki, et, de là, au sommet de

la montagne qui domine, sur terre et sur mer, un horizon d'une ampleur inouïe. Le pays que nous avons traversé est admirablement cultivé ; on y montre des oliviers, vieux de plus de trois cents ans. A notre retour, nous sommes entrés dans deux ou trois boutiques, mais les Israélites qui les tiennent demandent des prix si exorbitants qu'il est difficile de se laisser tenter. Nous avons dîné à la table d'hôte dans une salle qui a vue, par-dessus la promenade, jusqu'aux montagnes situées de l'autre côté de la mer. L'ancien palais du « Lord, haut commissaire des îles, » est un monument superbe ; il occupe une des extrémités de la promenade et ouvre sur un jardin plein de palmiers, de cactus, de citronniers, d'orangers et de toutes sortes de plantes semi-exotiques.'

Samedi, 5 *décembre*. — Tom s'est assuré les services d'un *sportsman* expérimenté qui est arrivé à bord ce matin, dès cinq heures, flanqué de deux beaux chiens. A six heures, nous étions sous vapeur, et à huit nous mouillions près de l'embouchure du Butrinto, en Albanie. Cette courte traversée a valu à M. Bingham un bain supplémentaire qu'il a commémoré dans le dessin ci-joint.

Un hublot¹ étant resté ouvert et l'eau en profitant pour inonder une cabine, il s'est dévoué pour le fermer, et a reçu une lame sur la tête. Nous sommes allés à terre dans le grand canot, et, après avoir débarqué les chasseurs, Evie, Muñie et moi, nous avons remonté le Butrinto en explorateurs.

Les bords de cette rivière sont marécageux et peu intéressants par eux-mêmes, mais les oiseaux y abondent et sont si apprivoisés qu'ils nous laissaient les approcher de très près. Canards sauvages, cormorans, pies, busards, faucons, de curieux canards noirs, de blancs oiseaux aux longues queues blanches de la famille des faucons, de ravissants martin-pêcheurs, voltigeaient autour de nous, sans parler des espèces plus petites. Au bout d'un mille et demi, de grands filets de pêche établis à l'endroit où la rivière sort du lac du même nom nous barrèrent la route, et nos instances, pour

---

1. Ouverture pratiquée dans la muraille du navire pour éclairer les chambres.

qu'on nous livrât passage, furent absolument vaines. Nous avons donc mis pied à terre pour prendre des photographies ; puis, sous la conduite d'un soldat qui accepta de nous servir de guide, nous avons pris le chemin d'un vieux castel, du haut duquel on devait apercevoir tout le lac.

Malheureusement une sorte de grand marais s'étendait entre nous et le château, et le seul moyen d'atteindre celui-ci était de patauger bravement dans une vase qui n'avait rien d'engageant. Ôté les souliers et enlevé les bas, au vif désappointement du soldat qui s'attendait à gagner plus facilement son argent. En moins d'une demi-heure, nous étions arrivés, et la vue du lac compensait notre peine. C'est réellement une belle nappe d'eau, entourée de montagnes et bordée d'arbres forestiers de toute espèce. Quelle pluie en revenant, et quel vent une fois dans le canot! Nous avons descendu la rivière avec deux ris dans la voile, moi maniant difficilement la barre [1] en raison de la vitesse ; et en débouchant dans la pleine mer, l'eau embarquait tellement qu'au lieu de piquer sur le yacht nous avons gouverné sur la terre où l'on apercevait nos chasseurs. Le mauvais temps les a contraints à écourter leur expédition ; mais ils sont contents de leur matinée, ayant trouvé beaucoup de gibier. Ils rapportent des coqs de bruyère, des bécassines, des cailles, mais point de canards sauvages. L'année dernière, Sir David Baird et son frère ont tué ici, en quatre jours, cinq cents pièces de gibier dont nombre de cochons, et cinq autres amateurs ont abattu, en deux jours, huit cents coqs de bruyère. C'est en ce moment-ci la bonne saison pour chasser ce dernier gibier, pendant que, dans la montagne, on rencontre le daim, le bouquetin et le chamois. Le chasseur qui viendrait passer un mois sur cette côte trouverait matière à s'occuper, et les femmes n'y manqueraient pas non plus de sujets de distraction. Si elles aimaient la pêche, la botanique, le dessin ou la photograpie, elles auraient mainte occasion de satisfaire ces goûts. Si elles préféraient la promenade, les chemins sont bons et sûrs.

Le retour à Corfou par mer n'a pas été très agréable, en raison du mauvais temps; mais nous étions tous plus ou moins trempés

par la pluie, et la traversée s'est passée à changer de vêtement et
à se réchauffer auprès du feu. Nous avons dîné à terre, voulant
aller ensuite au théâtre : le ténor et le baryton étant malades, la
représentation n'a pas eu lieu. Il est dit que nous n'irons pas à
l'opéra, pendant notre séjour dans les îles Ioniennes.

Quelques-uns de nos matelots.

Dimanche, 6 décembre. — Belle journée. Avant de partir pour
l'église, j'ai photographié l'équipage dans ses habits du dimanche.
Le temple est petit, mais bien tenu, et les chantres sont excellents.
Nous avons été voir la citadelle, l'ancienne église anglaise et les
casernes. La première chose qui frappe l'œil en entrant, est l'endroit où figuraient autrefois les armes de l'Angleterre ; le contour
extérieur en est encore visible. On ne se doute guère dans notre

1. La barre du gouvernail.

pays des regrets qu'à laissés l'occupation anglaise. Tant qu'elle a duré, les habitants se plaignaient ; aujourd'hui qu'ils reconnaissent que leur gouvernement ne s'occupe d'eux que pour les accabler d'impôts, ils apprécient la différence entre les deux systèmes, et l'idée qu'ils ont un roi à eux ne semble pas les dédommager, le moins du monde, de toutes les vexations dont ils pâtisssent.

De la citadelle, promenade à Garousta, petit village au centre

Une désagréable demande de munitions.

d'une plaine merveilleuse de fertilité. Les femmes arrangent leurs cheveux en nattes mêlées de ruban rouge et disposées en bandeaux de chaque côté du visage ; sur la tête, elles ont un long mouchoir blanc brodé aux coins ; un jupon bleu sombre, un tablier noir rayé retenu par de larges rubans bleu ciel, une jaquette de velours noir avec de petites basques, brodée d'or sur toutes les coutures et portée par-dessus une chemise blanche, complètent leur curieux accoutrement. Parfois elles mettent un gilet de couleur entre la jaquette et la chemise.

Les femmes de ce pays-ci ont des physionomies très agréables ;
mais elles vieillissent de bonne heure. Dans les villes, leur costume
n'a rien de remarquable ; mais, comme on vient de le voir, il n'en
est pas de même à la campagne, et l'effet des groupes de jeunes
filles qu'on rencontre autour des puits dans ces vêtements si élégants, avec de grandes cruches sur la tête, est des plus gracieux.
On sait que les abords des puits sont ici des centres favoris de
réunion ; c'est là que l'on se conte les histoires de village.

En revenant, nous avons vu, dans une baie, l'îlot réputé pour sa
prétendue ressemblance avec un navire ; la légende raconte que
c'est le vaisseau d'Ulysse subitement pétrifié, ou plutôt la galère
phénicienne euvoyée à ce héros. Nous devions également aller à
Govino où l'on dit que Nausica et Ulysse se rencontrèrent, mais
l'obligation de rentrer à bord pour y recevoir des amis nous en a
empêchés. Ce soir, le yacht a repris la mer ; c'est grand dommage
d'avoir quitté si tôt cette séduisante île de Corfou, et je caresse
l'espoir d'y revenir un jour.

Ici et à Zante, il y a des roses vertes ; on m'en a envoyé plusieurs bouquets. Leur aspect est celui des roses ordinaires, et je
les trouve plus curieuses que jolies. Certains fruits atteignent des
proportions exceptionnelles : j'ai reçu un citron qui pèse environ
trois livres.

CHAPITRE DIXIEME

Lundi, 7 décembre. — Je suis fâchée d'avoir à constater que notre voyage tire à sa fin; en réalité, nous sommes déjà en route vers l'Angleterre et il ne s'agit plus que d'y arriver le plus agréablement possible, en évitant les gros temps. Sous ce dernier rapport, nous avons été favorisés depuis le départ; le yacht a essuyé quelques coups de vent et la Méditerranée a été plus agitée cette année-ci que de coutume, mais nous avons toujours eu la chance d'être au mouillage ou à l'abri des îles aux heures de tempête. Le nombre des passes étroites que nous avons franchies et des ports où nous avons jeté l'ancre, ferait honneur à un marin de profession; à plus forte raison honore-t-il de simples amateurs. En mettant en panne durant les repas, les jours de grosse mer, Tom a permis à nos invités de paraître régulièrement à table, si malades qu'ils pussent être. Toutes nos promenades à terre ont été bien choisies et agréables, à chacun. Notre seul regret est le malentendu qui nous a privés de l'hospitalité du prince et de la princesse de Roumanie, quand ils se préparaient à nous recevoir.

Naturellement, nous avons eu quelques malades; avec quarante personnes à bord et dans un climat chaud, il serait difficile qu'il en fût autrement. Les indispositions d'ailleurs étaient légères, en général, et nous avons toujours eu la satisfaction de constater que les médecins appelés approuvaient le traitement prescrit par nous. C'est là un résultat dont le mérite revient aux livres de médecine du *Board of trade*[1] et du docteur Lanhester et à la caisse pharmaceutique du docteur Wilson. Muriel s'est admirablement portée tout le temps; elle a grandi, s'est fortifiée et n'a peur de rien, pas même du Grec ou du Turc qui conduit l'âne sur lequel on la grimpe pendant nos excursions. Son seul chagrin dans ces cas-là est de ne pouvoir causer, babiller avec son guide, et elle s'en console en chantant tout le temps.

Le temps nous a manqué pour remonter l'Adriatique et pour visiter Venise; ce sera pour une autre fois, et nous aurons ainsi une occasion de revoir les îles charmantes que nous quittons. Milo, Zante et Corfou sont des séjours ravissants; les autres îles nous ont beaucoup moins plu. On ne peut pas, dans tous les cas, les comparer à la Sicile, qui reste pour moi le but le mieux choisi que puisse se donner un yacht en croisière dans ces parages. Si l'intérieur était débarrassé des brigands, il n'y aurait pas au monde une résidence plus enviable durant la saison d'hiver.

A trois heures du matin, nous avons dépassé Paxo. A neuf heures, on nous a appelés en hâte sur le pont pour voir une trombe. La mer s'élançait violemment en l'air comme un immense jet d'eau, pendant que du nuage noir au-dessus, un cône renversé descendait pour rejoindre le flot soulevé. Tandis que nous regardions ce curieux phénomène, une autre trombe plus petite a passé à côté de notre arrière, si près que l'homme de barre[2] aurait pu, comme il disait, « prendre un biscuit dedans »; en quelques instants, elle avait franchi des milles, tant sa vitesse était considérable. Ces météores sont très dangereux, lorsqu'ils fondent sur un navire, et les bâtiments de guerre leur tirent des coups de canon pour les dissoudre.

1. Direction du Commerce.
2. Celui qui gouverne.

Le point de midi a donné les résultats suivants : latitude 38° 42' N.; longitude, 18° 33' E. La mer est belle, avec une longue houle d'ouest. La brise, favorable, permet de marcher à la voile.

Mardi, 8 *décembre*. — Journée pénible pour tout le monde. Forte houle d'un côté ; mer confuse, de l'autre ; le vent faisant le tour du compas[1], avec des alternatives de bourrasque et de calme plat ; les hommes passant leur temps à établir et à serrer les voiles, ou à changer leur orientation. Les jours comme celui-ci sont heureusement une exception dans la vie de bord ; on prend beaucoup de peine et on n'avance à rien. A midi, nous étions par 37° 13' N. et 16° 11' E., ayant parcouru 130 milles seulement en vingt-quatre heures ; mais un calme complet s'est fait après le coucher du soleil, et nous filons maintenant à toute vapeur sur une mer plate.

Mercredi, 9 *décembre*. — Un peu après minuit, on a reconnu le cap Spartivento ; au petit jour, nous étions dans le détroit de Messine, ayant à gauche le mont Etna dont bientôt le soleil rougit les flancs neigeux, et à sept heures et demie nous entrions dans le port. Pendant que le *steward* allait aux provisions, nous avons été en voiture voir de très beaux jardins situés à la sortie de la ville, au delà de la *Marina*[2]. Ils sont disposés en terrasses qui descendent jusqu'à la mer, et plantés d'orangers, de citronniers et de myrtes, avec des bouquets de rares et beaux arbustes. L'un, appelé *Duranta,* a les feuilles du laurier et porte de longues grappes de baies jaune pâle ; un autre est couvert de baies noires attachées à des tiges de la couleur du corail ; de singuliers lis ont des fleurs qu'on prendrait pour la tête d'un oiseau du tropique à la crête éclatante. Les camélias ne sont pas encore en pleine fleuraison ; mais il y avait en profusion des héliotropes, des roses, des geraniums et des œillets. Nous avons emporté de gros bouquets et mangé des oranges ; ce fut une charmante matinée. A midi, nous

1. Boussole.
2. Promenade.

étions rentrés à bord, et, une heure plus tard, le yacht poursuivait sa route.

Jeudi, 10 *décembre*. — Le vent a tellement fraîchi cette nuit et le baromètre est tombé si bas qu'un instant nous avons songé à revenir à Messine. L'idée était bonne, car la mer et le vent n'ont pas cessé d'augmenter pendant les heures suivantes, si bien que, nous nous sommes trouvés vers midi au centre d'une effroyable tempête. Éclairs, tonnerre, pluie, brusques sautes de vent, rien n'y manquait. Quoique le yacht se comportât admirablement sur ces flots démontés, au point de n'avoir pas embarqué une seule fois ce qu'on appelle un paquet de mer, Tom n'a pas cru devoir garder le cap sur Naples et s'est enfin décidé à retourner à Messine. C'est donc dans cette direction que nous courons, à l'heure qu'il est, sous la voilure qui sied à un navire fuyant devant le temps [1], guidés par la fumée rougeâtre qui s'échappe du cratère de Stromboli. La mer est d'une phosphorescence très remarquable; quand les embruns [2] rejaillissent sur les voiles, on dirait le navire en feu.

Vendredi, 11 *décembre*. — De nouveau à Messine. Il n'est pas agréable de se trouver à son point de départ après quarante cinq heures de lutte avec les flots; mais cette considération disparaît devant la sensation de bien-être qu'on éprouve à se sentir en lieu sûr, après une pareille journée. Nous avons visité un couvent attenant à une magnifique église, dont les murs sont incrustés de mosaïques en lapis lazuli, agate et malachite; il est occupé par des religieuses qui sont venues causer avec nous à travers une grille. C'est la seule excursion d'aujourd'hui. Le soir, tout le monde s'est couché de bonne heure, heureux d'avoir une nuit de calme en perspective.

Samedi, 12 *décembre*. — Un paquebot venant du large nous a

1, Expression nautique qui s'explique d'elle-même.
2. Eau projetée par les lames.

donné de si mauvaises nouvelles du temps qu'il fait en mer, que nous avons renoncé à partir. Ce retard nous a permis de visiter un couvent de capucins situé sur une colline, derrière la ville, et d'aller le soirau théâtre, où une troupe italienne jouait une opérette, sorte de parodie du *Barbier de Séville*. En revenant à bord, le ciel était clair, la mer calme et nous nous proposions de partir le

Amphithéâtre gréco-romain

matin, mais, dans la nuit, il a venté si fort qu'on a réveillé l'équipage pour amener les vergues et dépasser les mâts supérieurs[1]. Heureusement que Tom avait eu soin de mouiller le yacht dans la partie la plus abritée du port.

Dimanche, 13 décembre. — Le baromètre étant toujours très bas, nous avons résolu d'ajourner encore le départ et d'aller à

1. De façon à offrir moins de prise au vent.

Taormina, où se trouvent les plus belles ruines de la Sicile. On prend le chemin de fer jusqu'à Giardini; de là, une voiture conduit à la ville et à l'amphithéâtre gréco-romain qui l'avoisine. C'est le seul théâtre grec dont la scène soit conservée, ainsi que les sièges et les différentes additions et modifications romaines. Les pièces où s'habillaient les acteurs, l'horloge à eau qui mesurait la durée de leurs rôles, les places réservées aux vierges vestales, les entrées des plébéïens, des patriciens, des sénateurs, des femmes, les stalles destinées aux vendeurs de programmes et de rafraîchissements sont encore visibles. Rien ne peut donner idée de l'emplacement choisi pour cette scène, à moins d'imaginer qu'on sort de sa loge au théâtre pour se trouver brusquement au bord d'une falaise à pic, avec la mer devant soi et un horizon immense, fermé d'un côté par la masse énorme de l'Etna. Nous avons longuement causé avec le vieux et intelligent *custode* qui est là depuis trente-huit ans, et qui a suivi toutes les fouilles; il a des plans complets de l'édifice sous les Grecs, les Romains, les Sarrazins et les Normands, et l'on peut peut suivre ainsi toutes les transformations qu'a subies le monument avant d'arriver à son état actuel. Dès six heures nous étions revenus à Messine.

Lundi, 14 *décembre*. — Quoique le baromètre n'eût pas monté, le bon vent et l'aspect engageant du temps nous ont déterminés à poursuivre notre voyage. A la sortie du port un coup de roulis aussi violent qu'imprévu, a tout mis sens dessus dessous à bord; mais le reste de la journée s'est bien passé et, vers le coucher du soleil, nous étions à la hauteur des îles Lipari. Elles sont peu fréquentées, et on n'y trouve, je crois, qu'une seule rade propice aux mouillages, celle de Lipari. A onze heures, un gros grain de vent et de pluie s'est abattu sur le yacht et l'a incliné très fortement; il était, par bonheur, sous petite voilure et il s'est redressé rapidement. Tout étant solidement amarré sur le pont, les ouvertures bouchées et recouvertes de capots, il n'y a pas eu d'accident.

Mardi, 15 *décembre*. — Une nouvelle baisse du baromètre a déterminé Tom à chercher un refuge à Naples, au lieu d'essayer de gagner Livourne; après une très dure matinée, nous avons atteint l'île d'Ischia et, à la tombée de la nuit, nous jetions l'ancre au fond de l'admirable baie que le bleu de son ciel et de ses eaux, l'élégance de ses contours et de ses caps, l'aspect charmant des îlots qui la parsèment ont rendue si justement célèbre. Comme il était tard, nous avons eu de la peine à obtenir la permission de communiquer avec la terre; le *steward* a pu aller chercher nos lettres : un gros paquet, toujours le bienvenu quand il arrive sur le *Sunbeam*.

Mercredi, 16 *décembre*. — Les bronzes et les statues du *Museum* ont eu notre première visite; ils sont si beaux qu'on n'est jamais las de les voir et qu'on y trouve toujours quelque détail qui avait échappé à un précédent examen. Le musée est très bien disposé ; lorsque les changements qu'on est en train d'y faire seront terminés, l'installation sera à peu près parfaite. Des travaux importants ont été pratiqués à Naples dans les cinq dernières années. Toutes les maisons, sales et affreuses, qu'on trouvait entre *Santa Lucia* et la *Chiaja* ont été démolies; une belle promenade traverse cet emplacement, et les jardins de la *Villa Reale*, au lieu d'arriver jusqu'à la mer, sont maintenant bordés par une large esplanade. En revanche, les boutiques d'antiquités, d'écaille et de corail, n'ont changé qu'au point de vue des prix qui ont certainement triplé. On demande cinq mille francs pour un collier de corail à un rang, d'un rose qui n'est pas irréprochable. Le soir nous avons entendu *Martha* à un petit théâtre, le gouvernement n'ayant pu ouvrir cette année la grande salle de *San Carlo*.

Jeudi, 17 *décembre*. — Le yacht *Zantha* et un autre, l'*Ione*, sont arrivés pendant la nuit et disent qu'il fait au large un temps épouvantable; nous nous sommes donc félicités d'être entrés ici hier. Une voiture nous a menés à San-Martino, au haut d'une colline qui domine Naples et près du *Château Saint-Elme*. C'était autrefois un des plus riches couvents de Chartreux; actuellement tous ses revenus sont confisqués par la Couronne. L'église a des sculptures de bois très remarquables; la sacristie contient de curieuses reliques; la vue de Naples et de la baie, par les fenêtres des galeries, est superbe. Il n'y a plus dans ce monastère que quelques vieux moines, qui complètent en mendiant la pension de un franc par jour que leur octroie le gouvernement; les autres se sont dispersés un peu de tous côtés.

Tom a envoyé la moitié de l'équipage voir la *Fille de madame Angot;* d'où grande joie à bord. Demain viendra le tour des autres.

Vendredi, 18 *décembre.* — Visite au musée, où il y a encore de beaux tableaux, quoique beaucoup de ceux que l'on aimait à y admirer aient été envoyés dans d'autres villes. Nous avons ensuite parcouru les salles où l'on a mis les objets récemment découverts à Pompéïes. C'est une collection du plus haut intérêt. On y trouve des figues, des olives, des prunes, des noix, noircies et desséchées, naturellement, mais si bien conservées quant à la forme extérieure, que sur certaines olives on distingue encore la trace des gouttes d'huile. Les pains, les fromages, les œufs sont intacts. Les ustensiles de cuisine, en bronze pour la plupart, ont des manches représentant le genre de poisson, de volaille et de viande auquel ils étaient consacrés. Les balances et les poids ont également des moulures rappelant l'objet à peser : pain, fromage, porc, mouton, bœuf. Dans la salle consacrée à cette exposition, il y a des fourneaux qui feraient aujourd'hui de très bonnes cuisines économiques; des bassins à braise aux formes élégantes, et un système très ingénieux pour chauffer l'eau, avec un robinet qui sert à la tirer comme les appareils actuellement en usage. Des grils, des poêles, des fers à repasser et à gauffrer, des fers à friser, de beaux vases, des bronzes superbes, des bijoux, des camées s'ajoutent à ces curieuses reliques. Il faudrait des semaines pour pouvoir examiner dans leur détail ces souvenirs intimes de l'existence d'un peuple

qui vivait il y a plus de deux mille ans. Plus de deux mille pa-
pyrus, trouvés à Herculanum, sont classés dans une des salles.
Des experts sont occupés à les déchiffrer et leur contenu jettera
peut-être quelque lumière nouvelle sur l'époque où ils furent
écrits.

Dans la journée, nous avons été voir les traces de la dernière éruption du Vésuve, en longeant la baie dans la direction de
Résina. Cette promenade le long de la mer pourrait être charmante, si un rideau de maisons malpropres n'interceptait la vue
de la rade ; mais elle n'en a pas moins ses sujets de distraction :
marchands de macaroni, pêcheurs réparant leurs filets, carrioles
pleines de gens de la campagne, et tellement bondées que les
brancards eux-mêmes servent de siége aux voyageurs. Au bout de
quelques kilomètres, notre voiture a quitté la grande route pour
prendre celle des bourgades de Massa et de Somna ; les amas de
cendre ont commencé à se montrer sur la droite et sur la gauche,
et le grand courant de lave s'élançant du cratère est devenu bientôt
visible. Il est curieux de remarquer les sinuosités du trajet de la
lave ; parfois elle épargne une maison située directement sur son
passage, pour aller en frapper une autre qui semblait devoir rester
en dehors de son parcours. Aussi est-il très imprudent de s'exposer
à ce voisinage ; des curieux qui étaient venus à cheval pour voir de
plus près l'éruption, ont été tués, par suite d'un changement
brusque et inattendu dans la direction du torrent de feu. Nous
avons quitté la voiture et marché sur la cendre encore fumante. A
une faible distance au-dessous de la croûte supérieure, la température était assez élevée pour que la main ne pût la supporter ; un
peu plus bas, elle atteignait le degré qui suffit à la cuisson des ali-
ments. La vallée a un aspect tourmenté qui est très impression-
nant ; maisons écroulées, murs démolis, tout témoigne de la force
irrésistible que la lave déploie dans sa course. Nous sommes restés
fort longtemps en face de ce curieux et saisissant spectacle, et nous
n'avons regagné Naples que pour rentrer à bord à l'heure assignée
au départ.

Un détail, avant de clore le récit de cette journée ; d'après le

Daily News du 14 décembre, la *Violette* est au fond de l'eau, et l'équipage n'a échappé au sinistre qu'en se sauvant dans les embarcations. On se souvient que c'est le navire dont Tom avait cherché à empêcher le départ, durant notre séjour à Constantinople. Il avait donc raison de le juger impropre à tenir la mer.

Vue de Bastia.

CHAPITRE ONZIÈME

Samedi, 19 *décembre.* — Journée désagréable. Forte brise du sud-ouest, avec rafales et grains de pluie. A midi, nous étions à la hauteur de Port d'Ango, le cap au nord. Tout est amarré et barricadé sur le pont, en prévision du mauvais temps.

Dimanche, 20 *décembre.* — A quatre heures du matin, le vent et la mer sont devenus si forts que Tom a fait route sur Bastia où le yacht est arrivé à midi. L'entrée est très étroite et une fois dans le port, on a à peine la place de tourner; il a fallu toutes sortes de manœuvres, d'ancres, de chaînes, d'amarres, pour nous installer. La patente de santé ayant été oubliée à Naples, nous avons craint

en faisant cette découverte, de ne pouvoir communiquer avec la
terre ; mais les autorités ont eu l'obligeance de ne pas nous appli-
quer la consigne habituelle, et nous avons pu débarquer tandis
qu'elles télégraphiaient à Naples afin de se renseigner sur l'état
sanitaire de ce port. Des rues à pic, pour ne pas dire des escaliers,
conduisent du quai à la partie centrale de la ville. Là, les rues
sont larges et bordées de belles maisons. Nous avons pris une
voiture et promené quelques instants sur une jolie route qui longe
la mer ; mais le froid était si vif qu'il a fallu bientôt battre en
retraite et aller attendre, au coin du feu, l'heure du dîner.

Le consul qui a passé la soirée avec nous, nous a donné des
renseignements sur l'île et sur ses habitants. Il y a beaucoup
d'Anglais et d'étrangers à Ajaccio, en quête de soleil et de santé.
C'est un séjour très sain pendant l'hiver ; on y est exposé aux
fièvres pendant l'été, à cause du voisinage de grandes lagunes qui,
soit dit en passant, sont fort appréciées des chasseurs de poules
sauvages. La vie matérielle est peu confortable, mais bon marché ;
les hôtels sont petits et malpropres ; la cuisine, détestable. Nous
voulions aller en voiture de Bastia à Ajaccio ; c'est une affaire de
deux jours. On traverse l'île en franchissant de hautes montagnes,
et l'excursion est réputée intéressante. Malheureusement, la route
est bloquée en ce moment par les neiges.

Le vent a soufflé en ouragan toute la nuit. Tonnerre, éclairs,
neige, grêle, pluie, verglas, rien n'a manqué à ce déchaînement
météorologique. Ce matin, sur le pont, dans les endroits où l'eau
s'était accumulée, il y avait des glaçons d'un pouce d'épaisseur.

Lundi, 21 *décembre*. — Froid excessif. La neige descendait le
long des collines à un niveau exceptionnel, et les habitants décla-
raient n'avoir jamais rien vu de pareil. Une personne arrivée
d'Ajaccio, où le climat est plus doux, était toute stupéfaite de ce
spectacle, et elle a paru ébahie de voir un morceau de glace fondre
entre ses doigts. Nous avons dû renoncer à une chasse arrangée
par le consul, ce qui est d'autant plus contrariant qu'hier, tout
rès d'ici, des amateurs ont abattu plus d'un millier de pièces de

gibier : poules sauvages, foulques, poules d'eau, canards sauvages, bécassines, coqs de bruyère, et perdrix. Le froid était supportable ; mais il ventait extrêmement fort et des tourbillons de neige tombaient à tout moment.

Dans l'après-midi, le temps s'est amendé et nous avons pu faire quelques emplettes d'objets en bois sculpté, de pipes en racine de bruyère et de stylets. Ces armes étant prohibées à cause du mauvais usage que les habitants sont enclins à en faire, on a de la peine à en trouver. La *vendetta* n'a rien perdu de sa férocité ; ce matin, un enfant de douze ans a cherché à frapper de son couteau des marins qui le taquinaient.

Il y a, près de la ville, une grotte à visiter. Nous y avons été en voiture, par une excellente route qui court entre la mer et le pied des montagnes. C'est une charmante excursion, avec un autre temps que celui-ci. La grotte est petite, mais jolie, bien éclairée et décorée de très belles stalactites. Quelle pauvre figure font les aloès, les raquettes et les fougères au milieu de toute cette neige ! Nous n'étions pas, du reste, beaucoup plus à notre aise, et le feu qui attendait à bord a été salué par tout le monde.

Mardi, 22 décembre. — Le temps s'est légèrement amélioré. Tom s'est hâté de partir. Nos nouvelles connaissances qui avaient eu la bonté d'organiser une expédition en notre honneur, ont été bien désappointées de nous voir les quitter si tôt, et nos regrets n'ont pas été moins vifs. Mais nous sommes pressés de rentrer en Angleterre, et cette nécessité l'emporte sur toute autre considération. Nous voici donc de nouveau en mer, une mer encore agitée et où souffle un vent froid qui nous a tous relégués de bonne heure dans nos cabines.

Mercredi, 23 décembre. — Tom m'a réveillée au petit jour pour me faire contempler le plus merveilleux matin qu'on puisse imaginer. Le bleu du ciel et celui de la mer semblaient ne faire qu'un, la lune brillait encore, la Corse et la côte d'Italie visibles dans le lointain reflétaient les premiers rayons de l'aurore et, les voiles

des navires qui parsemaient l'horizon se couvraient de teintes
rosées.

Nous avons pensé un instant à aller à Villefranche ; après discussion, il a paru meilleur de gagner Nice et, à onze heures et demie, nous étions amarrés dans ce port, entre deux autres yachts. Nos lettres lues, nous avons circulé sur la *Promenade des Anglais* et regardé dans les boutiques. Elles sont remplies, pour la plupart, d'objets venant des pays que nous avons successivement visités depuis notre départ de l'Angleterre : tapis et articles du Maroc, dentelles de Sicile, bronzes de Gênes, ambre, broderies, tapis de Constantinople, de Smyrne et de l'Archipel, corail de Naples, etc. Chez les marchands de fleurs, abondance de roses, de violettes, d'héliotropes, d'œillets et de résédas. Bien que le vent fût froid, le soleil brûlait, et les femmes avaient arboré les ombrelles. Le soir, nous avons été à Monaco, et, ayant quitté le train, par erreur, à la gare qui porte ce nom, nous sommes allés à pied jusqu'à Monte-Carlo, où se trouvent l'hôtel et le *Casino*. La soirée était superbe ; le vent avait complètement cessé ; la lune, dans son plein, se détachait baillante sur l'azur du ciel ; les palmiers, les aloès et les plantes demi-tropicales remplissaient l'air de leurs senteurs ; on se serait cru transporté en Orient. Après avoir risqué une très modeste somme sur la table de jeu et assisté à quelques parties, nous avons flâné dans le jardin qui est des mieux tenus, et pourvu de bancs dans tous les endroits d'où l'on découvre la mer. A dix heures et demie, nous remontions en wagon et un peu après minuit, nous revenions à bord.

Jeudi et vendredi, 24 et 25 décembre. — Départ pour Paris par une matinée de gelée blanche qui n'empêchait pas, d'ailleurs, le soleil d'être fort chaud. En arrivant à la gare de Lyon, nous nous sommes fait conduire à l'*Hôtel Meurice* ; le temps était froid et neigeux ; de l'avis général, le coin du feu a été le seul lieu de rendez-vous à rechercher pour la soirée.

Samedi 26 décembre. — Les enfants sont arrivés de Hastings, ravis de venir nous rejoindre, et les quelques journées suivantes ont été consacrées à leur montrer toutes les curiosités de la capitale. Le 1er *janvier* 1875, au soir, nous partions pour Calais ; le lendemain matin, au milieu d'un verglas qui a rendu l'embarquement très difficile, pour ne pas dire dangereux, nous prenions le train de Douvres. Nous voici installés dans notre *home*, jusqu'à ce que le désir de voir de nouveaux pays nous ramène à l'autre *home* flottant. Notre voyage a duré six mois, durant lesquels nous avons fait 13,000 milles, tant vers le nord que vers le sud; j'espère qu'il a été agréable et profitable à tout le monde.

SECOND VOYAGE

CHYPRE, CONSTANTINOPLE

1878

Les vieux vaisseaux de Portsmouth

CHAPITRE PREMIER

PORTSMOUTH, BREST ET VIGO

Il n'est pas de séjour, si familier qu'il soit, qui n'ait ses côtés curieux et instructifs. S'il ne dit rien à l'œil, il parle à l'esprit; s'il n'éveille aucune sensation nouvelle, il évoque dans la mémoire des souvenirs qui ne manquent souvent ni de grandeur ni de charme. C'est ainsi que, malade durant l'été de 1878 et retenue dans le Solent à portée du rivage et du docteur, j'ai appris à connaître tout ce que le beau port de Portsmouth peut offrir de distractions à l'esprit, avec ses vaisseaux démâtés, portant des noms célèbres dans les chroniques des océans ou dans les fastes des guerres navales. C'était à l'époque du sinistre de l'*Eurydice*; chaque jour un chaland passait auprès du yacht, chargé de cadavres arrachés

à la mer, et l'*Eurydice* elle-même nous longea, un soir, traînée par
un remorqueur à l'endroit choisi pour sa démolition. Triste incident que celui-là ! A coups de pinces, de haches, d'instruments de
toute espèce, des hommes mirent en pièces la carcasse encore forte,
tombeau de tant de malheureux. Pour des gens qui se disposent à
affronter de nouveau les périls de la mer, pareil spectacle n'est pas
encourageant ; mais l'habitude du danger finit par rendre insou-
ciant aux souvenirs qui s'y rattachent.

C'est pendant ce séjour dans le port de Portsmouth, où l'Amirauté avait mis obligeamment une de ses bouées [1] à la disposition
du yacht, que nous faillîmes, un matin, être coulés bas par un
bâtiment à vapeur. J'étais étendue sur mon lit, que je ne quittais
guère depuis trois semaines, sauf dans l'après-midi pour être portée sur le pont, quand j'entendis des cris d'alarme poussés par
quelqu'un de l'équipage. « Il court sur nous ; il nous prend par le
travers, » disait la voix. Et d'autres ajoutaient sur le même ton
d'effroi : « Amenons les canots ; allons prendre madame et ses
enfants ; dans cinq minutes, nous serons au fond. » Le bruit des
embarcations glissant précipitamment le long du bord succéda
aussitôt à ces exclamations, et deux de nos matelots se présen-
tèrent pour m'emporter, pendant que deux autres couraient à la
chambre des enfants et les enlevaient dans leurs bras. Il y eut un
craquement terrible, prolongé ; le *Sunbeam* oscilla pendant quelques instants ; puis un soupir d'allègement s'échappa de toutes les
poitrines. Le choc n'avait eu lieu qu'au-dessus de la ligne de flot-
taison, et ses conséquences, qui eussent pu être si redoutables, se
réduisaient à une avarie dans les œuvres hautes [2].

L'*Assistance*, qui nous a valu cette belle peur, est un transport
chargé de troupes venant d'Irlande ; en voulant éviter une barque
à la voile, il a été pris par le courant et, sans sa promptitude à
renverser la machine, le yacht eût subi l'action de cette lourde

---

1. Ces bouées, retenues par une chaîne et une ancre, servent à l'amarrage
des bâtiments.
2. Partie du navire au-dessus de l'eau. La partie au dessous se nomme les
œuvres basses.

masse animée d'une vitesse considérable, sans pouvoir se sous-
traire à ses coups. Ce fut, comme on dit, un fort mauvais quart
d'heure, surtout pour une malade, presque incapable de se mouvoir, et je n'oublierai de longtemps l'effet de cette grosse coque se
dressant menaçante au-dessus de nous, avec ses passagers groupés
le long du bord pour voir de quoi il retournait.

Naturellement, nos réparations ont eu lieu aux frais des auto-

L'*Assistance* heurtant le *Sunbeam*.

rités maritimes; on a mis d'autant plus de zèle à les faire, que
l'incident a vivement contrarié tous ceux qui s'y trouvaient mêlés.
Le courant est, je crois, ici, seul responsable de l'aventure; avec
les grandes marées, l'entrée et la sortie d'un port encombré comme
celui de Portsmouth, présentent toujours de grandes difficultés.

Samedi, 21 *septembre*. — On m'a déclarée en état de prendre la
mer, et nous sommes partis hier par un temps superbe, dont les
riantes couleurs ajoutaient encore aux charmes de l'île de Wight,

lorsque nous avons défilé le long de la côte. Aujourd'hui, il a fait calme et les feux ont été allumés; mais, ce soir, le vent se lève dans le sud, et une houle déplaisante contrarie notre marche.

Dimanche, 22 septembre. — En présence d'un fort vent debout et d'une baisse marquée du baromètre, Tom s'est décidé à passer entre Ouessant et la terre ferme et à entrer à Brest. Ce port nous a tant de fois servi de refuge qu'il serait ingrat à moi d'en médire; mais je ne crois pas être jamais démentie, si je l'accuse d'offrir peu de distractions au visiteur. Les rues sont mal pavées et quelques-unes, en pente rapide, sont fatigantes à gravir.

Il y a cependant une très belle promenade qui domine la rade, où nous avons été entendre la musique. Toute la ville était là, y compris les bébés qui ont fait la joie des enfants; la plupart sont « voués à la Vierge » et portent, en conséquence, des costumes bleus et blancs.

Lundi, 23 septembre. — La brise nous étant propice, nous sommes partis à dix heures et demie, bien que le baromètre restât bas. Au large de la Pointe Saint-Mathieu, des rafales de vent et de pluie, si denses et si noires qu'on voyait à peine devant soi, se sont succédé presque sans interruption; puis, vers le soir, il s'est mis à venter avec tant de violence qu'on a calé[1] les mâts supérieurs, rentré les embarcations et pris une voilure de cape. Heureusement, cette tempête du nord-ouest nous a fait faire de la bonne route, et le *Sunbeam* s'est, comme toujours, admirablement comporté. Il tombe dans le creux de la lame et grimpe sur la crête, avec l'aisance d'un bouchon.

Les deux plus jeunes enfants, Muriel et *Baby*, sont souffrantes depuis quelque temps, et le docteur vient de dire qu'elles ont la petite vérole volante; le mal de mer, qui est chez elles une exception, ajoute encore à leur indisposition. Avec un pareil temps et en pleine mer, cette maladie ne laisse pas d'être inquiétante;

1. C'est-à-dire abaissé.

aussi, nous avons hâte d'arriver sous des latitudes plus chaudes
et d'entrer dans un port.

Mardi, 24 septembre. — A midi, 220 milles depuis hier, presque
sans voiles. C'est un beau résultat, mais acheté au prix de secousses
dont le dessin ci-joint donne un aperçu. Il y a des jours où tous
les efforts et tous les procédés de suspension, mis en œuvre pour
défier l'action du roulis, sont pris en défaut par la brusquerie et la
fréquence des coups de mer, et le plus simple est d'en rire quand
on est assez bien portant pour ne voir que le côté comique de ces
incidents. Dans la soirée, on a changé la route et allumé les feux ;
nous longeons en ce moment la côte nord de l'Espagne, sous l'abri
partiel de la terre.

Mercredi, 25 septembre. — Une grosse houle rappelait seule, ce
matin, le coup de vent de la véille. Les enfants étaient très souf-
frants, Muriel surtout, dont l'air accablé et le visage pâle faisaient
vraiment peine à voir.

A dix heures, on a reconnu le cap Finistère ; à midi, on le
relevait par le travers [1]. Pour nos malades et pour Tom, qui a
besoin de se remettre des fatigues des dernières journées, nous
avons pensé un instant à entrer à Corcubion, le port où débar-
quèrent, en 1870, les survivants de l'infortuné *Capitaine ;* mais
on a préféré pousser jusqu'à Vigo, où l'ancrage est meilleur et
l'approvisionnement plus facile. Le yacht a donc continué sa route,
et vers six heures nous doublions les îles Bayona pour pénétrer
dans l'admirable baie dont elles marquent l'entrée. Le temps était
légèrement brumeux ; après le coucher du soleil, le brouillard a
épaissi, et c'est à toute petite vitesse que le *Sunbeam* est allé
mouiller près de la ville. On sait que la baie de Vigo est très vaste ;
elle fourmille de pêcheurs, de barques, de filets, qui gênent singulièrement la navigation, malgré les torches allumées pour attirer le poisson et pour prévenir les accidents. Ces pêches de nuit

---

1. C'est à-dire qu'on le voyait sur une ligne perpendiculaire à la route suivie.

sont, au reste, d'un effet extrêmement plaisant; nous croyions **revoir** les gracieuses silhouettes des insulaires de la Polynésie, et les parfums de la terre, presque aussi vifs que ceux des îles de là-bas, achevaient de nous reporter par la pensée vers ces zones enchanteresses dont j'ai décrit ailleurs[1] le charme incomparable. Comme on oublie vite les tribulations de la vie de bord, les coups de vent et les coups de mer, en face de ces tableaux surpris dans le silence et dans la majesté de la nature! Huit heures viennent de sonner à l'horloge de la cathédrale, et les veilleurs de nuit ont commencé à circuler, jetant dans l'air le cri d'usage sur l'heure qu'il est et le temps qu'il fait. J'imagine que les voleurs et autres gens mal intentionnés doivent fort apprécier cette coutume; elle leur permet, au moins, de s'éclipser au bon moment.

Jeudi, 26 *septembre.* — Se coucher avec la perspective d'une nuit tranquille est déjà chose agréable pour qui vient d'être ballotté; se réveiller dans le calme, après un sommeil que la brise et les lames n'ont pas interrompu, est peut-être plus plaisant encore. Ce fut ma sensation de ce matin quand le soleil, entrant à pleins rayons dans ma cabine, vint m'inviter à monter sur le pont pour nouer plus ample connaissance avec la rade où nous avons mouillé hier. Une flotte entière y serait à l'aise; sur les collines qui l'entourent, poussent jusqu'au rivage des vignes et du maïs; elle est si bien abritée qu'il n'est pas un jour dans l'année où l'on ne puisse communiquer avec la terre. Sept petites chapelles perchées en l'air profilent dans l'espace leurs blanches lignes; bâties par sept sœurs qui voulaient se sanctifier en vivant isolées, tout en s'apercevant à distance, elles sont occupées aujourd'hui chacune par un ermite et servent de rendez-vous à des milliers de pèlerins venus de tous les points de l'Espagne.

En descendant à terre, on trouve le marché au poisson. Les bateaux de pêche sont à sec sur le sable devant les arcades sous lesquelles se tiennent les marchands; dans l'intervalle s'agite une

1. *Voyage d'une famille autour du monde.*

foule changeante, parlante, bariolée, d'où sortent des jeunes filles
aux jambes nues qui vont attendre et glaner sur la rive ces herbes
errantes que le flot pousse devant lui.

Vigo est bâti sur une colline escarpée, couronnée par un fort;
son aspect général est assez imposant, vu de la rade, mais les rues
sont sales et étroites, à l'exception d'une seule qui contient de
belles boutiques. A l'issue du luncheon, à l'*Hôtel de l'Europe*, nous
avons pris une voiture pour circuler autour de la baie et monter
ensuite jusqu'au fort. On a, de là, une très belle vue, surtout quand
un beau soleil d'automne empourpre, comme aujourd'hui, les îles
Bayona et les fait ressortir en grosses masses de feu, sur le bleu
de la mer parsemé de points noirs par des centaines de bateaux de
pêche. Toute la population humait la brise du soir sur l'*Alameda*,
lorsque nous sommes revenus à la ville. Pendant que Tom rendait
visite au vice-consul anglais, nous avons été voir la cathédrale.
C'est un bel édifice, et la demi-obscurité qui y régnait n'a certainement pas nui à l'impression que nous en avons rapportée. Les
vastes voûtes vues à la pâle clarté des lampes, prennent un aspect
de mélancolique gravité qui leur donnent un cachet particulier de
grandeur.

Vendredi, 27 *septembre*. — La rade s'est peuplée, dès l'aube,
d'une multitude de petits bateaux amenant au marché les paysans
des villages voisins; ils avançaient lentement, en raison de la faiblesse de la brise, et formaient un tableau des plus animés.
Ces barques ont un singulier gréement : leur unique mât a une
inclinaison marquée sur l'arrière, et porte une grande voile carrée
qui offre peut-être l'avantage d'utiliser le moindre souffle d'air,
mais qui semble fort gênante à manœuvrer. Il est, cependant,
certain que cette disposition, toute bizarre qu'elle est, a ses bons
côtés; autrement elle ne serait pas universellement adoptée par les
gens du pays.

Les enfants sont descendus à terre dans la matinée, et se sont
bien trouvés de cette courte promenade quoiqu'elle les ait un peu
fatigués; nous, nous sommes allés dans le grand canot à Redon-

dela, petite ville située sur une rivière du même nom, qui vient se
jeter dans la baie. Le temps était chaud mais agréable ; la brise, par
instants, s'élevait assez forte pour gonfler nos voiles. Tous les cours
d'eau des environs sont pleins de truites. Nous avons lunché dans
l'embarcation à l'ombre de grands arbres, sous l'œil intrigué des
paysannes qui écartaient curieusement les branches pour nous
regarder, puis on s'est remis en route.

A Redondela, le chemin de fer traverse la vallée sur un énorme

Spécimen des barques de Vigo.

viaduc à une seule voie, qui est l'un des plus remarquables travaux
de ce genre que j'aie jamais vus. Auprès est la gare, où nous attendait une voiture découverte attelée de deux petits poneys. Nous
voulions revenir par terre à Vigo pour voir d'en haut la baie et le
pays environnant, et nous n'avons eu qu'à nous féliciter de cette idée.
La ville de Redondela, avec ses habitants en costumes du pays,
vaut la peine d'être vue ; de là à Vigo, la route est véritablement
charmante. De distance en distance, on croise des groupes revenant
du marché ; tous ces gens semblent gais et contents, et on en voit
qui dansent en chantant au son du tambourin. C'est, d'ailleurs, un
des traits du caractère espagnol que cette disposition à rire et à

Andrinople (pont sur la Tonda).

s'amuser d'un rien. Il y a à Vigo une gare qui est bâtie depuis deux ans et qui est encore, pour la population, un objet constant de distraction ; on vient se promener sur une belle avenue d'arbres qui court parallèlement à la voie, et on assiste de là à l'arrivée des trains avec une joie toujours nouvelle.

Les pêcheurs commençaient à allumer leurs torches quand nous sommes rentrés à bord. Nous rapportons de curieuses fougères, entre autres l'*Osmunda regalis* et la *Davallia canariensis*, et un petit bateau en liége que nous avons trouvé flottant sur l'eau. Il est mâté à la façon de ceux

Un diner difficile.

du pays, et a une voile bleue avec un petit bout de drapeau rouge. Comme personne n'était là pour réclamer ce petit spécimen des barques de Vigo, un matelot l'a pris et le donnera aux enfants qui en seront ravis.

Samedi, 28 septembre. — Nous avons visité ce matin le fort qui n'a rien de bien curieux, mais que sa position au sommet d'une colline rendra toujours intéressant pour les amateurs de belles vues. La foire se tient tout auprès, sur un grand plateau voisin du faîte de la hauteur, et nous avons rencontré une troupe de gens qui en revenaient. Moutons, agneaux, porcs, chèvres, canards, oies ajoutaient leurs cris particuliers, au bruit familier aux foules espagnoles. C'était un vacarme indescriptible, entremêlé des incidents habituels à ce genre de défilé : animaux qui se détachent et bousculent leur nouveau maître, bêtes réfractaires à la marche, qu'il faut traîner, sinon porter, pour les contraindre à avancer. Les enfants se sont fort divertis et une fois de retour, ne tarissaient pas en récits. Nous sommes revenus en voiture jusqu'au marché au poisson où nous pensions retrouver M. Bingham et Mabelle qui étaient restés à dessiner. L'odeur les avait forcés à chercher refuge dans une barque mouillée à quelque distance, et à y installer leurs cartons.

On devait lever l'ancre à midi, et les voiles étaient prêtes à être déployées ; mais pas un souffle de brise ne venait rider l'eau de la rade. Eussions-nous, d'ailleurs, été mieux partagés sous le rapport du vent, que le règlement de nos comptes aurait retardé le départ. Tous les gens employés par nous s'imaginaient que la livre sterling était la seule monnaie en circulation sur le yacht, et le moindre service s'évaluait à ce taux. Une livre sterling pour une heure de voiture, autant pour un guide que nous n'avions pas demandé, autant pour un dîner que personne n'avait mangé ni même commandé. Il était plus de quatre heures avant qu'on eût pu clore cet interminable débat ; et comme à cet instant une petite brise se levait, nous en avons profité pour descendre lentement la baie au milieu de nos bons amis les pêcheurs. Bientôt le soleil s'est couché derrière les îles Bayona, et la nouvelle lune a pris sa place dans le ciel bleu ; malheureusement, nous sommes maintenant entourés d'un épais brouillard ; le sifflet de la machine et les trompes d'avertissement résonnent à tout moment, et j'éprouve cette angoisse qui m'envahit toujours dans ces circonstances périlleuses où l'habileté et la prudence du navigateur luttent souvent vainement contre les dangers de l'obscurité. Une ou deux fois déjà, nous avons échappé à des collisions redoutables, notamment dans la nuit où la *Vanguard* fut coulée par l'*Iron Duke*. Comment ne pas avoir peur, quand on a derrière soi de pareils souvenirs et qu'on se voit plongé dans les ténèbres qui amènent ces catastrophes ?

Dimanche, 29 septembre. — Muriel se trouve bien du séjour de Vigo; elle joue sur le pont avec son entrain habituel. Mais *Baby* a mal à la gorge et est reléguée dans sa cabine, ce qui paraît ne pas lui plaire beaucoup.

On a chanté les hymnes et les litanies ce matin; ce soir il y a eu service avec un court sermon traduit du français par Tom. Mabelle a tenu le piano et s'est bien acquittée de son accompagne-

ment; elle est encore un peu timide, mais sa persévérance et sa bonne habitude de ne point reculer devant la peine, garantissent ses progrès futurs. Plusieurs de nos hommes ont de belles voix; quand on aura pu les exercer et les grouper, nous aurons de bons chœurs à bord.

Aperçu quelques gros dauphins, plusieurs bandes de marsouins et toute une longue file de bouées, qui semblent destinées à indiquer aux pêcheurs un emplacement fréquenté par le poisson, bien qu'elles soient à plus de 30 milles de la côte.

Lundi, 30 septembre. — Le vent a fraîchi et nous avons beaucoup roulé; mais à midi on avait fait 162 milles; cela dédommage d'être secoué. Temps froid. Chacun a repris le manteau récemment abandonné.

Mardi, 1ᵉʳ octobre. — Il faisait si calme ce matin qu'on a allumé les feux; puis, la brise s'étant levée, on a rétabli les voiles. C'est évidemment un hasard; mais il arrive constamment que le vent se met à souffler, juste au moment où on se dispose à se passer de son aide. A onze heures et demie, nous doublions le cap Sagre, près du cap Saint-Vincent, en essayant vainement d'échanger des signaux avec le gardien du phare qui, sans doute, faisait la sieste. Hier, en revanche, la vigie du cap Peniche nous a tancés par signaux, parce que nous tardions à hisser notre numéro.

Baby est un peu mieux; Muriel est presque guérie. Tom et Mabelle se portent à merveille. Je commence à bénéficier du soleil ; tous nos compagnons de voyage sont pleins d'entrain et de santé. Il y a quelques indispositions parmi l'équipage; mais elles sont sans gravité et on n'y échappe guère quand on passe brusquement dans les latitudes chaudes.

Mercredi, 2 octobre. — Belle matinée, avec vent contraire; puis calme plat. Nous étions à cet instant au milieu de navires condamnés comme nous à l'immobilité, et j'ai idée que plus d'un a dû nous envier en voyant le yacht hisser sa cheminée et disparaître bientôt à toute vapeur, loin de ses compagnons d'infortune; à quatre heures, le grand phare à l'entrée du Guadalquivir était en vue.

Nous avions d'abord pensé à remonter ce fleuve jusqu'à Séville ; mais il a été jugé plus sage d'aller à Cadix et de gagner Séville par le chemin de fer. La nuit était venue, quand nous nous sommes trouvés à l'entrée du port; comme il n'y a pas de feux indiquant le mouillage, nous avons brûlé des fusées pour appeler le pilote. Il en est venu un qui nous a bien entrés; mais nous avons mouillé beaucoup trop loin du débarcadère.

CHAPITRE DEUXIÉME

CADIX, SÉVILLE ET GIBRALTAR

Jeudi, 3 *octobre*. — Cadix est charmant, vu le matin, à la lueur du soleil levant : on dirait une ville arabe; dans la journée l'effet est moins plaisant, parce que la réflection des rayons lumineux sur les murs blancs des maisons éblouit l'œil et le fatigue. La rade était pleine de pêcheurs dans de petits bateaux; un vent très fort qui soufflait les a bientôt contraints à se réfugier à terre.

Tom ayant compté sur le docteur pour s'occuper de la patente de santé, et le docteur ayant cru que le maître d'équipage s'en chargerait, il est advenu finalement que nous nous sommes trouvés arrivant de Vigo sans cet important document. De là des difficultés pour communiquer avec la ville. Une de nos embarcations a essayé d'abord d'aller parlementer à terre avec le chef du service médical; mais elle a été rencontrée par le canot des employés de la santé qui l'a forcée à rebrousser chemin, tout en se chargeant de transmettre nos explications et de nous faire envoyer des vivres frais.

Soit dit en passant, nous avons pris depuis quelque temps l'habitude de laisser nos hommes se nourrir comme ils l'entendent; cela nous évite toutes sortes d'embarras et de réclamations. Ils sont loin d'avoir un ordinaire valant celui que nous leur donnions ; seulement comme ils le réglementent eux-mêmes, il ne leur est plus possible de se plaindre.

Vers dix heures du matin, nous avons pu quitter le bord. La brise soufflait en coup de vent et c'est dans le grand canot, avec deux ris dans la voile, que nous avons gagné la plage. Nous sommes d'abord allés à la cathédrale et nous devions ensuite faire le tour de la ville. La chaleur, le vent et la poussière nous ont obligés à nous retirer à la *Fonda*[1] de Paris, où le temps s'est passé à lire des journaux anglais. L'hôtel n'a pas changé depuis notre visite d'il y a quelques années, y compris les gobe-mouches et les hoche-queues voltigeant partout et attrapant les insectes.

A quatre heures, départ pour Séville. Le vent était plus fort que jamais, et sur l'isthme qui unit Cadix au continent on ne voyait rien que quelques muletiers luttant péniblement contre la brise, le chapeau attaché et la tête baissée. Les salines aussi étaient désertes ; mais l'effet des grandes pyramides de sel n'en était que plus saisissant ; on eût dit de grandes tombes blanches éparpillées dans une plaine. On trouve dans ces marais salants une espèce particulière de crabe dont les pattes de derrière sont recherchées des gourmets. Ces pattes sont arrachées, tandis que la pauvre bête est encore vivante, et on en offre aux voyageurs à toutes les stations.

Après Puerto-Santa-Maria, on traverse des vignobles où se récolte le vin qui fait notre sherry. Les vignes, petites et rabou-gries, couvrent les flancs des collines sur une longueur de plu-sieurs kilomètres ; au milieu de chacune, s'élève la maison du garde. Tous les voyageurs sont descendus du train à Xérès pour boire du vin pris au tonneau ; nous en avons goûté, et nous l'avons trouvé excellent. Vers neuf heures, nous sommes arrivés à Séville, et une voiture nous a aussitôt conduits à l'*Hôtel de Paris*.

Vendredi, 4 octobre. — Une grande partie de notre matinée s'est

1. Hôtel.

passée dans la cathédrale de Séville. Cet édifice irréprochable, où
le fini des détails le dispute à la majesté de l'ensemble, offre toujours à l'œil des révélations nouvelles, qu'on l'ait vu hier ou il y a
dix ans, qu'on le visite pour la centième fois ou pour la première.
Les arceaux gigantesques, la pureté de leurs lignes, l'harmonie de
leurs proportions, ravissent le regard et transportent l'esprit dans
les sereines régions de l'idéal. Il est impossible de rencontrer un
spectacle plus imposant que celui de cette nef éclairée par les
reflets de la lumière aux mille nuances qui pénètre à travers les
vitraux colorés. On sait que le nom de l'auteur de cette merveille
est resté inconnu. L'idée que ce grand artiste travailla pour la
gloire de Dieu et de son art, sans souci de sa renommée person-
nelle, ajoute encore au sentiment d'admiration qu'inspire cette
œuvre anonyme léguée sans signature à la postérité.

Naturellement, nous sommes montés dans la fameuse tour
Giralda qui sert de clocher à la cathédrale. C'est une énorme masse
carrée sans saillie d'aucune sorte, couverte de haut en bas de ces
sculptures arabes qui donnent aux édifices les plus lourds l'apparence de la légèreté. Tout en haut, se dresse une statue de la Foi
debout sur une boule tournante ; c'est de cette statue évoluant avec
le vent que vient le nom de *Giralda* donné à la tour, du verbe
espagnol *girar* qui signifie tourner. Au pied de la tour, s'étend
une superbe cour moresque, plantée d'orangers, avec une belle
fontaine en marbre.

De la cathédrale, nous avons été à l'hôpital de la Charité pour
voir deux des plus célèbres tableaux de Murillo : *Moïse frappant
le rocher* et *le Miracle des pains*. Ils méritent certainement d'être
classés parmi les meilleures œuvres du grand maître. C'est une
religieuse qui nous les a montrés ; après avoir tiré le rideau
qui les protège et disposé des chaises à notre intention, elle s'est
agenouillée au pied de l'autel et s'est mise en prières jusqu'à notre
départ.

Au Musée, il y a vingt-quatre tableaux de Murillo, tous des
chefs-d'œuvre. Malheureusement, leur arrangement sur une seule
ligne, le long d'un grand mur blanc, nuit à leur effet.

L'*Alcazar*, que nous avons visité ensuite, se présente d'abord sous la forme d'une vaste enceinte crénelée. En dedans, il y a les cours ou *patios* et le palais proprement dit, le tout tellement sculpté, dentelé, ciselé, qu'on se croirait devant des décors de féeries. Quelques pièces ont été meublées par la reine Isabelle ; mais elles n'ont rien gagné à ce genre d'embellissement, beaucoup trop moderne pour s'harmoniser avec les carreaux de faïence vernissés qui tapissent les planchers et les murs. Dans un des *patios*, on montre le bain de Maria de Padilla [1] et la fontaine de Pedro II.

Dans la soirée, nous avons été en voiture au faubourg de la Triana, en passant près de la vieille *Tour de l'Or*, où l'on débarquait autrefois l'or venant d'Amérique. Les habitants étaient assis devant leurs portes, causant, chantant, riant, humant la fraîcheur. Les femmes avaient toutes des fleurs dans les cheveux, si misérable que fut leur costume.

Samedi, 5 octobre. — Une des curiosités de Séville est la *Casa de Pilato,* ou maison de Pilate, ainsi appelée, parce qu'on prétend qu'elle fut bâtie par le duc de Mœdina Cœli, à son retour des croisades, sur le modèle de celle qu'occupait Ponce Pilate dans la ville de Jérusalem. On y montre l'endroit d'où le coq chanta, le balcon où Jésus fut présenté à la multitude, etc. C'est, en tout cas, un des monuments les plus intéressants qu'on trouve ici, après la cathédrale. Il est bien conservé et bien entretenu ; les jardins, les *patios* [2], sont pleins de fleurs ; les *azulejos* sont plus beaux que ceux de l'Alhambra et d'un bleu si transparent qu'on les croirait en nacre ; une belle fontaine, placée au centre du *patio*, y répand une douce fraîcheur. Par malheur, là, comme ailleurs, à Séville, les moustiques abondent ; ces insupportables bêtes se glissent partout, et on n'est, nulle part, à l'abri de leurs morsures. Impossible de s'asseoir sous un arbre sans être mordu ; impossible de se coucher, même sous une moustiquaire, sans être piqué. Ce matin, je

1. Femme morganatique de Pedro le Cruel.
2. Cour.

pouvais à peine ouvrir les yeux et remuer les mains, tant j'avais été maltraitée par ces horribles insectes.

Nous avons visité la *Manufacture de tabac*, où l'on emploie plus de cinq mille femmes. Elles travaillent par groupes de cinq ou six, assises à des petites tables, dans une vaste salle démesurément longue, soutenue par d'énormes colonnes; des surveillantes circu-

Manufacture de tabac à Séville.

lent entre les rangées, s'assurent que la besogne est correctement faite et empêchent les conversations de devenir trop bruyantes. En arrivant à l'atelier, les ouvrières enlèvent leurs robes pour ne pas les tacher avec le tabac, et se mettent en costume léger. Beaucoup amènent leurs enfants qu'elles installent dans des berceaux ou sur des chaises; d'autres ont des chats et des chiens qui se couchent dans les paniers à tabac, où ils attendent patiemment le départ de leurs maîtresses. Le travail est payé à la pièce et non à l'heure ; les gains varient de douze sous par jour à sept franc cinquante, selon l'habileté de l'ouvrière. Une fois roulés, les cigares sont mis au sec dans de grandes cases ouvertes, disposées dans de longues pièces qui sont situées en dessus et en dessous de la salle de travail.

Dans cet établissement et dans maint autre endroit, nous avons remarqué des perdrix rouges enfermées dans des cages à peine assez grandes pour leur permettre de se retourner. On les prend dans des piéges, et on les élève comme appeaux pour en attraper d'autres ; elles atteignent alors des prix considérables, 250, 500 et jusqu'à 700 francs.

Le palais du duc de Montpensier où nous nous sommes rendus ensuite, n'était malheureusement pas accessible aux visiteurs, parce qu'on s'y préparait à recevoir le duc. On nous a simplement montré les jardins qui sont disposés à l'anglaise et soigneusement entretenus ; mais l'herbe ne pousse pas ici, et il faut recourir à toutes sortes d'expédients pour remédier à ce désagréable inconvénient. Des plantes et des arbres tropicaux ornent ce beau jardin ; des animaux curieux se voient dans tous les coins.

Nous avons quitté Séville le soir à 6 heures et demie, et à 11 heures, nous étions à Cadix, à bord du yacht.

Dimanche, 6 octobre. — Fête de San Rosalio ; grande fête même. Tom et les enfants sont allés de bonne heure assister à une messe dans la cathédrale. Les fidèles étaient fort nombreux et notre petit monde paraît avoir été assez surpris de la façon dont quelques uns d'entre eux allaient et venaient dans l'église, ou échangeaient des conversations. Cette manière de pratiquer la dévotion est nouvelle pour eux et choque leurs idées anglaises.

A l'issue du service célébré à bord comme d'habitude, nous avons été à San Fernando, une vieille ville espagnole assez curieuse. Les habitants se promenaient dans les rues sur l'*Alameda*, vêtus de leurs habits de fête et causant avec la volubilité particulière aux Castillans. D'autres suivaient ce défilé, des fenêtres grillées de leurs maisons. Revenus pour dîner à Cadix, nous avons entendu la musique militaire sur la *Plaza de Minas*. Toute la population semblait s'être donné rendez-vous dans ce beau jardin ; les jolies Espagnoles en mantille jouaient de l'éventail ; les jeunes et laids *dandies* mêlaient au parfum des fleurs l'arôme de leurs énormes cigares ; tout ce monde babillant, gesticulant, caquetant, amusait à voir.

Lundi, 7 octobre. — Avant de prendre la mer ce matin, nous avons visité un hôpital pour les marins. C'est un établissement bien utile, et je souhaite qu'il soit largement doté par les armateurs des nombreux navires qui fréquentent ce port. Il y a là une œuvre de philanthropie internationale à encourager, et on ne s'explique pas qu'elle ait tant tardé à naître. Jusqu'ici cependant les marins n'ont eu d'autre asile qu'un méchant hôpital, mal entretenu et soumis en même temps à des règlements qui rendaient difficile à l'initiative privée de s'y intéresser. Les autorités espagnoles laissaient les malades dans la malpropreté, et interdisaient l'accès de la maison aux protestants !

Vers midi, nous avons quitté la rade, en doublant non sans quelque peine les dangereux rochers qu'on rencontre à l'entrée, et une heure plus tard nous voguions à pleines voiles dans la baie de Trafalgar, poussés par une brise fraîche et propice. Ce soir, l'équipage m'a donné une sérénade pour fêter mon jour de naissance. Il y a eu des chœurs et des chansons de toutes sortes ; puis des hourras dont chacun a eu sa part. A minuit, le yacht doublait la pointe de Tarifa et pénétrait dans le détroit de Gibraltar.

Mardi, 8 octobre. — Le *Sunbeam* a mouillé à midi à Gibraltar et nous sommes allés aussitôt au camp où les troupes se livraient à toutes sortes d'exercices, militaires et sportiques, qui ont beaucoup amusé les enfants. Pour la première fois j'ai visité le cimetière, à la recherche d'une tombe amie. Israélites, mahométans, catholiques et protestants y reposent côte à côte derrière un écran de grands arbres qui sépare du monde extérieur l'enceinte réservée aux morts; au-dessus plane le vieux roc, semblable à une sentinelle veillant sur le sommeil de ses enfants. C'est un véritable champ de repos. La mer qu'on aperçoit de ci de là à travers le feuillage, lui donne un caractère particulier de grandeur et de mélancolie.

Il y a eu ces jours ci un certain nombre de malades à bord, grâce à l'eau dont nous avons fait provision à Vigo. On nous a dit ici qu'elle était si mauvaise — sauf celle de deux sources — qu'un ordre de l'Amirauté interdit aux escadres anglaises d'en prendre dans ce port; récemment une épidémie de fièvre typhoïde a éclaté sur un navire qui avait commis, sans le savoir, la même imprudence que nous.

Mercredi, 9 *octobre*. — Anniversaire de notre mariage. L'équipage et les domestiques l'ont célébré en se livrant à une consommation extraordinaire de vin de Porto, de plum-pudding et de *roast beef;* les enfants, en allant faire un pique-nique à terre, auprès du mât de signaux.

Nous avons visité le *Lancashire Witch*, yacht à vapeur, construit à peu près sur le même plan que le *Sunbeam;* lancé, il y a six semaines, il fait en ce moment son voyage d'essai. C'est un charmant navire qui sera presque parfait quand tout sera terminé à bord; le salon est circulaire et produira un grand effet, une fois meublé et décoré. Le vice-consul d'Angleterre à Siam, que nous avons rencontré sur ce yacht, nous a montré une collection de vieilles monnaies siamoises qui est très intéressante. Disposées par taille, elles ont dans leur ensemble l'aspect d'une colonne vertébrale.

Jeudi, 10 *octobre*. — Ayant mal réussi nos photographies et ne sachant pour quelle cause, nous avons prié le gouverneur de nous envoyer le chef du service photographique qui nous a donné d'utiles indications au point de vue des produits et de divers autres détails Il ressort malheureusement de ses explications et de ses recherches, que nos plaques sont mauvaises, ce qui oblige à opérer dans de mauvaises conditions jusqu'à ce que nous ayons pu en faire venir d'autres d'Angleterre.

Nous avons lunché au *Gouvernement* avec lord et lady Napier, et assisté ensuite à une réception dans le jardin. Les toilettes des femmes vues sous les arbres et au milieu des plantes semi-tropicales, étaient d'un effet charmant. Dans un coin du jardin, on avait disposé des jeux pour les enfants; tous, y compris les nôtres, paraissaient s'amuser beaucoup. Lord et lady Napier sont très aimés ici; on est enchanté de les voir de retour et ce serait un véritable deuil pour la ville si les exigences de la guerre appelaient au loin le général.

Notre départ devait avoir lieu ce soir; mais nos hôtes du matin étant venus prendre le thé à bord et ayant bien voulu prolonger leur visite jusqu'à une heure relativement avancée, nous avons passé la nuit sur rade.

Vendredi, 11 *octobre*. — Pas un souffle de brise ce matin, quand nous avons levé l'ancre et établi les voiles. Aussi le coucher du soleil nous a-t-il retrouvés dans la baie, dérivant au gré du courant qui tantôt nous ramenait vers la terre, et tantôt nous en éloignait, selon la marée. Tom espérant toujours que le vent se lèverait, n'a pas voulu allumer les feux, et nous sommes restés presque toute la nuit, à la hauteur de la pointe d'Europe.

Cette journée de calme plat a été égayée par une série de rondes et autres évolutions exécutées autour du yacht par des bandes de marsouins. On les voyait plonger, filer comme des flèches, reparaître à la surface, projeter l'eau avec leurs queues, le tout dans un état d'agitation indescriptible. Des bonites, ou poissons-volants, qui ont émergé soudain du milieu de la troupe, ont encore ajouté à l'animation du tableau. Elles s'élançaient à une hauteur de quatre ou cinq pieds et retombaient dans la machoire même des marsouins, pendant que des oiseaux de proie qui planaient au-dessus de la scène guettaient une occasion de se les approprier. Leur situation n'était donc pas enviable.

Chassées sans doute par les requins du sein des ondes profondes, ces pauvres bonites n'arrivaient à la surface que pour tomber au milieu d'autres ennemis, auxquels elles ne pouvaient échapper qu'à la condition de s'exposer à devenir la proie de nouveaux adversaires. Il est difficile de donner une idée de la variété de ces ébats, et du bruit et de la confusion qu'ils produisaient.

Samedi, 12 octobre. — Une petite brise d'est a enfin gonflé nos voiles et nous a permis, sinon de faire bonne route, du moins de louvoyer. Toute la journée, nous avons été suivis, ou mieux devan-

Marsouins et oiseaux de mer.

cés, par une demi-douzaine de pilotes[1], qui réglaient leur marche sur la nôtre, nageant plus vite quand la brise fraîchissait, retardant leur allure dans le cas contraire. Parfois ils se laissaient toucher par notre proue et s'élançaient, alors, en avant pour recommencer bientôt la même manœuvre. Souvent ces poissons annoncent l'approche des requins, en sorte que l'équipage a tenu prêts la chaîne, le croc et le morceau de lard qui servent à prendre

2. Poissons.

ces affreuses bêtes; mais rien ne s'est montré. Beaucoup de navires autour de nous, à voile et à vapeur, et toute une flotte de barques. Le soir quand toutes ces coques ont arboré les feux règlementaires, vert et rouge, on eût dit comme de gros vers luisants.

Encore une menace d'abordage cette nuit. On est venu réveiller Tom sans dire pour quelle raison on l'appelait, de peur de m'effrayer; mais, quand j'ai entendu le maître d'équipage crier

Une collision menaçante.

d'une voie anxieuse « il coupe notre route », j'ai facilement deviné de quoi il s'agissait et suis montée en hâte sur le pont. Le dessin ci-joint explique la situation critique dans laquelle nous nous trouvions. Comme il n'y avait pas de brise, aucun des deux bâtiments ne pouvait recourir aux voiles pour modifier sa route et, quant au gouvernail, l'absence de vitesse sensible le rendait sans effet. A la fin cependant un petit souffle de vent qui s'est levé au bon moment, nous a permis de passer devant le gros navire; j'avoue que je poussai un soupir de joie quand j'aperçus son feu rouge.[1] Jamais

1. Les navires portent, la nuit, un feu vert à tribord et un rouge à babord; en outre, un système d'écrans empêche ces feux d'être vus autrement que du côté où ils

même je n'eusse pu supposer que la vue de cette couleur pût exciter en moi d'aussi agréables sensations. Cet incident a été, tout naturellement, l'objet des conversations du déjeuner, et Tom n'a pas caché qu'il avait partagé mes inquiétudes. « Etant les plus faibles, a-t-il ajouté, nous étions destinés à couler; seulement, en raison du beau temps, nous aurions pu amener les embarcations et nous réfugier à bord de l'autre bâtiment. » C'eut été

Barque espagnole.

une consolation; mais quelle fin de voyage, et quelle douleur de voir disparaître ce vaillant petit *Sunbeam* dans ces eaux sur lesquelles il nous a portés si souvent et si sûrement.

Dimanche, 13 *octobre*. — Nous étions, à six heures du matin, devant Almeria, grande ville située dans une plaine très fertile, que baigne la baie du même nom. Les grandes maisons blanches

sont placés. Pour apercevoir ici la lanterne rouge, il fallait donc que le yacht fût passé à bâbord de l'autre navire, ce qui écartait tout danger, vu la position indiquée par le dessin.

qui font face à la mer, ont l'air de petits palais ; un vieux château
maure, qui surgit du milieu de plantations d'orangers, donne au
panorama un cachet particulier.

A environ cinq milles du cap Agate ou de Gat, ainsi appelé en
raison des pierres précieuses qu'on y trouve, nous avons été hélés
par une barque d'où, à notre grande surprise, des hommes nous
ont offert du raisin, du melon, des grenades et toutes sortes de
légumes et de fruits. C'est aller bien loin en mer pour écouler ses
provisions ; mais, en ce qui nous concerne, les vendeurs n'ont pas
eu à le regretter. Nous leur avons même donné, par-dessus le marché, du tabac et du biscuit qu'ils réclamaient en gesticulant, tout
comme les Fuégiens du détroit de Magellan.

Les services religieux ont été célébrés aux heures habituelles.
Dans la journée, la mer a grossi, et un fort vent debout s'est levé.
De là nécessité de louvoyer, avec force virements de bord.

Rade d'Oran

CHAPITRE TROISIÈME

Lundi, 14 octobre. — Le vent demeurant défavorable, nous avons renoncé à lutter contre lui, et nous sommes entrés à Oran, ville française d'Algérie, où nous n'avions pas encore été. Bâtie sur une colline, entourée de jardins et de vallées, arrosée par les trois bras du fleuve qui la traverse, la ville a un aspect de fraîcheur et de salubrité qui fait plaisir à voir. Il faisait sombre quand nous sommes arrivés; mais le capitaine du port, qui avait vu venir le yacht de loin et qui était resté pour le recevoir, nous a très obligeamment accordé la libre pratique. Nous sommes donc aussitôt descendus à terre, et, en suivant une route flanquée de jardins dont le parfum eut été excessif, si l'on pouvait se plaindre des bonnes choses, nous avons gagné l'*Hôtel de la Paix*. Les fenêtres de cet établissement donnent sur un square planté de palmiers sous lesquels des Arabes, des Marocains, des zouaves, des nègres étaient groupés dans les poses les plus variées, pendant que des danseurs arabes se livraient à une danse qui a singulièrement amusé les enfants.

C'est aujourd'hui le dernier jour des courses, en sorte qu'il y a beaucoup de monde dans la ville. Si j'en juge par le programme, elles ont dû être intéressantes, et nous regrettons de n'y avoir pas assisté : beaucoup de courses plates, plusieurs courses au trot, et une grande fantasia pour finir. Des chefs arabes sont venus de très loin, montés sur leurs meilleurs chevaux, et suivis de toute une escorte. Après avoir lutté contre les officiers français, ils se sont livrés entre eux à leurs exercices favoris, et on sait qu'ils excellent dans l'art d'accomplir au grand galop toutes sortes de prouesses.

Mardi, 15 *octobre.* — Oran est une ville de 40,000 habitants, bâtie sur plusieurs collines. Les hôtels et les cafés y sont excellents, et des moins chers. Une des portes conduit à une vallée pleine de jardins remplis de fleurs et d'arbres chargés de fruits, où l'irrigation a été poussée à un rare degré de perfection. Bref, c'est un séjour charmant, que sa proximité de l'Europe rend encore plus appréciable. Les Anglais, néanmoins, y sont rares, à l'exception de ceux qui sont employés dans les mines situées aux environs. Il ne faut pourtant que quatre jours à une lettre pour aller à Londres, et six heures seulement pour un télégramme.

Non loin d'Oran, on trouve des points qui valent la peine d'être visités. Tlemcem, à 120 kilomètres, est une grande ville située au milieu de bois magnifiques et de forêts contenant des arbres admirables. Mansourah, une ancienne cité maure, a des carrières d'albâtre ou d'onyx, d'où l'on a extrait les grandes colonnes de l'Opéra de Paris. Le chemin de fer est terminé jusqu'à Alger et y conduit en quatorze heures, à moins qu'on ne s'arrête à Orléansville ou à Blidah, qui offrent un réel intérêt au voyageur. Mersel-Kebir, à quelques kilomètres d'Oran, est le mouillage favori des navires, mouillage sûr par tous les temps; c'est un joli but de promenade. En ce moment, trois cuirassés français viennent d'y jeter l'ancre, et nous avons songé à aller les retrouver avec le yacht; mais le vent ne souffle pas dans la direction propice, et nous avons trop louvoyé ces jours-ci pour être tentés de recommencer sans y être absolument forcés.

Mardi, 16 *octobre*. — Partis hier au soir, nous avons passé toute la journée le long de la côte, ayant en vue les monts Atlas et, à la nuit, le feu du cap Tenez. Au coucher du soleil, le ciel s'est teinté en rouge sang avec de légers nuages gris au premier plan, fragments sans doute d'un tourbillon de sable venu du grand Sahara. On nous a dit à Oran que le Vésuve était en éruption, en sorte qu'il me tarde d'arriver à Naples, bien que je ne puisse m'attendre à un spectacle comparable à celui de Kilaouéa [1]. Mais, le vent faisant défaut et Tom ne se souciant pas de recourir à la machine, la traversée paraît devoir se prolonger.

Jeudi, 17 *octobre*. — J'ai été réveillée par un chœur de cris et d'éclats de rire, combiné avec le bruit d'objets roulant de tous côtés sur le pont. En même temps, l'inclinaison du yacht me jetait presque à bas de ma couchette, et j'entendais la voix du maître de quart ordonner d'amener les voiles en pagale [2]. Les alertes de ce genre ne sont pas rares à bord et indiquent qu'un grain a fondu sur le navire à l'improviste, défiant toutes les surveillances. C'était un grain, effectivement, qui nous frappait; il a été suivi de plusieurs autres, et chaque fois on eût dit qu'une porte de fournaise s'ouvrait sur nous, tant ce vent du désert, qu'on nomme sirocco, conserve longtemps la haute température des couches de sable brûlant au contact desquelles il s'est formé. A minuit, les rafales se sont succédé avec une telle rapidité qu'on a pris une voilure de cape et tout amarré sur le pont, comme s'il se fût agi

1. Voir le *Voyage d'une famille autour du monde.*
2. Précipitamment.

d'affronter une tempête. Nul doute que cette perturbation atmo-
sphérique ne se rattache aux phénomènes météorologiques que
nous avons aperçus hier, au moment du coucher du soleil.

Il est venu toute une ménagerie d'oiseaux se réfugier à bord :
des sansonnets en nombre incalculable, quatre gros faucons, un
hibou, une linotte, un rouge-gorge, des mésanges, des grives et
bien d'autres. Ces pauvres bêtes, emportées par l'ouragan, parais-

Un marchand d'habits, en Sardaigne.

saient épuisées en se posant dans la mâture ou sur le pont, et l'on
n'avait guère qu'à étendre la main pour les prendre. On leur a
donné à manger ; mais, à part les sansonnets qui paraissent contents de leur sort, le reste est effrayé au point de refuser toute
nourriture.

Vendredi, 18 *octobre.* — Rien de particulier à mentionner.

Samedi, 19 *octobre.* — Nous étions, ce matin, à huit heures,
juste à la hauteur du cap Spartivento, le point le plus méridional

de l'île de Sardaigne. Beaucoup de tours rondes perchées au haut des pointes de la côte montagneuse et dentelée, le long de laquelle nous avons défilé ; cela rappelle l'Irlande. Vers onze heures, le yacht est entré dans la baie de Cagliari ; elle est entourée de collines, toutes surmontées de châteaux ruinés, et flanquées, à leur

Jeune Moresque, d'Oran.

pied, de petits villages plus coquets les uns que les autres. Il y avait en rade un certain nombre de bâtiments, entre autres le *Vittorio Emmanuele*, navire de guerre italien qui sert de vaisseau-école ; puis des barques de toute taille où l'on vendait, pour un shilling la livre, les plus délicieux raisins. Le docteur est descendu à terre, dès que nous eûmes mouillé, pour régler l'éternelle affaire de la patente de santé ; nous, en attendant qu'il fît moins chaud, nous sommes demeurés à bord, dessinant et prenant des photographies, à l'ombre protectrice de la tente établie sur le gaillard d'arrière.

Le sel paraît être un des principaux articles d'exportation, car on en a déjà expédié cette année plus de 175,000 tonnes ; mais le produit de ce trafic ne doit pas être considérable. Rendue le long du navire, la tonne de sel coûte 11 francs seulement, et les frais de l'évaporation dans les salines s'élèvent à 3 francs et demi par tonne, pendant que le transport du sel, des bateaux dans la cale, revient à 55 centimes par tonne. Cette dernière opération se fait de la façon suivante. Deux hommes, placés dans la barque où est le sel, remplissent des paniers et les passent à un troisième qui les dépose sur un échafaudage disposé le long du flanc du bâtiment. De là, les paniers vont à un homme sur le pont, qui verse le sel dans la cale et rejette le panier vide dans la barque. Tout cela se fait avec une extrême rapidité.

Les rues de Cagliari sont un peu comme celles de Malte, étroites et escarpées ; souvent même, ce sont de véritables escaliers. Chaque fenêtre a son balcon, balcon toujours garni de fleurs et souvent en vieux fer admirablement travaillé. Les habitants semblent faire leurs préparatifs du dimanche, car on voit, pendus devant toutes les maisons, des vêtements attachés à des cordes pour prendre l'air. En quittant le massif des petites rues tortueuses, on arrive à l'endroit où s'élevaient autrefois les fortifications ; c'est aujourd'hui une charmante promenade, dominant, sur terre et sur mer, un horizon très étendu. Il y a plusieurs de ces promenades sur les hauteurs au-dessus de la ville ; elles ajoutent beaucoup à l'attrait de la localité.

La cathédrale, le château, les palais de l'archevêque et du gouverneur sont situés sur une éminence ; autour, sont groupées les plus belles habitations. A mesure qu'on descend vers le rivage, les maisons prennent un aspect de plus en plus misérable, comme si les différentes couches sociales se trouvaient ici superposées dans leurs demeures, aussi bien que dans les autres conditions de la vie.

A l'hôtel où l'on nous avait dit de ne pas nous attendre à un grand confort, nous avons trouvé une très jolie petite salle à manger, ornée de glaces et de fleurs, et un personnel de domestiques très bien stylés, parlant, il est vrai, une sorte de patois espagnol que nous ne parvenions pas à comprendre, mais attentifs, intelligents, devinant nos désirs, ce qui est l'essentiel. Il y avait dans la salle beaucoup d'officiers italiens appartenant aux régiments de la garnison.

Dans leur costume et dans leur extérieur, les Sardes gardent la trace de leur origine mixte. Les hommes ont l'air de Grecs modernes; les femmes, habituellement coiffées de la mantille, ressemblent à des Espagnoles. Certains paysans ont des vêtements admirables et portent des bijoux en or pur, avec des perles ou des grenats, qui sont souvent d'un goût exquis. Pour les hommes, ces bijoux consistent surtout en boutons de chemise ou de gilet; pour les femmes, en boucles d'oreilles, bagues, épingles de cheveux et colliers. Nous sommes entrés dans une boutique où l'on ne vendait que de la bijouterie à l'usage des gens de la campagne, et j'ai été surprise à la fois du prix et de la beauté de ces objets.

Au théâtre, on jouait l'*Africaine*, arrangée en pièce, sans musique; mais personne de nous n'a eu le courage d'y aller.

Dimanche, 20 octobre. — Tom, les enfants et moi, nous avons assisté à la messe, à la cathédrale. C'est un très bel édifice, datant du moyen âge. Chaque chapelle est faite d'un marbre différent; le maître-autel, admirable spécimen du dix-septième siècle, est en argent massif et garni de statuettes et de candélabres de même métal. Jusqu'ici ces œuvres d'art ont échappé à la manie regrettable qu'a le gouvernement de faire argent de tout, mais il n'est pas dit qu'elles aient longtemps cet avantage. Dernièrement on a fait vendre une quantité considérable de vaisselle plate appartenant à l'église, entre autres un magnifique plat de Benvenuto Cellini que la ville et la province étaient, à juste titre, fières de posséder.

Ce sont là des procédés extrêmes qui excitent toutes sortes

de colères et de récriminations sans rapporter grand'chose ; car
je n'imagine pas que le produit de la vente faite aux dépens de
la cathédrale suffise à l'entretien, même pendant peu de jours,
d'un navire de guerre ou d'un régiment.

Le service religieux a été très solennel. Un excellent orgue et
un bon orchestre d'instruments à cordes accompagnaient les
chants. L'assistance se composait de gens de la ville, en habits
de fête, et de paysans des villages voisins dans leurs élégants
costumes. D'ordinaire, les jaquettes des femmes sont en drap
rouge, garni de galon d'or et de boutons en argent ; elles se portent
par-dessus des chemises blanches à manches ouvertes ; sur la
tête, un carré de drap rouge.qui descend jusqu'aux épaules et
un voile cachant la moitié du visage. Quelques jeunes femmes
ont des corsages ajustés en satin richement brodé, puis, par-
dessus, une veste de velours noir brodé d'or et d'argent, maintenue par une large ceinture en galon d'or. Bijoux en profusion :
chaînes, bagues et colliers. Parfois le costume est complété par
un tablier en satin blanc et un petit jupon rouge. Les boulangères
sont particulièrement bien habillées ; parmi les hommes, les marchands d'habits sont les plus soignés dans leur mise. J'oubliais de
dire que, les jours de fête, le costume masculin se compose d'un
gilet rouge, d'une jaquette bleue brodée d'argent, d'un pantalon
court, d'un jupon noir, de guêtres noires et d'un bonnet rouge.

Le service terminé, nous avons visité les chapelles ; elles contiennent de très beaux monuments d'évêques décédés. Deux statues couchées sont surtout très remarquables ; jamais je n'ai vu
l'expression et les rides de la vieillesse plus fidèlement rendues
que dans ces deux figures en marbre. De la sacristie, on a une vue
étendue, et il y a en dessous un caveau où se trouvent de très
belles tombes.

Au Musée, que nous avons visité ensuite, on montre une collection curieuse de pièces anatomiques et d'échantillons de minéraux ; mais les objets les plus intéressants sont ceux recueillis
dans l'île à différentes époques.

Il y a là un très grand nombre de reliques étrusques, romaines,

égyptiennes, telles que vases, amphores, verres, bijoux et toute une
série sans pareille de figures en bronze, d'armes et d'ornements
datant du temps de la domination phénicienne. De ces curiosités,
plusieurs viennent de figurer au congrès scientifique de Florence
et elles étaient encore dans les caisses qui ont servi à leur transport; mais le directeur du musée a eu l'obligeance de les faire
déballer et de nous les montrer. J'ai surtout remarqué dans ce lot

Amphithéâtre.

trois inscriptions phéniciennes gravées sur d'étroites bandes en
or très minces, ayant environ cinq centimètres de long sur deux de
large, qui ont été trouvées roulées dans de petits tubes portant une
figurine en haut comparable à un ancien sceau. On ne connaît
qu'une autre inscription du même genre, découverte, je crois,
quelque part dans l'île de Malte. Tout occupé qu'était le directeur
par l'arrivée des objets envoyés à l'exposition florentine, il n'en a
pas moins eu la gracieuseté de nous faire les honneurs de ses col-
lections. En nous montrant un modèle des tours rondes que nous

avions remarquées en défilant le long de la côte, il a dit qu'elles passaient pour être d'origine phénicienne et pour avoir de deux à trois mille ans. Ces tours ou *mithags*, comme on les nomme, sont extrêmement nombreuses dans l'île : on en compte plus de trois mille.

Revenus à bord, nous avons reçu la visite de plusieurs consuls, qui ont paru s'intéresser beaucoup aux aménagements du *Sunbeam*. Il paraît qu'il vient très peu de yachts ici, et j'en suis surprise. Le mouillage est excellent et il y a beaucoup de choses à voir dans l'île. Un chemin de fer conduit rapidement le voyageur à Sassari, Iglesias et Oristano, ville près de laquelle se trouve Milis, dont on parle comme d'une sorte de paradis terrestre. Cavias, à peu de distance d'Oristano, est surnommé pour la beauté de ses habitants, lesquels diffèrent du reste de la population ; ils descendent, raconte-t-on, d'un équipage anglais qui fit naufrage de ce côté, il y a un très grand nombre d'années. A Tharras, les amateurs de fouilles peuvent obtenir facilement la permission de creuser le sol et ont chance d'y trouver de rares trésors des âges les plus reculés. Partout de bonnes routes et de bons hôtels. Climat charmant, sauf en novembre et en mars où il pleut.

La Sardaigne renferme beaucoup d'antiquités datant de l'époque où elle était une colonie carthaginoise, objet de tentation pour les Romains. On y trouve même des monuments remontant à une période encore plus éloignée, notamment les *horaghes* ou tours de pierre qui sont là en très grand nombre. Comme les tours rondes d'Irlande, elles appartiennent à une époque et à une race qui n'ont pas laissé d'autre vestige et constituent pour l'archéologue autant de perpétuelles énigmes. Le *horaghe* de Sardaigne a la forme d'un tronc de cône ; hauteur de 9 à 18 mètres ; circonférence de base de 30 à 90 mètres de longueur. La tour est construite avec les rocs de la localité adjacente et couronne généralement une hauteur.

A l'issue de l'instruction religieuse faite par Tom à l'équipage, nous avons été au cimetière qui contient de beaux monuments modernes, en marbre, dûs au ciseau de Villa Giacobbe Cavalotta et à d'autres artistes romains et italiens. Parmi ces tombes se trouve celle d'Enrico Serpieri, qui fut le compagnon de Garibaldi et de Mazzini lors de la prise de Rome par les Français en 1849; splendide bas-relief. La journée s'est achevée sur les promenades publiques, où jouent de très bonnes musiques; il y avait tant de monde qu'on circulait difficilement. Il y a ici deux théâtres ouverts toute l'année et un opéra qui donne des représentations pendant l'hiver.

Rendu la liberté à nos prisonniers ailés, réconfortés, je l'espère, par leur séjour sur le *Sunbeam*. Petit à petit, ils s'étaient accoutumés à nous, au point que plusieurs venaient manger dans ma main, et j'avais presque compté que ceux-là préféreraient demeurer à bord. Mais, après quelque hésitation et divers temps d'arrêt dans la mâture, ils se sont élevés de plus en plus haut et ont fini par fuir vers les arbres de la rive.

Lundi, 21 *octobre*. — Cagliari est bâti sur l'emplacement de l'ancienne ville de Caralis; on y trouve fréquemment d'intéressantes reliques des Grecs et des Romains, par exemple, les ruines de la maison du proconsul Balbus, récemment découverte avec des mosaïques aussi bien conservées que celles de Pompéies. La gravure ci-jointe représente l'amphithéâtre que nous avons visité ce matin. Il est très vaste, renferme de larges galeries souterraines qui vont aussi loin que le rivage et, bien que les rangées de sièges soient fortement détériorées, on se représente très fidèlement l'ensemble de l'édifice, tel qu'il exista autrefois : les Romains assis dans leurs costumes de fête, le velum étendu sur leurs têtes pour les protéger du soleil, les bêtes féroces combattant dans l'arène.

Nous sommes revenus en ville pour regagner le yacht, où tous les préparatifs de départ étaient faits. L'appareillage a eu lieu à la voile et Tom manœuvrait au milieu des navires, quand des signaux partis d'une petite embarcation l'ont obligé à mettre en panne. C'était tout simplement un petit sac de voyage oublié par moi dans une voiture, que le consul nous renvoyait. Une fois l'objet à bord, on s'est remis en route, et comme il y avait beaucoup de bâtiments

au mouillage, il a fallu un certain nombre d'évolutions pour nous
sortir de la rade. Ces navires sont chargés de sel et vont presque
tous en Suède et en Norvége, d'où ils rapportent du poisson salé
et de la glace qui sont conséquemment en abondance ici. Pour une
raison analogue, on trouve souvent de très bon vin d'Espagne
dans de petits villages de la Norvége ou de Terre-Neuve; il pro-
vient des navires qui ont été porter de la morue dans les ports
espagnols.

Le *Vittorio Emmanuele* a appareillé en même temps que le yacht,
et nous nous promettions d'engager avec lui une lutte de vitesse.
Mais le vent est tombé très peu de temps après notre départ; et
nous sommes restés en calme toute la nuit.

Baie de Naples.

CHAPITRE QUATRIEME

NAPLES, POMPEÏES, PŒSTUM, CAPRI, MESSINE ET CHYPRE

Mardi, 22 Octobre. — A six heures du matin, nous étions encore entre les caps Spartivento et Carbonara. Trois heures plus tard une petite brise s'est levée, qui s'est faite peu à peu et nous a poussés lentement jusqu'au soir où elle est tombée de nouveau.

Mercredi, 23 Octobre. — Journée de calme ou de brise variable, avec une grosse houle dans trois directions différentes. Sans doute, il y aura eu à la fois un sirocco en Afrique, un fort vent d'ouest dans le détroit de Gibraltar et une tempête dans le golfe du Lion. Au coucher du soleil, on voyait l'île d'Ischia et le sommet du Vésuve; à huit heures, le phare de l'île Ponza, juste devant Gaëte.

Jeudi, 24 *Octobre*. — Ciel gris et pluvieux, en dépit duquel Naples, avec ses promontoires et ses îles, conservait son aspect enchanteur. Je ne sais vraiment pas de spectacle au monde qui puisse être comparé à ce panorama, au point de vue de la grandeur de la scène et de la variété des couleurs. Beaucoup de navires sur rade, entre autres l'*Himalaya*, de notre marine, qui est ici aux ordres du premier lord de l'amirauté. Les marins italiens n'ont pas l'air d'apprécier le proverbe qu'il ne faut jamais mettre trop d'œufs dans le même panier, car ils sont en train de construire trois navires cuirassés absolument identiques l'un à l'autre. Ce sont certainement de formidables combattants; toutefois la moindre torpille peut les faire sauter, et chacun d'eux revient à une vingtaine de millions. Je crois que Tom a raison de préférer beaucoup de petits navires très forts et très rapides, à quelques gros bâtiments. Dès que le temps s'est éclairci, le yacht a été entouré de barques pleines de toutes sortes d'objets, fruits, fleurs, coraux, sans parler des commissionnaires, des blanchisseuses et des joueurs de guitare ou de flûte. Quelques-uns de ces gens sont montés sur le pont, armés de certificats délivrés par nous en 1874, et parmi eux Luigi, le cicerone, et Berta Fasalta, la blanchisseuse, qui se sont emparés de nos personnes et de notre linge en jetant à leurs camarades des regards de triomphe et de défi. Cette petite scène, prise sur le vif, n'a pas laissé d'être amusante.

Après avoir été luncher à l'*Hôtel de Russie*, nous sommes allés en voiture à San Martino, réputé depuis le quatorzième siècle pour la beauté de son site et la richesse de son couvent. Comme tous les autres monastères du pays, celui-ci a été passablement dépouillé dans les dernières années; mais les murs en marbre sculpté, les boiseries en bois travaillé, les fresques, les peintures de Spagnoletto et de Luini suffisent à attirer le visiteur. Les cloîtres en marbre blanc, au centre desquels on enterrait les religieux, sont superbes; pour les enfants, les trappes par lesquelles on donnait à manger aux moines complètement séparés du monde, ont eu un immense intérêt. Mais l'admirable vue est certainement le grand attrait de cette excursion.

Vendredi, 25 Octobre. — Départ le matin pour Pompeïes et déjeuner à l'*Hôtel Diomède*, auprès de la gare du chemin de fer. Les ruines de la ville autrefois ensevelie, sont maintenant entourées d'une espèce de mur qui rend la surveillance plus facile; on paie deux francs par personne pour entrer, et un soldat sert de guide à chaque bande de visiteurs. Les domestiques et une partie de l'équipage qui sont venus après nous, envoyés par Tom, ont paru s'amuser beaucoup.

On fait en ce moment de nouvelles fouilles qui coûtent fort cher et qui amènent, en revanche, à découvrir des choses du plus haut intérêt; mais les étrangers sont difficilement admis à assister à ces travavaux et, sans la chance que nous avons eue de voyager dans le même train qu'un des ingénieurs, nous n'aurions probablement pas pu être témoins de ces curieuses opérations. Grâce à l'obligeance de notre compagnon de route, nous avons été conduits à l'endroit où l'on creuse et où des hommes étaient en train d'achever le déblaiement d'un magnifique pavé en mosaïque, au centre d'une grande maison. Tout d'abord, le travail n'a pas offert grand intérêt, les pioches ne découvrant que des débris de la toiture ou des tuyaux et des robinets, comme si les anciens habitants de la ville étaient plus avancés que les Italiens d'aujourd'hui sous le rapport des conduits d'eau. Mais bientôt on a trouvé une grande amphore, des bouteilles, des tasses de forme exquise, des poids; puis, après une nouvelle couche de cendre, un magnifique vase en argent, plusieurs vases en bronze, et un petit lot de pièces de monnaie en cuivre et en argent mêlées à un trousseau de clefs. Nouvelle couche de cendre, suivie de la découverte d'un collier de boules d'or et d'agate, d'un ornement en cristal de roche et de toutes petites bouteilles de cristal attachées avec un ruban d'or. Un vase en verre, d'une forme charmante, s'est brisé dès qu'on a voulu le prendre, quelque soin qu'on y ait mis. Après d'autres trouvailles sans importance, on arriva au mur de la maison et la fouille fut interrompue.

Les hommes semblent avoir acquis un flair particulier qui leur fait deviner les endroits où leur pioche doit se porter; il y en a qui disent, selon la couleur de la cendre qui entoure un objet, de quelle matière il est fait. J'aurais voulu acheter un petit souvenir de cette fouille ; mais les ordres du gouvernement s'y opposaient formellement. C'est donc les mains vides que je suis remonté, dans la *portantina* ; les chiens fatigués de leur immobilité aboyèrent de joie, et nous revînmes à la gare, à travers les rues silencieuses, pour prendre le train de deux heures qui devait nous déposer à Vietri.

Si monotones que puissent être pour le lecteur les exclamations qu'il rencontre fréquemment dans ce livre, à propos des divers paysages qui se déroulent successivement devant moi, je ne puis me dispenser d'un nouveau point d'admiration, en face du magnifique tableau qui s'offre au voyageur sur le seuil de la gare de Vietri. D'un côté le golfe de Salerne, de l'autre celui d'Amalfi, avec des falaises rouges chargées de verdure et d'orangers ; partout le bleu de la mer, et

Escalier, à Anacapri.

le bleu du ciel. On arrive à la ville en passant sous d'admirables viaducs, sur lesquels le chemin de fer traverse la vallée, et on trouve à Salerne une très belle cathédrale, bâtie en 1804 par Robert Guiscard, avec les ruines de Pœstum et d'autres temples voisins.

Samedi, 26 octobre. — Lever de grand matin, et départ de bonne heure, par un train qui emmenait à Naples, pour y être jugés, un certain nombre de bandits pris quelques jours auparavant. De bonne mine, convenablement vêtus, ces gens causaient et riaient le plus tranquillement du monde, avec leurs gardiens et avec les personnes rassemblées autour de leur groupe. On les a fait pour-

Exposition de portraits.

tant monter dans un wagon particulier, et nous les avons quittés à Battipaglia, d'où une voiture nous a conduits à Pœstum, au milieu d'un pays remarquablement plat. Le trajet dure environ deux heures et demie.

Les trois célèbres temples que nous sommes venus voir, méritent toute la peine que nous avons prise à leur endroit. Le *temple de Cérès* est un petit bijou ; celui *de Neptune* est plus grandiose et son aspect est encore rehaussé par l'admirable vue qu'il domine. Nous avons lunché sur les marches de *la Basilica*, à l'endroit où se déroulèrent jadis de splendides cérémonies, et après avoir cueilli des fleurs et pris des photographies, nous sommes revenus à Battipaglia. Nous sommes maintenant rentrés à Naples.

Dimanche, 27 octobre. — Le service religieux célébré à l'église anglaise, a rempli la matinée. Dans l'après-midi, nous avons promené en voiture sur *la Chiaja*, en poussant jusqu'à Pausilippe et vers l'île de Nisida. Que tout cela est donc beau! Ce soir, le sommet du Vésuve semble plus rouge que de coutume ; malheureusement la lave coule de l'autre côté de la montagne, en sorte que l'intérêt du spectacle est à moitié perdu.

Il y a à Naples de véritables manufactures de portraits d'après nature, et nos hommes en ont profité, d'abord pour se faire peindre, ensuite pour faire reproduire les photographies de leurs mères, femmes, sœurs ou fiancées. Ce matin on s'est livré à une exposition générale, chacun donnant son avis sur la question de ressemblance.

Femme de Capri.

Lundi, 28 octobre. — Encore un départ matinal à travers les villages de Resina et de Portici, pour gagner l'Hermitage sur la route du Vésuve. Le chemin est triste et désert ; mais, partout où la lave s'est décomposée, une végétation luxuriante a surgi comme par enchantement. La trace des deux derniers débordements volcaniques se voit distinctement, et l'on rencontre de ci, de là, des maisons crevassées ou effondrées. Des gamins vendant des figues, des pains et du raisin, nous ont accompagnés très loin.

En arrivant à l'Hermitage, nous avons pris des chevaux pour gagner le pied du cratère ; puis une *portentina* m'a portée au haut du cône, pendant que les autres y arrivaient en s'aidant de crochets et de bâtons. Il ventait beaucoup et nous étions presque aveuglés et suffoqués par les vapeurs sulfureuses. Ce que voyant, mes porteurs m'ont ramenée en arrière à travers la fumée, et comme je sentais leurs pieds s'enfoncer sous eux, j'ai passé un mauvais quart d'heure. Après avoir contemplé en silence l'étonnant spectacle qui s'offrait à nous, nous avons descendu le flanc du volcan, les uns courant, d'autres glissant, d'autres plus prudents jouant du bâton pour ne pas aller trop vite. En dix minutes, nous étions tous en bas et nous reprenions les chevaux pour aller à l'observatoire, où l'on montre une collection de minéraux lancés par le Vésuve à différentes époques, y compris des échantillons regardés comme provenant des points très éloignés du globe. Il y a dans cet établissement un appareil électrique très curieux, qui appelle l'attention, au moyen d'une sonnette, sur les plus petites perturbations volcaniques du sol, et qui enregistre en même temps, de la façon la plus précise, l'heure, la durée, la force et la direction du phénomène.

Mardi, 29 *octobre*. — Il a plu toute la journée, mais sans inconvénients pour nos projets, puisque le temps s'est passé en partie dans les musées. Le soir, nous avons été à une réception chez le consul d'Angleterre et, quand nous sommes revenus à bord, le ciel s'était tout à fait éclairci. Je viens de regarder le Vésuve : on dirait une colonne de feu.

Mercredi, 30 *octobre*. — Nous avons pris à Santa Lucia le petit steamer qui conduit à Capri et, comme le vent d'hier avait grossi la mer, la traversée n'a pas été aussi plaisante qu'elle eût pu l'être dans les conditions habituelles. Presque tous les passagers ont été affreusement malades; quelques-uns ont préféré s'arrêter à Sorrente, où l'on fait escale, et renoncer à voir Capri plutôt que de rester exposés plus longtemps au roulis et au tangage. Bien leur en a pris, car, à partir de Sorrente, la mer est encore devenue plus dure; le capitaine cherchait à s'abriter en se tenant le plus près possible de la terre; si une avarie était arrivée à la

machine, nous aurions été à la côte en un clin d'œil. Naturellement, le débarquement ne s'est pas opéré sans difficulté ni même
sans danger ; mais, une heure plus tard, tout était oublié et, grimpés
sur des ânes, nous gagnions Capri, capitale de l'île, pour aller
ensuite au Saut de Tibère, précipice de plus de deux cents mètres,
droit au dessus de la mer. Une bonne vieille italienne qui tient
auprès de là une sorte de restaurant, nous a vendu de délicieux

Capri

raisin, qu'elle appelait *fragola*, à
cause de son parfum rappelant celui
de la framboise.

Ce soir, après dîner, des paysans ont dansé en notre honneur la tarentelle, au son de deux tambourins. Il y avait cinq
couples qui se remplaçaient, à mesure que l'un se retirait
littéralement épuisé par la danse. C'était un tableau des plus
gracieux, qui paraissait divertir les acteurs autant que les spec-
tateurs.

Le Vésuve était magnifique. Gerbe de feu au sommet, traînée
rouge de lave sur le flanc. J'ai fait rouler mon lit près de la fenêtre,
pour jouir de cette vue jusqu'au moment où je dormirais ; aussi,

ai-je retrouvé successivement en rêve tous les volcans de ma connaissance.

Jeudi, 31 *octobre*. — Endormie en regardant le Vésuve, je me suis réveillée ce matin pour voir le *Sunbeam* sortant du port de Naples. Bientôt Tom est venu nous rejoindre; mais, comme il faisait gros temps, il a laissé les enfants à bord, et c'est seulement plus tard qu'à la faveur d'une accalmie on les a envoyé chercher.

Cap Spada.

Dans la journée, nous sommes allés à Capri et de là à Anacapri, par une très belle route taillée dans le roc, qui a malheureusement le tort d'avoir fait disparaître en partie un escalier singulièrement pittoresque, à l'aide duquel on communiquait autrefois entre le haut et le bas de l'île. Anacapri est un petit village, avec une grande église où l'on se préparait à célébrer la fête de la Toussaint; auprès, on trouve le mont Solaro, remarquable par la vue étendue qu'il domine. En revenant à Capri, nous avons trouvé les enfants qui partaient en promenade, grimpés sur des ânes; mais nous ne les avons pas accompagnés, et, après quelques achats de corail noir, qui est la spécialité de l'endroit, nous avons rejoint le yacht. Le soir, nous reprenions la mer.

Vendredi, 1ᵉʳ novembre. — Bon vent, mais grosse mer, toute la matinée. Dans l'après-midi, calme ou brises folles. Le volcan de Stromboli a été enveloppé de nuages toute la journée; mais, le soir, il s'est illuminé de gerbes de feu, qui formaient un superbe contraste avec le ciel noir.

Samedi, 2 novembre. — Au petit jour, le yacht entrait dans le détroit de Messine; à huit heures, il doublait le Faro et dépassait bientôt Charybde et Scylla, pour mouiller ensuite dans le port de Messine, où l'embarcation du consul nous a vite mis en possession de nos lettres et de nos journaux. Il faut avoir voyagé pour comprendre toute la joie que cause l'arrivée du courrier, apportant des nouvelles de ceux qu'on a laissés derrière soi. Nous sommes descendus à terre juste le temps de donner aux enfants le plaisir d'une promenade à âne, et nous nous sommes remis en route. Le vent était bon, mais le baromètre baissait. Au large du cap Spartivento, la mer est devenue si forte que nous avons songé à rebrousser chemin. On s'est pourtant décidé à continuer, et il s'en est suivi une nuit atroce, durant laquelle personne n'a pu dormir.

Dimanche, 3 novembre. — Temps moins dur qu'hier; mais j'ai été si malade qu'il m'a été impossible de me lever. On a dit les prières d'usage, et on s'est couché de bonne heure pour se dédommager de l'autre nuit. Malheureusement, le dédommagement a laissé à désirer, vu la persistance du gros temps.

Lundi, 4 novembre. — Nous étions, à midi, en vue de l'île de Crète. Avant le dîner, on apercevait le feu de la Canée, et un peu plus tard on a reconnu celui de la baie de Suda. Tom a pensé un instant à mouiller dans cette rade; mais, le vent étant bon, il s'est décidé à continuer vers Chypre. Je l'ai regretté, car j'eusse aimé à visiter la Crète, auprès de laquelle nous avons passé lors de notre voyage autour du monde, et dont la vue nous a laissé alors d'attrayants souvenirs. En ce moment, le yacht défile le long de la côte nord de l'île ; mais il fait trop sombre pour apercevoir quoi que ce soit.

Mardi, 5 *novembre*. — Excellente journée pour naviguer à la voile : bonne brise et mer calme. Nous filons de dix nœuds et demi à onze nœuds, sans être aucunement secoués.

En honneur du 5 novembre, on a installé un *Guy Fawkes*[1] que l'équipage a promené sur le pont au bruit d'un orchestre improvisé. Notre petit monde a été ravi, et l'excitation a été à son comble, quand le mannequin a disparu dans un baril de matières inflammables auxquelles on a mis le feu en le jetant par-dessus le bord.

Mercredi, 6 *novembre*. — Il a fallu allumer les feux dans la journée, pour être sûr d'arriver à Chypre demain matin. La nuit a été charmante ; nous avons pu faire notre partie de whist sur le pont, au clair de la lune.

1. Conspirateur anglais dont on promène l'effigie dans les rues de Londres, le 5 novembre, date du complot ourdi par lui, complot qui porte le nom de *Conspiration des poudres*.

Boucle d'oreille de Curium.

Paphos.

CHAPITRE CINQUIÈME

L'ILE DE CHYPRE, PAPHOS, LIMASOL, LARNAKA

Jeudi, 7 novembre. — Lorsque je suis montée sur le pont, à six heures, ce matin, on avait déjà reconnu le cap Arnauti, extrémité occidentale de l'île de Chypre, et nous approchions rapidement de Paphos. La côte est élevée, rocheuse et nue pour le moment; mais il est probable qu'elle perd cet aspect aride durant la belle saison. Mer et ciel étaient d'un bleu irréprochable ; la brise ridait à peine la surface de l'eau et gonflait gracieusement nos voiles. Au large, un grand navire de guerre avec lequel nous avons échangé nos numéros. C'était le *Minotaure*, bâtiment amiral monté par lord John Hay et attendant des embarcations envoyées à terre. L'amiral nous ayant fait le signal : « Voulez-vous venir déjeuner à bord, » Tom a répondu : « Avec plaisir, » et s'est rendu aussitôt sur l'énorme vaisseau, où nous avons tous été le rejoindre un peu plus tard.

L'accès d'un navire est souvent difficile pour une femme. Ici, la difficulté se compliquait, parce que le *Minotaure* étant sous vapeur et presque en route, les échelles avaient été rentrées, si bien qu'on ne pouvait arriver sur le pont qu'en s'aidant des taquets en bois qui forment escalier le long de la coque. J'ai toutefois préféré ce moyen à la chaise en corde, avec laquelle on m'offrait de me hisser du bout d'une vergue, et mon ascension s'est opérée sans encombre sur le dos des matelots, pendant que celle des enfants se faisait avec non moins de sécurité. Le *Minotaure* est un superbe bâtiment qui fait honneur à notre marine; il y a, à l'arrière, une élégante galerie ; les officiers sont bien logés : canons, pont, entrepont, tout est d'une propreté irréprochable, malgré la présence d'un certaine nombre de chevaux et la transformation d'une partie du navire en hôpital pour les convalescents renvoyés de Chypre. Deux officiers, l'un Japonais, l'autre Chinois, font partie de l'état-major. Le dernier, qui passe pour être malade, est affreusement troublé par la crainte des tortures éternelles qui l'attendent, si son corps n'est pas envoyé à Canton pour y être inhumé dans le cimetière sacré situé près de cette ville. Il aurait dû envisager cette éventualité avant de demander à servir dans notre armée de mer; mais ce n'est peut-être pas une raison pour refuser de rassurer ce moribond en lui faisant une promesse qui, impossible à tenir, j'en conviens, donnerait néanmoins un peu de calme à ses derniers moments.

Tout le monde, sur le *Minotaure*, se plaint du climat de Chypre et semble heureux de quitter l'île. M. Hepworth Dixon, qui vient de passer trois mois dans ces parages, nous a donné d'intéressantes indications; entre autres choses, il recommande de se défier des chevaux qui sont extrêmement ombrageux. Dès que nous avons été de retour sur le yacht, l'amiral nous a rendu notre visite; puis il a fait route vers Malte, pendant que nous allions mouiller devant Paphos, sous les plis du drapeau anglais qui flotte sur la tour carrée du vieux fort. Le long de la rive croissent des arbres qui occupent l'emplacement des jardins de l'ancien *Temple de Vénus*, et les ruines du temple lui-même se montrent un peu au delà. Sur les collines au-dessus, on aperçoit le petit village de Ktima avec sa mosquée et son minaret, mêlés aux tentes blanches d'un de nos régiments. Plus loin encore se profilent les montagnes faisant partie de la chaîne à laquelle appartient le mont Olympe.

Dans l'après-midi, dès qu'il a fait plus frais, nous avons été à terre, munis de nos brides et de nos selles. Des chevaux nous attendaient sur le rivage, avec des ânes destinés aux enfants, et nous sommes tous partis pour les ruines de Ktima. A part quelques fragments de colonnes en marbre, des sarcophages, des tables de pierre avec des inscriptions, il n'y a pas grande curiosité à voir en fait de souvenirs d'autrefois, quoique le sol soit parsemé de débris de toutes sortes. Le *Bain de Vénus* est intact, alimenté par une eau pure; la colonne où saint Paul fut attaché et fouetté, pour avoir prêché l'Évangile, nous a été également montrée.

Près de ces ruines se trouve un petit village turc, entouré de jardins pleins de fruits. Nous avons visité la prison, le tribunal et le bazar dont les boutiques commençaient à se fermer, vu l'approche du coucher du soleil. Un régiment anglais est campé dans le voisinage. Les hommes y ont maintenant des baraques ; mais ils ont couché longtemps soit sous la tente, soit sur le sol, et il en est résulté une épidémie de fièvres. En ce moment encore, la maladie persiste, et le docteur est désolé, parce qu'il manque de médicaments.

Nous sommes revenus au clair de la lune, et, en attendant l'embarcation qui nous a ramenés à bord, nous avons eu une longue conversation avec un Grec nommé Peter, qui parle italien et qui tient une cantine à l'usage des troupes. Les prix se sont élevés depuis l'arrivée des Anglais, mais ils sont encore très modérés. Un poulet vaut 25 sous; un dindon, 3 fr. 75; un mouton, 10 fr. 25; les œufs, de 11 à 12 sous la douzaine.

Non loin d'ici, on trouve les célèbres mines de diamants de Paphos, lequel diamant n'est, en réalité, qu'une variété du cristal de roche. Les mêmes gisements contiennent la curieuse substance qu'on nomme l'asbeste, sorte de filament inaltérable au feu.

Vendredi, 8 novembre. — En route à la vapeur, dès sept heures du matin, le long d'une côte montagneuse et rocailleuse, dont la nudité est coupée çà et là par des bouquets d'arbres et des coins de verdure. Près du cap Blanco, qui s'élève à pic au-dessus de la mer, on voit la ville moderne d'Episkopi, où le général Cesnola a trouvé, sous les ruines de l'ancien temple, trois pièces pleines de vases d'or et d'argent, de broches, de colliers, d'ornements de toutes sortes. L'explication de cette trouvaille est que les habitants, menacés d'une invasion, cachèrent leurs trésors sous le temple et furent ensuite exterminés ou emmenés en esclavage, sans laisser derrière eux le secret de leur cachette.

Visite au *Minotaure.*

Le yacht a dépassé ensuite les caps Zeogari et de Gatto, dont le dernier tire son nom d'une race de chats sauvages qu'on prétend avoir été emportés autrefois par les moines du monastère de Saint-Nicolas, pour détruire les aspics qui infestaient l'île. Ces deux caps forment les extrémités méridionales d'un long promontoire, qui entoure un grand lac salé susceptible de devenir un très bon havre, si on le reliait à la mer. Il est voisin de Limasol, le port le

plus important de l'île, où les navires viennent prendre le vin qui
se recueille dans les environs et qui passe pour le meilleur de
Chypre. Là était jadis l'établissement des chevaliers de Saint-Jean,
et on s'accorde à dire que c'est la région la plus fertile de ces parages. Mais quelle incurie de la part des habitants ! Les bestiaux galo-

Larnaka.

pent à volonté dans les vignes,
et le raisin gît à terre sans qu'on
se préoccupe de le ramasser. Quand
pourtant on se décide à la récolte, les
grappes sont écrasées et mises à fer-
menter dans de grandes jarres capa-
bles de contenir Ali Baba ou l'un quelconque de ses quarante
voleurs. On répète l'opération trois ou quatre fois, puis le vin est
déclaré bon à vendre; le prix moyen est de deux sous, pour
une mesure d'environ trois litres. Il paraît que c'est une boisson
très saine; mais, comme il lui faut cent ans pour acquérir toute
sa vertu, ses qualités hygiéniques doivent être difficiles à apprécier, et en attendant, son goût est loin d'être agréable: on dirait
du goudron sucré. Le raisin est le même que celui de Madère;

lorsque les vignes périrent dans cette île, il y a quelques années, les prêtres grecs envoyèrent des plants de Chypre pour les remplacer.

Limasol, où nous sommes arrivés vers dix heures, est une ville blanche, longue et basse, située sur le bord de la mer, avec des minarets et des dômes au-dessus des maisons et des palmiers. Rien de plus bleu que le ciel et l'eau, ce matin; en revanche, chaleur étouffante. En débarquant, nous avons trouvé les restes d'un arc de triomphe dressé à l'occasion de la récente visite du Gouverneur et des lords de l'Amirauté, et le maire est accouru, suivi de toute une foule, croyant sans doute avoir affaire à de nouveaux visiteurs de distinction qu'il s'agissait de haranguer. Un léger désappointement s'est manifesté, lorsqu'on a su que nous étions de simples voyageurs à la recherche de montures; puis le maire et quelques-uns de ses administrés nous ont accompagnés dans la ville, et de là à un vieux fort, moitié vénitien, moitié turc, d'où l'on a une très belle vue.

Au cours de cette promenade, le colonel Warren, commissaire du gouvernement anglais, avec lequel nous avons voyagé en Russie, nous a fait inviter à luncher. Lui-même est venu nous rejoindre quelques instants plus tard, et il nous a appris qu'il arrivait d'une excursion de trois jours dans les montagnes, qui lui a laissé les meilleures impressions. Le sol, dit-il, est entièrement fertile, et la vigne y pousse en abondance. Nous l'avons accompagné à l'hôtel du *Gouvernement*, où le Commissaire adjoint est gravement malade d'une fièvre typhoïde. Un docteur qu'on a mandé de Larnaka craint d'avoir été appelé trop tard; l'absence de médicaments ajoute encore à ses appréhensions. Heureusement que nous avons pu lui en procurer quelques-uns. Quand nous sommes rentrés à bord, le maire s'est retrouvé là; il nous a offert des échantillons de vieux verre, qui abonde dans les tombes près d'ici. Je crois que les fouilles sont maintenant interdites, le gouvernement voulant se réserver ce soin.

Limasol est une jolie petite ville; mais la fièvre y sévit parmi les Européens. A peu de distance, on voit l'emplacement de l'ancienne ville d'Amathus et, un peu plus loin, le cap Kiti où s'élevait autrefois Citium, bien que certains auteurs le placent plus près de Larnaka. Nous avons échangé avec le colonel des journaux contre de vieux pots et des vases en terre extraits des tombeaux ; c'est un singulier marché, où l'on serait en peine de nommer le gagnant. Ce soir, nous avons mangé des becfigues conservés, très communs dans ces parages-ci et délicats, je n'en doute pas, s'ils étaient préparés autrement. Mais le vinaigre du pays dans lequel on les plonge, à peine tués, nuit singulièrement à leur valeur culinaire. La renommée de ces bêtes date des âges classiques ; on

Boucle d'oreille de Curium.

en faisait grand cas, notamment, à l'époque des Croisades, sans doute parce qu'on les conservait dans le vin fabriqué par les chevaliers de St-Jean.

Vers neuf heures, nous étions devant Larnaka et à deux heures nous jetions l'ancre auprès de deux navires de guerre, le *Raleigh* et le *Humber*. Un officier est venu se mettre à notre disposition et nous a appris que la guerre était officiellement déclarée à l'Afghanistan.

Samedi, 9 novembre. — Tous les navires de la rade se sont pavoisés ce matin, en honneur du jour de naissance du prince de Galles. Le maître du port est venu de bonne heure nous donner la *libre pratique*, et peu après un messager de lord Lilford s'est mis à notre disposition. Il dit que l'état sanitaire laisse à désirer, ce qui n'est pas surprenant avec la chaleur qu'il fait.

Nous avons reçu un télégramme de Sir Garnet Wolseley, nous invitant à le rejoindre au camp du Monastère près de Nikosia, et nous nous sommes mis en route, dès qu'on a pu réunir le nombre de montures nécessaires à notre caravane. Pendant que les préparatifs s'effectuaient, j'ai fait un tour dans Larnaka. C'est une bien pauvre ville, quoiqu'elle ait déjà embelli depuis l'arrivée des Anglais. La mer baigne presque le pied des maisons; en certains endroits, il faut faire un détour par les rues de derrière, pour pénétrer dans son logement. Bon nombre de marchands sont accourus ici avec des provisions, dans l'espoir de faire fortune; il est probable que beaucoup auront des mécomptes, puisque le chiffre des troupes envoyées est sensiblement inférieur à celui qu'ils avaient prévu. En attendant, on peut se procurer à Larnaka tout ce que l'on veut, et même ce que l'on ne désire pas : car la fièvre y règne d'une façon désolante et il semble difficile de séjourner en ville, sans s'en ressentir plus ou moins, si j'en juge par les mines des gens que j'ai rencontrés.

Nous sommes partis vers trois heures, en passant près d'une mosquée turque, où la légende prétend que la nourrice de Mahomet est enterrée. Un peu plus loin, on nous a montré un couvent catholique, appelé la Montagne de la Croix, qui renferme des Sœurs de charité dont on loue beaucoup le zèle et le dévouement. Au sortir de la ville, la route débouche sur des plaines arides et il en est ainsi jusqu'à Nikosia. Pas une trace de culture, sauf aux abords de deux ou trois petits villages qui sont flanqués de jardins. A Furin, nous avons changé de chevaux, et nos gens se sont rafraîchis dans une auberge improvisée par un forgeron et un plombier anglais qui, ne trouvant pas à exercer leur profession, ont installé une guinguette à l'usage des voyageurs altérés par la poussière du chemin. Autre relais à Athenin. La route est détestable ; les mules et les chevaux laissent à désirer. Une fois, nous avons failli verser sur un âne mort qui est là, paraît-il, depuis deux jours sans que personne songe à l'enlever.

Les employés de l'*Eastern Telegraph Company* sont échelonnés sur la route, occupés à remplacer les poteaux télégraphiques en bois, par d'autres plus solides, en fer. Des caravanes de chameaux, rapportant les produits de l'intérieur, et de longues files de voitures allant chercher des approvisionnements pour le camp, nous ont croisés a tout moment. Aussi le voyage a-t-il été long et fatigant.

Boucle d'oreille en or.

Ruines de Famagouste.

CHAPITRE SIXIÈME

NIKOSIA, MATHIATI ET FAMAGOUSTE

Il faisait noir, si noir qu'on ne distinguait pas le pays autour de soi, quand nous sommes arrivés aux portes, déjà fermées, de Nikosia Après un certain temps employé à frapper et à crier pour tâcher de réveiller quelqu'un, un vieux Turc s'est montré avec une lanterne et les clefs, et nous a laissée entrer. L'air était légèrement froid, et les couvertures qu'on nous avaient recommandé d'emporter n'ont pas été de trop sur nos épaules. Vus au clair de la lune, la porte et les murs hauts et épais de la ville, semés de canons vénitiens, étaient d'un grand effet; mais les rues étroites, sales et

tortueuses où les chiens erraient en hurlant, et la masse confuse
des palais, des minarets et des mosquées. produisaient plutôt une
impression de tristesse. A la fin, notre cocher nous a arrêtés devant une espèce de café, en déclarant qu'il n'irait pas plus loin,
et il s'est mis en devoir de dételer les chevaux.

A qui parler? Un groupe de gens attardés s'était bientôt
formé autour de nous; mais chacun cherchait à nous emmener de
son côté, et les mots de Gouverneur, Pacha, Sir Garnet Wolseley,

Arrivée à Nikosia.

le Monastère, le Camp, que nous essayions successivement, n'avaient
d'autre effet que d'augmenter l'embarras général. Quelqu'un s'avisa
d'aller prévenir un maître d'hôtel allemand, qui voulut nous
attirer chez lui, en alléguant que le camp était encore loin de nous.
Cet incident mit le comble à la confusion ; on s'empara de notre
bagage et nous allions nous décider à passer la nuit à l'hôtel,
lorsqu'un ami de l'Allemand nous fit comprendre que le quartier
général n'était pas très éloigné et s'offrit à nous montrer le chemin.
Effectivement, nous eûmes bientôt rencontré un soldat du génie

qui avait été envoyé au devant de nous, et peu de temps après nous arrivions au camp, où le général nous attendait avec nos amis, le colonel Brackenbury, le colonel Dormer, le capitaine Wood, lord Gifford, M. Herbert, etc., qui avaient fait de leur mieux pour nous ménager une réception convenable. Trois baraques étaient à notre disposition, meublées de tous les objets qu'on avait pu réunir dans le camp. Un excellent dîner avait été préparé à notre inten-

Recherche d'un pilote.

tion. Nous étions loin de compter, sinon sur autant de prévenances, du moins sur une hospitalité aussi confortable.

Dimanche, 10 *novembre*. — Dormir enveloppé de six couvertures et se réveiller avec une sensation de froid à cinq heures du matin, est un fait nouveau pour nous, surtout après les grandes chaleurs que nous venons de traverser. L'air est resté frais jusqu'à neuf heures; puis il a fait extrêmement chaud. Ces brusques changements de température doivent être bien difficiles à supporter, lorsqu'on y est constamment exposé. Nous avons reçu notre bagage

dans la matinée, mais il a fallu que lord Gifford prît la peine d'aller
le chercher jusqu'à Nikosia. Les muletiers qui avaient accepté de
l'apporter buvaient ou dormaient dans une auberge, sans se préoccuper autrement de leur mission, quand notre ami, ayant eu la
chance de les découvrir, les obligea à continuer leur route.

A l'issue du premier déjeuner, nous avons été voir le monastère grec qui donne son nom au camp : édifice ancien, renfermant
une chapelle et de nombreuses cellules, dont quelques-unes servent
de bureaux au général en chef, quand il fait trop chaud sous la
tente. L'archimandrite, ou archevêque de Chypre, nous a fait les
honneurs du couvent, escorté d'une suite de prêtres. C'est un
beau vieillard, d'environ soixante-dix ans, aux yeux noirs perçants
et à longue barbe grise, digne et affable dans ses manières : un
vrai type de patriarche grec. La chapelle est ornée, entre autres
choses, d'un écran en bois doré, servant de cadre à diverses
peintures très remarquables, du genre byzantin, que surmontent des
tableaux en pieds des apôtres. Singulière installation que celle de
la chaire ! On y arrive par une sorte d'ascenseur qui, une fois abaissé,
laisse le prédicateur sans communication avec le sol. Nous avons
pénétré dans les appartements de l'archimandrite, où l'on nous a
offert des sucreries, de l'eau fraîche et du café turc. Du balcon on
domine tout le camp et l'on découvre Nikosia, dont les églises
blanches et les mosquées se détachent sur le ciel bleu et paraissent
surgir d'un massif de verdure. Plus loin, on aperçoit le Pentadactylon,
ou montagne aux cinq doigts, qu'on retrouve du reste au fond de
tous les paysages de l'île. L'archimandrite est le chef spirituel de
Chypre ; son principal couvent, Kikko, est plus haut dans la montagne, mais, il réside généralement ici. Il a été très aimable et m'a
fait don d'une magnifique éponge de Kyrenia. On nous a raconté
qu'avant de laisser hisser le drapeau anglais qui flotte maintenant
sur son monastère, il avait tenu expressément à le bénir et qu'il
avait fait venir de Kikko, pour cette solennité, son costume de gala.

Comme il faisait trop chaud pour poursuivre notre promenade,
nous sommes revenus lire et écrire dans nos baraques. Mais nous
n'avons pu y séjourner longtemps à cause de la température, et

nous avons été chercher refuge sous des oliviers, éventés par une petite brise fort plaisante.

Bien qu'il n'y ait pas d'accumulation d'hommes au camp en ce moment, les maladies continuent à y être nombreuses, sans arriver toutefois au chiffre qu'elles atteignaient durant l'été, où le thermomètre variait de quarante degrés du soir au matin. Les soldats dormaient par groupes de huit sous la tente-abri; peu occupés, privés de distractions, ils avaient tout le loisir de songer

Arrivée au camp.

à la fièvre qu'ils voyaient faire tant de ravages autour d'eux. Les Indiens, qui ont souffert autant que nos troupes, ajoutaient encore à l'embarras général par leurs habitudes en matière d'enterrement. Les uns enterraient leurs morts avec des cérémonies particulières, d'autres les brûlaient. Même dans le contingent européen, il y avait des difficultés sous ce rapport, en raison de la diversité des religions qui y étaient représentées. En ce moment les hommes sont presque tous installés dans des baraques, où il sont au moins mieux abrités que sous la toile des tentes.

Vers quatre heures, nous sommes partis pour Nikosia. Un grand nombre de femmes grecques, dont la curiosité avait été éveillée par la nouvelle de notre arrivée, s'étaient postées sur la route, assises sous des oliviers, dans l'espoir de nous voir passer.

Chemin faisant, nous avons rencontré le colonel Biddilph, commissaire du gouvernement à Nikosia ; il nous a invités à prendre le thé avec lui. La ville, vue du dehors, n'a rien d'engageant ; on y trouve pourtant encore quelques beaux édifices. La vieille cathédrale de Sainte-Sophie, qui sert maintenant de mosquée, est un admirable morceau d'architecture gothique. En face, est l'église de Saint-Nicolas, transformée pour le moment en grenier ; ses trois portails gothiques sont les plus beaux que j'ai jamais vus. Chaque maison est accompagnée d'un beau jardin, et le bazar est festonné de vignes ; mais, l'ensemble a un aspect misérable. C'est dans un endroit appelé la *Colline des serpents*, qu'est installé le palais du gouvernement. La colline porte ce nom, à cause de deux serpents qu'on y a tués, ce qui indique que, loin d'abonder dans l'île, comme on l'a prétendu, ces reptiles y forment au contraire l'exception. De fait, on en rencontre très rarement, et j'ai vu deux collectionneurs qui, de guerre lasse, y avaient renoncé.

Lundi, 11 *novembre*. — Nuit fraîche ; à huit heures, malgré le soleil, on frissonnait encore au grand air. Nous sommes allés à Kythrœa, village situé dans une vallée à une quinzaine de kilomètres du camp.

On se dirige d'abord sur la ville, en passant auprès d'un précipice où l'on a coutume de jeter les carcasses de tous les animaux tués, ce qui y attire tous les chiens affamés de Nikosia ; puis, on traverse une vaste plaine sablonneuse qui, pendant plus de deux heures, ne présente aucun signe de fertilité. Une fois revenus dans la région des vignes, des orangers, des cotonniers, des oliviers et des grenadiers, nous avons fait halte chez un riche Arménien, dont le frère est interprète au camp. Sa femme et ses filles nous ont d'abord conduits le long d'un passage où des jeunes filles épluchaient du coton ; de là, dans de vastes magasins pleins de graines de toutes sortes ; enfin, dans un grand appartement, dont les fenêtres ouvrent sur une vallée. Oh ! la douce sensation de s'asseoir sur un divan, à l'ombre et au frais, après cette longue promenade sous un soleil brûlant. Vraiment le soleil de Chypre,

même au mois de novembre, est effrayant; que ne doit-il pas être
en plein été! Tous les officiers s'accordent à dire qu'il fait moins
chaud aux Indes. Nos hôtes nous ont servi de la limonade, du café
et de l'eau fraîche, pour arroser le lunch que sir Garnet avait eu
l'amabilité d'envoyer à notre intention par deux soldats, et nous
avons ensuite poursuivi notre route, en longeant un cours d'eau
dont personne ne connaît le point de départ, mais qui est célèbre
de toute antiquité. Il jaillit soudainement d'un roc au pied du
Pentadactylon, et plusieurs écrivains prétendent qu'il descend,
sous la mer, des montagnes de Caramanie en Asie-Mineure. Arbres,
plantes de toutes sortes, poussent sur ses rives avec une luxuriante
fécondité, et forment comme une ceinture de verdure au village de
Kythræa, où on l'utilise comme moteur dans un grand nombre
de moulins; mais il ne semble pas qu'on ait tiré tout le parti possible de sa force, qui est considérable.

En revenant à la maison de l'Arménien, j'ai acheté de beaux
dindons blancs, d'une race spéciale à l'île de Chypre; on les
enverra au camp, et de là à Larnaka, d'où ils seront expédiés en
Angleterre. Il est singulier que le possesseur d'une propriété
vaste et fertile, consente à exercer les fonctions d'interprète pour
une dizaine de francs par jour, et s'offre même à remplir le métier
de domestique auprès d'un officier. Mais les Arméniens sont gens
pratiques, et il n'est rien qu'ils ne fassent par amour du gain.

Nous sommes rentrés au camp à la nuit, et un marchand de
soieries nous y attendait pour nous montrer divers échantillons.
Ces produits de l'île sont renommés depuis Boccace : on dirait de
la popeline, mais c'est de la vraie soie, mesurant environ trois
quarts de mètre en largeur et coûtant 3 fr. 75 le mètre. La plus
jolie de ces soies, selon moi, est celle qu'on n'a pas teinte et qui a
conservé la couleur du cocon, couleur qui varie du blanc de crème
à l'or sombre. Nous avons fait quelques acquisitions, et j'ai également acheté une étoffe particulière fabriquée à la main, que les
femmes du pays portent en longues chemises garnies de dentelle. Sir Garnet Wolseley en a offert un échantillon à la Reine
comme specimen de l'industrie du pays; Sa Majesté en a été si

satisfaite, qu'elle en a demandé d'autres pièces. Soit dit incidemment, la personne qui a confectionné l'étoffe envoyée à la Cour, est la fille d'un des plus riches habitants de Nikosia, membre du Conseil, et titulaire d'autres fonctions importantes. Elle s'est fait payer son travail et avait même donné pour consigne à celui qui l'a porté au camp, de ne pas s'en séparer avant d'avoir reçu la somme convenue.

Mardi, 12 *novembre*. — La nuit a été affreusement froide, d'un froid humide, pénétrant, qui faisait claquer les dents et frissonner les membres, si bien couvert que l'on pût être. Je me suis levée toute glacée, et il a fallu un temps de galop au soleil du matin pour me remettre dans mon assiette. Le thermomètre n'est cependant pas descendu très bas, mais il y a une différence de plus de quarante degrés entre la température du jour et celle de la nuit.

Non sans regret, nous avons dit adieu au camp. Sir Garnet Wolseley et M. Herbert nous ont accompagnés jusqu'au village de Zered, et, sous la conduite d'un *zaptieh*, nous sommes allés luncher au campement de Mathiati. Les soldats y souffrent beaucoup de la fièvre ; mais on croit qu'ils eussent été moins éprouvés, s'ils avaient été mieux nourris et mieux abrités au début de leur séjour ici, car, il paraîtrait qu'en réalité l'île n'est pas malsaine. Il est difficile de comprendre pourquoi la fièvre sévit dans ces parages. Parmi les médecins, les uns l'expliquent en disant que, dans toute l'étendue de l'île, l'eau coule très près de la surface du sol, théorie qui a pour elle la facilité avec laquelle on établit les puits. D'autres font valoir que la plupart des fontaines sont situées dans le voisinage de cimetières turcs ou grecs. D'autres, enfin, sont d'avis que la maladie y est engendrée par la décomposition du granit et du grès qui composent l'île.

On nous a conduits à une charmante petite tente qui avait été préparée à notre intention, et où nous nous sommes reposés quelques instants avant de visiter le camp. Bien que l'emplacement choisi pour l'installation des hommes soit situé sur un sol rocailleux, en pente, et que de nombreux arbres y répandent leur ombre salutaire, les troupes n'ont pas été beaucoup plus épargnées qu'à Kyrenia. Il y a beaucoup de lièvres et de renards aux environs; on attend avec impatience l'arrivée de chiens, de Gibraltar, pour se livrer au plaisir de la chasse.

Une voiture nous a menés à Dali, l'ancien Idalium, par une route que les Anglais sont en train d'achever. Toute la population des environs est employée à ce travail; les hommes gagnent vingt-cinq sous; les femmes, dix-huit; les enfant reçoivent dix sous pour remplir des paniers de pierres.

En arrivant à Dali, un de nos chevaux s'est trouvé malade, et il a fallu pourvoir à son remplacement, ce qui n'était pas facile dans un village à peine habité, où personne ne parlait notre langue. Grâce à cette circonstance, notre excursion a été moins intéressante qu'elle n'eut dû l'être; je l'ai vivement regretté. C'est là que le général Cesnola a passé plusieurs étés et qu'il a fait ces découvertes dont il parle avec tant d'enthousiasme.

« Sur la rive orientale du Pedœus, dit-il, j'ai trouvé jusqu'à cinq cimetières contenant tous des vases en terre cuite, comme ceux de l'Idalium des Phéniciens. Sans doute, ils proviennent de cette ville, car je n'ai reconnu aucune trace d'habitation dans ces terrains. Au sud-est de ces cimetières, il y a un monticule en forme de pain de sucre dans les flancs duquel j'ai trouvé des tombes, taillées dans le roc et calculées chacune pour contenir un seul corps. L'une de ces tombes renfermait deux bols en terre cuite verte, décorés à l'intérieur avec des dessins égyptiens, peints en noir, et un vase de forme bizarre représentant une figure de femme, avec des boucles d'oreilles mobiles en terre cuite; le bouchon, également en terre, avait la forme d'une couronne qui complétait l'ensemble de la tête. Dans les autres tombeaux, il y avait des vases en forme de quadrupèdes et d'oiseaux aquatiques, ainsi que des trépieds en terre cuite et en serpentine. Plusieurs de ces objets ont le même caractère que ceux découverts à Hissarlik par le docteur Shliemann, et ces tombes doivent être rangées, selon moi, parmi les plus anciennes qu'on ait trouvées à Idalium. »

Nous sommes revenus à Larnaka le soir à sept heures ; mais nos
bagages, confiés à des muletiers, ne sont arrivés que le lendemain.
Les gens de ce pays sont doux et polis ; seulement leur lenteur est
tout à fait désespérante. A bord, de mauvaises nouvelles nous
attendaient. Un de nos hommes, nommé Bonner, qui a été pris de
la dyssenterie pendant la traversée de Messine à Chypre, et qu'on
croyait mieux depuis quelques jours, est retombé gravement
malade. Un autre matelot est sérieusement indisposé ; le premier

Anciens canons.

steward a la fièvre ; enfin, un télégramme d'Angleterre a appris à
Kindred, notre maître d'équipage, la mort de sa femme, qu'il
avait quittée très bien portante. Nous avons vu chez le commissaire du gouvernement, beaucoup d'échantillons curieux des produits de l'île : du talc en larges feuilles, de l'ocre jaune, du plomb,
de l'or, du cuivre, de la plombagine, puis toute une pièce pleine
de vases et de verreries recueillis dans le sol.

Mercredi, 13 *novembre*. — Le pauvre Bonner a été transporté à
terre, dans un couvent de sœurs de charité, qui tient lieu d'hôpital.
Il est installé dans une pièce spacieuse, en compagnie d'un

Français, qui sait un peu d'anglais, et avec lequel j'espère qu'il
s'entendra bien. Il est singulier qu'un homme aussi vigoureux
puisse être devenu si soudainement et si gravement malade, dans
une zone relativement tempérée, après avoir bravé le climat
des tropiques et de la mer Rouge. Le gouvernement français lui a
décerné une médaille d'or, pour avoir aidé à sauver les passagers
d'un navire échoué sur la côte d'Arabie. Sous un soleil de feu et
dans le sable brûlant, Bonner porta à dos une pauvre femme,
durant l'espace de plusieurs lieues.

Les enfants réveillant M. Bingham.

La rentrée du linge donné au blanchissage s'est opérée, comme
il arrive souvent, avec difficulté. Personne ne savait l'adresse des
gens auxquels il avait été confié, et, quand on l'eut trouvée, il fallut
enlever de force le linge encore mouillé ou imparfaitement séché.
Enfin, nous sommes partis à dix heures du matin, et, à deux heures,
nous arrivions à Famagouste. Bien que l'entrée ne soit pas difficile,
elle exige de grandes précautions, à cause d'un môle en ruine,
dont les débris s'avancent assez loin dans la mer. La canonnière
Foxhound nous a fait le signal d'attention, et un officier est venu
gracieusement à bord nous indiquer le chenal.

Famagouste est une des quatre cités fondées par Ptolémée

Philadelphe, en honneur de sa sœur Arsinoé, dont elle garda le nom jusqu'après la bataille d'Actium, époque à laquelle le vainqueur l'appela *Fama Augusti*. Elle a été bâtie, rebâtie et fortifiée par les Génois et les Vénitiens, toujours avec des pierres de l'ancienne Salamine, qui en est peu éloignée. Actuellement, les murs massifs se sont écroulés en différents endroits, et la ville a un aspect désolé que je n'ai jamais vu ailleurs. Toutefois, la cathédrale et les églises, dont les faîtes s'élèvent au milieu des palmiers, sont d'un effet imposant.

Le port était plein de petits caïques; à terre, de longues files de chameaux, portant des sacs de grenades. Des Turcs en haillons, mais dignes et polis, nous ont conduits à la cathédrale latine de Saint-Nicolas, et de là, dans la ville, qui n'est pas moins misérable, vue de près que de loin. Au milieu des maisons et des palais ruinés qui abritaient jadis une population de trois cent mille âmes, on voit quelques pauvres huttes en terre, où végètent trois ou quatre cents habitants. Au lieu de deux cents églises, il n'y en a plus que trois; dans les rues, les passants déguenillés et décharnés ressemblent à des fantômes.

A l'hôtel du Gouvernement où nous avons été voir des officiers, nous avons trouvé beaucoup de malades parmi les domestiques, entre autres un ex-brigand syrien, qui a fait jadis parler de lui. Employé chez un riche Turc près de Smyrne, il enleva la fille de son maître et s'enfuit dans les montagnes, où il devint un voleur de l'espèce romantique, qui dépouillait les riches et secourait les pauvres. On raconte qu'il a donné des dots à près de deux mille jeunes Grecques. Les autorités turques cherchèrent à le prendre, mais les paysans lui étaient fidèles, et il échappa à toutes les poursuites, jusqu'au jour où, lassé d'être ainsi traqué, il se livra lui-même à la justice, sur la promesse qu'on se bornerait à l'exiler à Chypre. Mais l'intervention d'un Français qui avait été sa victime, le fit emprisonner et enchaîner pendant sept années. Plus tard, il a été transféré à Famagouste, et, bien que sa peine ait été adoucie en 1875, à la demande de Mme Cesnola, ce n'est que récemment qu'il a recouvré sa liberté, sous condition de ne pas quitter la ville.

Près de Famagouste, il y a un grand marais plein de gibier de toute espèce ; malheureusement, on prétend que le sportsman qui s'y aventure est pris de la fièvre avant d'avoir pu manger le produit de sa chasse. Le long de la mer, on trouve de vieux canons vénitiens, très beaux, ainsi que des boulets en fer et en marbre. Nous avons rapporté des débris de ces projectiles, en souvenir de l'antique cité, abandonnée et oubliée aujourd'hui, après avoir soutenu victorieusement tant d'assauts contre les envahisseurs étrangers. En outre, le capitaine du *Foxhound* m'a donné des morceaux d'armures du temps des chevaliers de Saint-Jean. Si intéressants que soient ces souvenirs, ils ne font point diversion à l'impression de tristesse que nous a laissée notre relâche ici. Quand, le soir, à six heures, nous avons repris la mer, ç'a été pour tout le monde une vraie satisfaction.

On sait que la forme de l'île de Chypre a été comparée à une tête d'animal à cornes, et par d'autres à la peau étendue d'un cerf. En adoptant cette dernière comparaison, nous naviguerions en ce moment le long de la queue. Une fois au cap Andréas, point oriental de l'île, nous tournerons à l'ouest pour doubler les caps Plakoli et Mandraleki et arriver à Kyrenia, où nous avons rendez-vous avec M. Herbert et d'autres amis.

Ci-joint un dessin représentant les enfants en train de réveiller M. Bingham, qui n'aime pas toujours à se lever matin ; eux sont debout, au premier chant du coq.

Prison de Rhodes.

CHAPITRE SEPTIÈME

KYRENIA, MORFU, KIKKO ET KARAVASTARIA

Jeudi, 14 novembre. — Le yacht a mouillé à Kyrenia vers dix heures du matin; on a une grande profondeur d'eau, mais il n'y a pas de port, sauf pour les barques. A peine avions-nous jeté l'ancre, que notre vieil ami, M. Holbech, officier d'infanterie, est venu nous souhaiter la bienvenue. Il remplit ici les fonctions de commissaire, et il a aussitôt pris possession de nous. En débarquant, nous avons rencontré M. Herbert et le capitaine Mac Calmont qui étaient venus au-devant de nous en reconnaissant le *Sunbeam.*

La résidence de M. Holbech est une vieille maison turque admirablement située, ceinte de murs épais qui préservent de la chaleur en été et de l'humidité en hiver. D'un côté, elle a vue sur la mer bleue; de l'autre, sur un vrai bois d'orangers et de citronniers actuellement couverts de fruits. Néanmoins, la fièvre trouve moyen de sévir dans cet endroit ; sur trois hommes de garde, il y en a généralement un de malade. Comme notre *steward* est encor hors d'état de remplir ses fonctions, c'est moi qui ai fait le marché. On y a tout pour rien, ou peu s'en faut. Pour deux francs et demi, j'ai eu, en épinards, artichauts, tomates, oignons, etc., de quoi nourrir tout notre monde, y compris l'équipage. On nous a présentés au *kaïmakam* ou chef du district, au *mudir* ou chef du village et au *cadi* ou juge; puis, nous sommes allés voir le campement du 42ᵉ régiment. Jamais je n'ai vu troupes mieux installées ; on dirait un petit paradis. Les tentes sont presque toutes vides maintenant, par suite de l'arrivée des baraques ; mais elles étaient dressées sous des arbres, dont l'épais feuillage les protégeait contre le soleil. Dans une des baraques,—contenant chacune dix hommes, — nous avons vu deux soldats qui venaient d'être frappés par la fièvre. Celle-ci survient à l'improviste et sans symptôme précurseur, en sorte que personne n'est jamais sûr de soi.

Dans la journée, nous avons été voir le *Couvent de la Païs* bâti par Hugues III et détruit par les Turcs en 1570. Quoique toute trace des belles sculptures et des cloîtres gothiques ait disparu, il reste encore beaucoup de curieux détails à voir, notamment une pièce longue de quarante-cinq mètres sur quinze de largeur et ayant la hauteur de deux étages. Nos ingénieurs avaient réparé les planchers et les fenêtres pour que ce local pût servir d'hôpital ; mais l'expérience a prouvé que les hommes y étaient moins bien que dans les baraques ou sous la tente. Il semble étrange qu'un édifice en pierre, situé sur une hauteur et par conséquent bien aéré, puisse être malsain. Néanmoins, c'est un fait. Il a, d'ailleurs, été reconnu que l'influence de la fièvre se faisait sentir à mille mètres au-dessus du niveau de la mer. Nous sommes restés longtemps au monastère, tantôt dans l'église, tantôt auprès des ruines et des débris des cloîtres, et il faisait déjà nuit quand nous sommes revenus au village. Les poneys d'ici sont excellents, mais ils sont toujours prêts à se chercher querelle ; jamais je n'ai vu des bêtes plus batailleuses. On les paye de 175 à 300 francs.

Vendredi, 15 novembre. — Le *Sunbeam* était sous vapeur de bonne heure, et contournait le cap Kormakiti pour entrer dans la baie de Morfu et mouiller à Karavastasia. Dès que les lorgnettes signalèrent l'arrivée de l'interprète et des mules envoyés du camp de Nikosia on descendit à terre. Comme toujours, les gens du pays se montrèrent empressés et polis et nous aidèrent dans nos préparatifs de départ. Le capitaine de Lancey, qui a eu en partage un tout petit âne, s'est dirigé vers Mathiati par Lefka et Tamasos, pendant que le reste de la bande, composé du capitaine M'Calmont, de MM. Herbert et Bingham, de Tom, de Mabelle et de moi avec deux muletiers et l'interprète, prenait la route de Kikko par Kampos. C'est tout un voyage — près de 80 kilomètres — que M. de Lancey a à faire ; mais il a un bon guide, un dictionnaire turc dans une poche, un dictionnaire grec dans l'autre, une provision de sandwichs, un pot de confiture, une bouteille de thé froid, et par dessus tout, un fonds inépuisable de bonne humeur.

Notre excursion n'a rien eu d'abord de bien plaisant, grâce à la chaleur et à la poussière de la route ; en revanche, une fois dans la vallée, au milieu des collines plantées d'arbres et bien arrosées, la promenade est devenue charmante. Nous avons rencontré Sir Garnet se rendant à Morfu, et nous avons fait une courte halte à l'ombre, pour causer avec lui en buvant du bordeaux et du *soda-water*. Il paraît satisfait de sa tournée, quoiqu'il ait reconnu que les forêts et le gibier qu'on disait exister étaient des mythes. On trouve de très beaux arbres, mais espacés ; quant au gibier, il faut se donner un mal énorme pour arriver à tuer six perdrix dans une journée, ou battre la montagne pour parvenir à voir un lièvre. De même pour les chevaux, poneys, taureaux, descendant des races vénitiennes, que la renommée place dans l'intérieur de l'île; ils ont complètement disparu.

Tandis que Sir Garnet Wolseley poursuivait sa route vers Lefka et Karavastasia, où, soit dit en passant, il se propose de visiter le yacht, nous avons continué à remonter la vallée qui de-

Gracieuses attentions.

vient de plus en plus belle et ombragée à mesure qu'on s'élève sur ses hauteurs. En traversant le village de Kampos, nous avons vu faire du « mastic, » liqueur très appréciée qui se fabrique surtout dans l'île de Chios. Un large feu de bois brûlait sous un grand chaudron rempli de peaux et de tiges de raisins en cours de distillation, et l'alcool ainsi produit était ensuite aromatisé avec de la gomme de mastic apportée des autres îles. L'espèce de sirop

Kyrénia.

qu'on obtient de cette façon passe pour très hygiénique, mais il a
un goût médicinal désagréable. La femme du premier notable du
village est venue à nous et nous a aspergés d'eau de rose ; les habitants nous contemplaient, pendant que nos mules buvaient à
une source limpide et charmante qui jaillit directement d'un roc.

Nous étions à cet instant presque en haut des montagnes, et
ce fut par une route rocailleuse — le lit d'un torrent sans doute,
en hiver — que nous arrivâmes au village d'Izachastra. Là encore,
on nous accueillit avec de l'eau de rose. Vénus n'a pas légué
beaucoup de sa beauté aux habitantes de sa demeure favorite. Les
femmes ont de beaux yeux et les traits réguliers ; mais le teint est
laid, la physionomie sans expression et les dents affreuses. Dans
les villes, elles sortent peu et paraissent délicates ; à la campagne,
elles ont la peau brûlée par le soleil. Toutes ont de vilaines tour-
nures : on dirait qu'elles se soutiennent difficilement et qu'elles
vont tomber en pièces. Leurs vêtements sont généralement salés
et de couleur sombre ; bref, l'effet d'ensemble est déplaisant.

En quittant Izachastra, nous nous sommes trouvés tout à fait
sur la crête de la chaîne montagneuse dont nous venions de parcourir les différents étages. On a de là une vue magnifique, qui
change à chaque instant et qui embrasse la mer parfois des deux
côtés de l'île. Le crépuscule est très court ici ; il fit bientôt très
sombre, et, malgré notre confiance dans la sûreté du pas de nos
mules, nous saluâmes avec joie l'apparition, à travers les arbres,
des lumières du couvent où nous devions passer la nuit. Bientôt
des religieux vinrent à notre rencontre et nous introduisirent dans
l'établissement où, après avoir franchi de nombreux escaliers et
de longs corridors, on nous fit faire halte dans une petite pièce
dont le plafond, en bois de cèdre, était merveilleusement sculpté.
Comme l'heure était déjà avancée, on ne comptait plus sur nous et
le dîner se fit attendre, au grand déplaisir de notre appétit considérablement éveillé par la promenade et par un lunch insuffisant.
Pour nous faire prendre patience on nous a servi du café, du pain,
du mastic et du vin de Chypre ; parmi les douze moines qui nous
servaient, c'était à qui se montrerait le plus prévenant, et ils y

avaient d'autant plus de mérite que nous étions mutuellement incapables de nous comprendre.

Mabelle et moi, avons été installées dans une chambre voûtée, avec des murs épais de quatre pieds, des fenêtres grillées, et une lampe en argent pour l'éclairer. Deux grands divans couverts de tapis turcs et huit chaises disposées sur deux rangs composaient tout l'ameublement. Quand nous avons demandé à nous laver les

Un Capitaine et son bagage.

mains, un moine est arrivé avec une petite cuvette, un autre avec le savon, un troisième avec une serviette, pendant qu'un quatrième portait un chandelier. Vainement ai-je essayé d'obtenir qu'ils nous laissassent seules pendant nos ablutions. Ils insistèrent poliment pour tenir la cuvette, tandis que nous y baignions nos visages et nos mains, et attendirent ensuite à la porte que nous eussions achevé notre toilette.

Samedi, 16 *novembre*. — A peine étions-nous sortis ce matin pour errer dans la montagne, Tom, Mabelle et moi, que, malgré

Couvent de la Païs.

l'heure matinale, nous avons rencontré *l'archimandrite* venu de Nikosia — ou Nicosie — exprès pour nous recevoir. Il a dit que, si les règlementsde son Ordre ne l'empêchaient pas de sortir après le coucher du soleil, il aurait été au devant de nous et nous aurait donné au son des cloches une bénédiction solennelle, avant de nous introduire dans le couvent. videmment, nous eussions été très touchés de ces honneurs ; mais nous ne sommes peut-être pas fâchés d'y avoir échappé.

Nous sommes allés au haut d'une petite colline située derrière le couvent, d'où l'on découvre les monts Adelphi et Olympus, et une foule d'autres sommets. Il y en avait tant, qu'on se serait cru en face d'une de ces mappemondes qui figurent par des reliefs les cimes des montagnes. Au-dessous de nous, les vignes et les fermes du couvent. A travers les fenêtres, on voyait des jarres pleines de vin et le pressoir où l'on jette pêle-mêle, avec leurs tiges et leurs feuilles, les grappes du fruit mûr et vert, sain ou gâté. Cette façon de faire le vin est très élémentaire ; mais au moins là y a-t-il une grande propreté, ce qui n'est pas le cas partout ailleurs.

Après le premier déjeuner, l'archimandrite nous a montré l'église et ses appartements particuliers. L'église qui ressemble à celle du couvent de Nikosia, comme ensemble d'architecture et comme détail de décoration, contient un portrait de la Vierge, qu'on dit être de saint Luc ; il porte dans tous les cas sa signature, qu'on montre pieusement et gravement aux visiteurs. Chez l'archimandrite, on a servi des sucreries et, malgré son grand âge (il a près de quatre-vingts ans), notre hôte nous a fait luimême les honneurs de sa résidence, marchant appuyé sur un bâton ou soutenu par deux prêtres. La bibliothèque contient des éditions anciennes des Pères de l'Église. On nous a montré un morceau de bois, dont on se servait pour donner le signal de la prière, au temps où les Turcs interdisaient l'usage des cloches, puis le morceau de bronze qu'on obtint ensuite la faveur d'employer. Le carillon envoyé de Moscou par la famille impériale de Russie, a joué spécialement en notre honneur.

Pendant qu'on procédait aux préparatifs du départ, j'ai causé avec deux Anglais qui font ici de l'histoire naturelle pour le compte de lord Lilford. Ils ne semblent pas très satisfaits de leur campagne, et ont une pauvre opinion de l'île en tant que collectionneurs. Les principaux spécimens sont deux *francolins*, jolis oiseaux un peu plus gros que la perdrix; deux *mouflons*, sorte de mouton ayant la peau du cerf et des cornes de bouquetin, mais plus courtes; un aspic; un caméléon et certaine fauvette inconnue, dit-on, des naturalistes.

Pour retourner au yacht, nous pouvions prendre deux routes différentes de celle que nous avions suivie en venant. Tom a préféré revenir par des sentiers déjà battus, et, comme il faisait moins chaud qu'en allant, nous en avons profité pour faire de fréquentes haltes et pour collectionner des cyclamens mauves en abondance dans la vallée. L'archimandrite, qui eut bien voulu nous accompagner, mais que son grand âge en avait empêché, avait chargé son secrétaire de nous escorter jusqu'au yacht, et cet excellent moine mourait d'envie de venir à bord. Malheureusement, le soleil s'était couché avant que nous arrivions à Karavastasia, et il a fallu qu'il se résignât à aller directement au couvent de Xeropatamos, par respect pour les règlements de son Ordre.

Docteur, enfants, domestiques, équipage, paraissent s'être beaucoup amusés pendant notre absence, au point que notre retour, qui implique un départ pour ce soir, au lieu de lundi, les contrarie visiblement. Hier, sir Garnet Wolseley et son état-major, sont venus luncher sur le *Sunbeam*, après quoi il y a eu une petite chasse marquée par la mort de quelques pigeons. Aujourd'hui, on est allé à âne à Lefka, où le *mudir* de l'endroit s'est mis en quatre pour plaire aux visiteurs. Goûter, danse, musique, rien ne leur a manqué. Jamais je n'ai vu les enfants aussi excités; ils parlent de retourner demain chez leur hôte de la veille, et voilà qu'on lève l'ancre pour dire adieu à Chypre!

Rien à dire de la fièvre en ce qui nous concerne. Il y a eu des alertes, mais de fausses alertes, et le docteur a constaté que l'état sanitaire du bord n'avait jamais été meilleur que pendant notre séjour ici. Pour ma part, je me suis sentie réellement mieux que depuis l'arrivée à Chypre, malgré des excursions qui n'étaient peut-être pas de nature à me remettre. Les habitants disent que cette année-ci est tout à fait exceptionnelle, et que les chiens eux-mêmes mouraient de la fièvre dans les rues. Il est, en effet, extraordinaire que la saison des pluies qui s'ouvre généralement en octobre, n'ait pas encore commencé; mais on cite des époques où il y n'y a pas eu de pluie du tout, et où la majorité des habitants, pour échapper à la famine, était obligée d'émigrer, pendant que le reste de la population vivait de biscuits fournis par le gouvernement turc.

Les termes de la convention signée entre la Turquie et la Grande-Bretagne, relativement à Chypre, suscitent d'incessantes difficultés au point de vue de l'administration de la justice, de la vente des terres, etc. Personne ne paraît savoir si nous devons nous perpétuer ici, ni dans quelles conditions nous occupons l'île. Beaucoup sont d'avis que nous n'abandonnerons jamais trop tôt un pays, où le climat s'oppose à tout établissement de notre part, en dehors d'un dépôt de charbon.

L'île de Chypre a été successivement sous la domination des Phéniciens, des Grecs, des Perses, des Egyptiens, des Romains, des Byzantins, des Sarrazins, des Francs, des Vénitiens et des Turcs. Elle a eu ses heures d'éclat; elle a connu aussi bien des troubles et, depuis trois cents ans, sa situation a été peu enviable. Espérons que notre intervention dans ses affaires, ouvrira pour elle une ère de prospérité, de justice et de paix, et améliorera également ses conditions hygiéniques.

Rhodes.

CHAPITRE HUITIÈME

RHODES, BAIE DE BESIKA, LES DARDANELLES

Dimanche, 17 novembre. — Nuit calme. Brises folles toute la journée. Ce matin, hymnes et litanies sous la direction de Mabelle ; ce soir, service habituel.

Lundi, 18 novembre. — Calme, mer d'huile. Mis à la vapeur à midi, tout en marchant à petite vitesse pour économiser le charbon, dont nous ne voulons pas renouveler l'approvisionnement avant Constantinople. Très belle vue des montagnes de Caramanie. La soirée a été si chaude et si belle, qu'on a joué aux cartes sur le pont ; mais, un peu plus tard, une rosée très dense s'est mise à tomber.

Mardi, 19 *novembre*. — L'île de Rhodes était en vue au petit
jour, et, à huit heures, le yacht mouillait devant la ville. Comme
toujours, des bateaux du pays, chargés de toutes sortes d'objets,
entre autres, de petites boîtes faites de bois d'olivier et présentant
la forme d'oiseaux et de poissons, sont venus à nous. Puis, ce fut
le tour de l'inévitable guide, avec des lettres de recommandation
d'autres yachts.

Vue de la mer, Rhodes est encore d'un aspect très original,
quoique son principal monument, le palais du grand maître de
l'ordre des chevaliers de Saint-Jean, ait été en partie détruit, soit
par le tremblement de terre de 1856, soit par l'explosion qui eut
lieu quelques mois plus tard. Ses deux ports sont un peu trop res-
serrés, et sur les jetées qui les séparent, aussi bien que sur la
rive, il y a trop de moulins à vent. A l'exemple de Chypre, Rhodes
a eu de nombreux maîtres, depuis les Phéniciens jusqu'aux Turcs,
ses seigneurs actuels. Strabon en parle comme de la plus belle
ville de son époque, plus belle que Rome elle-même. Les restes
du célèbre *Colosse*, érigé en 280 avant Jésus-Christ et détruit cin-
quante-six ans plus tard par un tremblement de terre, sont restés
près de mille ans à l'endroit où ils étaient tombés ; vendus alors à
un juif par le calife Osman IV, leur transport exigea plus de
neuf cents chameaux. L'histoire de l'île est surtout intéressante
dans la période comprise entre l'arrivée des chevaliers de Saint-
Jean de Jérusalem (1308) et leur expulsion par les Turcs. Ceux-ci
témoignèrent de leur respect pour la mémoire de leurs braves
adversaires, en conservant soigneusement les inscriptions, devises,
armoiries, qui se trouvèrent dans l'île. Moins courtois, les chrétiens ont effacé ou brisé tous les blasons portugais ou espagnols,
français et anglais.

En débarquant, nous avons vu de très beaux canons, ornementés, qui appartinrent sans doute aux chevaliers de Saint-Jean.
D'après notre guide, ils seraient là depuis le jour où un amiral français qui voulait les prendre à son bord, en aurait été empêché par
les Turcs. Chez le consul, on nous a montré des assiettes collec-
tionnées dans différentes parties de l'île. La *rue des Chevaliers*, où

étaient autrefois les auberges, est très curieuse; on voit sur les murs les armoiries des anciens propriétaires. Le grand *Hôpital des Chevaliers*, bel édifice, sert maintenant de caserne pour les soldats turcs et égyptiens. Il y avait dans la cour centrale, seize prisonniers, pesamment enchaînés, qui s'étaient évadés et qu'on venait de reprendre. Leurs chaînes partaient de la cheville pour rejoindre une ceinture de fer rivée autour de leur taille, et ils ne parvenaient à se mouvoir qu'avec une grande difficulté.

Nous avons visité l'église de Saint-Jean et les ruines du palais où l'on trouve encore de superbes tombeaux, et nous sommes allés sur les remparts admirer l'intéressant fouillis de mosquées et de minarets, de palmiers et d'orangers qu'on domine de ces hauteurs. La promenade s'est terminée par une visite à la prison, dont les hôtes ont paru très intrigués par notre apparition; les prisonniers étaient tous ensemble dans une grande cour, travaillant pour leur compte et libres de vendre et d'acheter à leur gré.

Tout était prêt pour partir dans le courant de l'après-midi, mais comme Tom est souffrant et qu'il n'y avait pas de vent, on s'est résolu à passer la nuit au mouillage. Très belle soirée. Le climat de Rhodes passe, d'ailleurs, pour un des plus sains et des plus tempérés de la Méditerranée.

Mercredi, 20 *novembre*. — J'étais sur le pont avant 4 heures, et le calme plat persistait. A 10 heures, une petite brise a permis d'établir les voiles; elle n'a pas tardé à s'éteindre et nous marchons maintenant à la vapeur.

Jeudi, 21 *novembre*. — Encore du calme. Au petit jour, nous étions au large de Nicaria. A huit heures, nous passions devant Pathmos, célèbre par la caverne où saint Jean écrivit l'Apocalypse. Nicaria, ou Icarie, est une grande île d'environ huit mille habitants. Elle tire, dit-on, son nom d'Icare, fils de Dédale, qui, pour échapper à la colère de Minos, roi de Crète, fabriqua pour lui et pour son fils des ailes attachées avec de la cire. Icare s'étant imprudemment approché trop près du soleil, la cire fondit et le malheureux se noya dans la mer.

Nous avons perdu aujourd'hui un jeune hibou que j'espérais bien pourtant ramener en Angleterre. Le docteur lui ayant brisé l'aile d'un coup de fusil à Lefka l'avait rapporté à bord, et j'avais réussi à l'apprivoiser à l'aide d'un oiseau mort et de petits morceaux de viande enduits de plumes. C'était un drôle d'animal, très amusant à voir quand il sautillait sur le pont à la recherche d'in-

Échouage du *Sunbeam*.

sectes. En jouant avec Mabelle sur le coffre à vapeur, il est tombé dans un trou et de là derrière la chaudière où il aura été suffoqué.

Vendredi, 22 novembre. — Jolie brise, fraichissant graduellement jusqu'à souffler en tempête. A sept heures, nous étions devant les rocs de Kaloyera, avec Chios et Ipsara en tête. Chios est une grande île fertile dont les beaux orangers nous servirent d'abri toute une journée, il y a quatre ans; ce fut là qu'un consul français, prenant le *Sunbeam* pour un navire de commerce, nous pria de le conduire lui et sa fille à Tenos. A l'exemple de la plupart des îles grecques, Chios a une histoire très ancienne, marquée d'épisodes dramatiques. En 1822, notamment, s'étant jointe aux Samiens dans leur révolte contre les Turcs, quarante-cinq mille de ses habitants furent emmenés en esclavage, pendant que vingt-cinq mille autres périssaient par le fer et que quinze mille s'échappaient en laissant tout derrière eux. Il ne restait pas deux mille Grecs dans toute l'île à la fin de cette désastreuse année. L'îlot d'Ipsara, voisin de

La rue des Chevaliers.

Chios, a également été conquis et ravagé par les Ottomans; rien n'y reste qui vaille la peine d'une visite.

La brise s'est maintenue fraîche et belle, comme nous passions devant Mitylène aux trois ports bien abrités, et nous a suivis jusqu'à l'île de Tenedos, près de l'entrée des Dardanelles. Un peu plus tard, nous mouillions à Besika, gênés dans nos mouvements par la tombée de la nuit, mais suffisamment guidés pourtant par les feux de deux navires de guerre à l'ancre. A terre, tout près de nous, sont les chenils de la fameuse « meute de la flotte, » la grande distraction des officiers de marine en station ici, à condition, bien entendu, qu'ils aiment la chasse. Il y a beaucoup de renards et de lièvres aux environs; en outre, un grand marécage abonde en gibier de toute sorte.

Samedi, 23 *novembre.* — J'ai cru que nous ne parviendrions pas à entrer dans les Dardanelles, tant le courant y était violent. A diverses reprises, le yacht est venu en travers, quelque soin qu'on mît à le bien gouverner, et j'ai même eu l'humiliation de le voir battre par un vieux brick de commerce qui allait tranquillement son chemin, pendant que nous étions, nous, rejetés en arrière. Le capitaine de ce bâtiment avait, sans doute, acquis de ces parages une expérience qui nous manquait; heureusement, une forte poussée de vent est venue à notre aide et nous a menés à un endroit où le courant avait moins de force. La matinée était superbe, et les Dardanelles admirables. Des collines chargées d'arbres déroulaient leurs lignes gracieuses; de vieux forts en ruines, mais ornés de nouveaux canons; des villages, des minarets, des campements de troupes sous la tente, rehaussaient l'aspect pittoresque de la scène. L'air était si calme qu'on entendait chanter les soldats, comme ils chassaient devant eux sur la rive, allant des villages au camp, les ânes, les moutons et les bœufs.

Une fausse alerte.

On a atteint, vers trois heures, les deux forts situés de chaque côté du détroit : Chanak-Kalesi sur la côte d'Asie, et Khilid-Bahri sur celle d'Europe, forts qu'on appelle aussi châteaux de Roumélie et d'Anatolie. Nous avons été à terre chercher le firman d'usage et montrer la patente de santé, le *Sunbeam* restant en panne à nous attendre. Revenus à bord, il a fait route pour jeter l'ancre, vers dix heures, devant Gallipoli.

Un accident qui eût pu avoir des conséquences graves, est

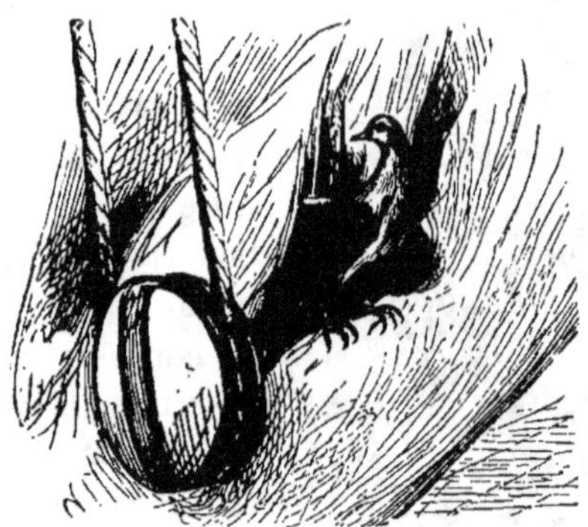

Le pigeon de Bonner.

arrivé un peu avant le mouillage. Il faisait sombre. Tom et Kindred étaient sur la passerelle, cherchant à découvrir un bon endroit pour y jeter l'ancre, quand Tom se pencha en arrière là où il n'y a pas de balustrade et disparut dans l'obscurité. Il s'était heureusement accroché à un des montants et s'est vite redressé; mais le maître d'équipage poussa un cri perçant, qui surprit d'autant plus tout le monde qu'on l'entendit presque aussitôt dire « de ramasser le cigare de Monsieur. » J'entendis force discussions sur le pont et j'imagine que nos gens furent fort intrigués jusqu'à ce qu'ils connussent l'aventure.

Encore un de mes favoris qui a disparu : un pigeon blanc recueilli à Cadix par ce pauvre Bonner, que nous avons laissé si malade à Chypre. On n'avait pas rogné suffisamment ses ailes, et il en a profité pour prendre son vol.

Dimanche, 24 novembre. — Visite, après le service, à bord du *Téméraire*, commandé par le capitaine Seymour ; puis, promenade à cheval du côté de Boulair à travers les lignes turques. Boulair est la première ville qu'ait occupée l'armée anglo-française, au commencement de la guerre de Crimée ; sa population, qui était de quatre-vingt mille âmes en 1875, n'est plus que de quinze mille habitants. Les fortifications qu'y élevèrent les alliés, viennent d'être rélevées par les Turcs, qui y ont établi dix mille hommes : force insuffisante, dit-on.

Les soldats turcs ont l'air solide et impressionnent favorablement, bien que leur costume laisse à désirer au point de vue de l'usure et du manque d'uniformité. Leur nourriture se compose d'une ration de farine et, trois fois par semaine, de cinq livres de viande pour huit hommes ; leur boisson est l'eau claire, leur paie !... ils n'ont rien touché depuis dix-huit mois. La semaine dernière, les provisions ont manqué ; hier, il en est venu pour vingt jours. Parfois ces pauvres diables ont à battre la campagne à des distances énormes, pour se procurer de l'eau et du bois. Néanmoins, ils ne se plaignent pas, et ils n'ont point l'air malade de nos pauvres soldats de Chypre. Beaucoup sont plus robustes et plus grands que nos *guardsmen*. Dirigés par de bons officiers, de tels hommes seraient capables de prodiges ; mais ils ont peu ou point de confiance dans leurs chefs. Les Russes eux-mêmes conviennent que, si Osman Pacha avait été de l'avant après sa victoire de Plevna, il les aurait refoulés au delà du Danube.

Nous sommes restés longtemps à regarder les soldats bâtir des huttes à leur usage, avec de la terre glaise et de la paille. De tous côtés, dans la campagne, nos lorgnettes en découvraient qui rapportaient, soit à dos, soit sur de petits poneys, des pierres, du bois et des planches péniblement recueillis aux environs. Que diraient nos régiments, s'ils étaient réduits à de pareils moyens de transport! Au coucher du soleil, les troupes se sont massées pour dire une prière en honneur du sultan; les musiques ont joué et les hommes ont poussé trois hourras, dont l'écho a longtemps retenti de colline en colline. C'est une cérémonie vraiment touchante et toujours célébrée dans le plus grand recueillement; elle se renouvelle deux fois, le matin et le soir.

Le pigeon est retrouvé! Ce matin, en larguant une voile, on l'a aperçu logé dans un pli de la voile. Il avait l'air ravi de sa cachette, mais peu satisfait, en revanche, d'être dérangé. Le pauvre Bonner m'avait tant priée de veiller sur son oiseau, que je suis aise qu'il ait reparu. Puisse son bon maître nous revenir à son tour, guéri et bien portant !

Lundi, 25 novembre. — Nous avons mis de bonne heure à la voile, en échangeant des signaux d'adieux avec les bâtiments de guerre : le cap sur la mer de Marmara. La grande carte des Dardanelles que nous avions emportée, a été renvoyée à Londres pour y être vérifiée, et, comme on a omis de nous la retourner, Tom n'a pour se diriger qu'une carte à faible échelle, qui n'indique ni la nature des côtes, ni la profondeur de l'eau. De là, des complications de navigation, surtout en ce moment où la direction du vent nous oblige à louvoyer. A un instant où il était descendu dans les cabines, nous nous sommes trouvés si près de terre, qu'en remontant sur le pont et découvrant le péril, il détourna les yeux du côté de la pleine-mer, comme s'il eût craint à chaque seconde d'entendre le navire craquer sur les rochers. Le *Thunderer* nous a dépassés, courant à toute vapeur vers la baie d'Artaki, où il va rejoindre la flotte. Isolé ainsi sur la mer, il paraissait plus imposant encore, quelque chose comme un gros fort mouvant. Mais qu'on a donc de peine à retrouver, dans ces colosses flottants, le navire d'autrefois, « cette chose vivante, dont les voiles s'animent sous la brise qui les enfle. »

Petite vitesse, toute la journée; mais, après le coucher du soleil, le vent a tourné et est devenu plus fort. Il a fallu malheureusement réduire la voilure et rester à peu près sur place, Tom ne se souciant pas de s'aventurer, avec une nuit noire, sur une mer resserrée entre des côtes et sillonnée de navires grecs, qui ont la mauvaise habitude de ne pas porter de feux.

Mardi, 26 novembre. — En route à sept heures, par une matinée dont le calme a persisté toute la journée. Tom voulait faire à la voile les quinze milles environ, qui séparent le cap Kum Burgas de la baie d'Artaki; aussi, n'avancions-nous qu'avec une lenteur que la beauté du temps n'empêchait pas d'être singulièrement mono-tone. En tirant un bord, le yacht s'est approché trop près de terre, et comme le vent n'était pas assez fort pour lui permettre de virer lestement, il s'est échoué sur un banc de sable, à l'em-bouchure d'une rivière. Pour réparer cette maladresse due à l'imprévoyance des gens du quart, il a suffi d'amener les embarcations et de hâler le *Sun-beam* avec une forte amarre : une demi-heure plus tard, nous flottions. Tout près de là, j'ai aperçu un petit lac, dans lequel s'ébattaient des ca-nards sauvages et des oies; on y voyait aussi toute une bande de cygnes sauvages.

Un conducteur d'âne.

Peut-être le lecteur n'a-t-il pas oublié la chute que fit, il y a quelques jours, dans la machine, le pauvre petit hibou de Chypre. A notre grand et joyeux étonnement, on l'a découvert aujourd'hui dans le tuyau, au moment même où l'hélice allait être mise en train. Le pauvre petit! il était aussi noir qu'un morceau de char-bon, maigre comme un squelette et tout couvert d'huile à graisser! Kirkham allait presser le levier de la vapeur, quand sa main ren-contra par hasard la petite masse emplumée; une seconde plus tard, c'en était fait de l'infortunée créature. Quant à expliquer comment ce singulier petit animal a su vivre là toute une semaine, c'est un véritable mystère. En tout cas, le voici de retour, sale,

mourant de faim, mais aussi apprivoisé, aussi vif qu'auparavant,
et n'ayant plus à redouter pour le quart d'heure, que de suc-
comber sous les caresses et sous les soins dont il est l'objet. Le
calme persistant, on a marché à la vapeur, et, à neuf heures
et demie du soir, le *Sunbeam* laissait tomber l'ancre dans la baie
d'Artaki, au milieu de la flotte actuellement composée de
l'*Alexandra*, de l'*Invincible*, du *Monarque*, de l'*Achille*, du *Fou-
droyant*, du *Salamine*, de l'*Helicin* et du *Cygnet*. Des officiers de l'escadre vinrent aussitôt nous souhaiter la bienvenue; il était plus
de minuit, lorsque nous nous sommes séparés.

Découverte du hibou.

Le quartier général, à Nikosia (ou Nicosie).

Mosquée du sultan Achmet.

CHAPITRE NEUVIÈME

Mercredi, 27 novembre. — Froid piquant ce matin et tout à fait désagréable pour des gens qui viennent de passer par des températures sénégaliennes. Heureusement que le soleil a eu bientôt fait de réchauffer l'air.

A peine avions-nous fini de déjeuner, que l'amiral Hornby est venu à bord. Il paraît plus satisfait de Chypre qu'on ne l'est généralement, surtout en ce qui concerne le port de Famagouste. Un premier travail de sondage avait restreint outre mesure les proportions de cette rade. Depuis, un examen plus attentif a laissé l'impression que, moyennant une dépense relativement minime, on pourrait réparer la jetée et mettre le port en état de contenir plus de navires que celui de Malte, même en comprenant dans celui-ci la crique du dock et la baie de Bighi. L'amiral est convaincu que, si les matelots ont été beaucoup plus épargnés par la fièvre que les soldats, cela tient aux précautions prises. Peut-être, cependant, ont-ils travaillé plus que l'armée de terre; mais cette circonstance paraît avoir contribué à maintenir parmi eux un bon état sanitaire.

Les gens de l'île sont, du reste, persuadés que les maladies dont nos troupes ont souffert sont dues, en grande partie, à la précipitation de l'occupation ; on eût dû procéder avec moins de hâte. La direction de l'intendance à Malte avait demandé huit jours pour approvisionner Chypre, ou cinq jours au minimum. Au lieu de cela, on exigea que tout fût terminé en deux jours, et, bien qu'il en ait fallu trois, la besogne fut faite de telle façon qu'on ne savait où prendre les objets débarqués et que les pauvres soldats durent coucher sur la terre dans les endroits les plus malsains, faute de moyens de transport pour les vivres et pour le bagage. Ces circonstances ont nécessairement contribué à amener des maladies; mais elles permettent en même temps d'espérer que, dans d'autres conditions, l'île serait moins malsaine qu'on ne l'a cru. On songeait, paraît-il, à y envoyer les réfugiés turcs en leur donnant assez d'argent pour acheter des graines et des outils aratoires, ou, mieux encore, en leur remettant les objets eux-mêmes. C'est un excellent moyen de venir en aide à ces pauvres créatures, à leurs femmes et à leurs familles, car ces gens passent pour être d'intrépides travailleurs, et l'introduction dans l'île d'une population musulmane aurait certainement facilité la tâche de l'administration anglaise. Si l'élément grec venait à dominer, il en résulterait pour nous des tiraillements perpétuels, et nous serions amenés à nous retirer, après avoir dépensé notre expérience et notre argent en réformes administratives et en constructions de ports ou de chemins de fer, comme cela a eu lieu pour les îles Ioniennes. Le projet, toutefois, a été abandonné, sir Garnet ayant sans doute eu peur que l'arrivée d'un aussi grand nombre de femmes et d'enfants, sans ressources, n'ajoutât au début des difficultés. Tom est allé luncher avec l'amiral Hornby, désirant visiter l'*Alexandra*. Nous avons vu plusieurs fois ce beau cuirassé à Chatham, mais il était encore sur le chantier.

Dans l'après-midi, promenade le long de la mer, les enfants sur des ânes, les autres à cheval. On n'avait, du reste, que l'embarras du choix, car les Grecs, industrieux comme toujours, ont couru les villages et en ont ramené toutes les montures suscep-

Luncheon avec un Turc.

tibles de se prêter aux goûts équestres des officiers anglais. La vue sur une falaise voisine du lieu de débarquement, est fort jolie; d'un côté, on domine la flotte anglaise à l'ancre dans la baie d'Artaki, et, de l'autre, on découvre le village du même nom au bord de la mer de Marmara. Le pays est très fertile, et la ville ressemble à un nid caché dans les oliviers et les vignes.

La vendange est finie, mais on trouve encore quelques grappes oubliées, et elles sont d'une saveur exquise. C'est la récolte des olives qui se fait ce moment; elle donne au pays une animation toute.

particulière. De tous côtés, on aperçoit des enfants perchés dans
les vieux arbres au feuillage grisâtre. Le sol est couvert de nattes.
de linges et de tapis destinés à recevoir les fruits détachés. Des
femmes et des jeunes filles en costume clair, à l'œil noir, au teint
blanc, ramassent la récolte et la chargent sur des ânes, qui partent
aussitôt pour la ville, où les receveurs des taxes les attendent,
entourés de baquets, de paniers, de balances et de poids. Un
dixième des chargements revient au fisc : c'est une dîme très
lourde pour quelques-uns de ces pauvres gens, et leur mine piteuse
trahit le regret qu'ils en ont.

La ville, que nous avons traversée en revenant, est assez
grande et plus propre que je ne pensais ; on y voit de très jolies
Grecques assises aux portes, occupées à broder, et, ce qui est moins
plaisant à regarder, d'innombrables marchands d'eau-de-vie qui se
sont établis à la suite de la flotte. La meilleure de ces guinguettes
est à l'enseigne du *Duc de Wellington ;* elle est tenue par un Italien,
dont les aventures sont au moins curieuses, si elles laissent à
désirer au point de vue de la morale. Commis dans une banque
de Liverpool, il a enlevé une modiste. On l'a mis à la porte et
laissé sans aucune ressource. Les deux jeunes gens ont alors
suivi la flotte, faisant de leurs mains ce qu'ils pouvaient. Ils sont
en train de réaliser une petite fortune. Dès qu'ils auront assez
d'économies, ils retourneront dans leurs pays pour y mener une
vie plus confortable et moins aventureuse, je ne dirai pas plus
considérée, car, lorsqu'on les connaît, on ne peut s'empêcher de
les aimer et de les apprécier.

Un ordre du Kaïmakam leur a fait, ces temps-ci, gagner beaucoup d'argent : toutes les boutiques ont été fermées pendant quinze
jours, pour punir les marchands d'avoir vendu de l'alcool falsifié,
et nos deux amis, étant restés les seuls vendeurs, ont encaissé, naturellement, de jolis profits. La femme, qui est vraiment très gen-
tille, a un poney et une selle qu'elle a eu l'amabilité de me prêter
pendant tout mon séjour.

Nous avons dîné avec l'amiral, à bord de l'*Alexandra.* Il y avait
là beaucoup de nos amis, et nous avons eu le plaisir d'entendre de

la bonne musique exécutée par un orchestre excellent. Le soir, on a causé des divers événements qui se sont déroulés dernièrement dans ces parages, entre autres du passage des Dardanelles par la flotte au milieu d'un épais brouillard de février, chacun à son poste de combat et tout le monde se demandant d'où partirait le premier coup de canon. Les trois expéditions aux Dardanelles, qui furent, comme on sait, sans résultat, en raison des contre-ordres expédiés, avaient tellement découragé les hommes que les officiers ne savaient plus comment leur remonter le moral; ils disaient qu'on se moquait d'eux.

Jeudi, 28 *novembre*. — Encore une matinée claire et froide. Les enfants ont fait une promenade à âne, et il s'est rassemblé tant de monde pour les voir que le départ a été difficile. Le *steward* de l'amiral avait amené un bel âne blanc, avec une selle en velours rouge ; ce fut naturellement à qui le monterait. Mais, comme il passait pour ombrageux et fantasque, on trancha la difficulté en le donnant à Emma, l'une des femmes de chambre, qui est de force à le mâter. M. Bingham et le docteur ont été chasser. Tom est allé, avec le capitaine Tryon, visiter quelques bâtiments. Moi, je suis restée à bord pour recevoir les capitaines et les officiers que nous avons retrouvés ici et qui nous avaient annoncé leur visite. Un conseil de guerre les a retenus, hier, pour la plupart, à bord du *Monarque.*

L'amiral Hornby a lunché avec nous et nous a emmenés ensuite à Cyzique. Nous avions envoyé à quelques kilomètres en avant sur la côte nos chevaux avec un interprète, en sorte que nous avons débarqué dans un autre endroit qu'hier. On n'était pas très sûr de la route, et le gouverneur turc avait posté le long du chemin deux détachements de *zaptiehs* ; mais, nous avons croisé tant d'officiers anglais qu'il n'y avait pas, je pense, grand risque à courir. Les uns chassaient par groupes de deux ou de trois ; d'autres, à cheval, étudiaient le terrain ou installaient les obstacles en vue des courses de lundi prochain, car il doit y avoir, ce jour-là, des exercices de toutes sortes et deux steeple-chases, l'un pour les officiers et l'autre pour les soldats.

La route serpente à travers des buissons, des vignes, des oliviers ou des plantations d'arbres nains, et aboutit à une rivière qu'on traverse plusieurs fois, en grimpant les flancs de la vallée pour atteindre les ruines de l'ancien amphithéâtre de Cyzique. Cet amphithéâtre a une situation merveilleuse, et c'est une des rares scènes où les anciens aient pu avoir de véritables *naumachies* ou batailles navales avec des galères de guerre. La vallée était fermée par des écluses, comme semblent du moins l'indiquer les ruines d'une digue encore visibles, et les combats se livraient sur l'eau

Les porteurs de Constantinople.

ainsi emprisonnée. On aura une idée des proportions de ces combats par ce détail que, sous le règne de Claude, plus de dix mille personnes prirent part à une seule de ces représentations. Les combattants étaient des gladiateurs, des criminels ou des esclaves.

Au temps d'Alexandre, Cyzique était une des villes les plus importantes de l'Asie mineure. Elle fut assiégée par Mithridate, réussit à le repousser et prospéra sous la domination romaine. Actuellement encore, au milieu des vignes et des oliviers, on retrouve les traces de l'amphithéâtre, du théâtre, du temple et d'une foule d'autres monuments.

Nous avons regagné le bord par un froid clair, mais piquant. Le docteur et M. Bingham sont revenus peu après de leur chasse,

mais avec des carnassières vides, et sans avoir pu apercevoir même
un oiseau. Ils n'avaient pas de chien et ne connaissaient pas le
pays. Quelques officiers de l'escadre ont été plus heureux; on croit
qu'avec le temps qu'il fait maintenant, le gibier — notamment le
coq de bruyère — va devenir plus abondant.

Vendredi, 29 *novembre.* — Même ciel et même température ;
mais un vent desséchant qui ne manque jamais de me rendre malade. Le docteur et M. Bingham sont allés à Cyzique; ils sont revenus enchantés de leur excursion, et M. Bingham en a rapporté

Une surprise.

un fort joli dessin. Un vieux Turc, très prévenant, leur a offert des
figues; ils ont lunché avec lui au bord d'un ruisseau tout rempli
de cresson.

Mabelle a été chercher de la mousse verte pour la table, puisqu'il est impossible de se procurer des fleurs. Toutes les collines
sont couvertes d'arbousiers chargés de petits fruits rouges ou
jaunes qui sont aussi bons à manger qu'agréables à l'œil. On trouve
aussi en abondance du myrte et de la térébenthine, et d'autres ar-
brisseaux couverts de fleurs sauvages.

Dans la journée, j'ai conduit les enfants jusqu'à l'endroit où
ils devaient trouver leurs montures. On leur avait encore envoyé

un nouvel âne blanc ; mais, comme la pauvre bête arrivait de loin, on avait profité de son voyage pour la charger d'un véritable assortiment de tapis et de dessous de selles brodés, qu'on fabrique à Kona, ou autre part dans l'intérieur du pays ; ils semblaient très bien faits et j'en ai acheté quelques-uns. J'ai également recueilli sur la plage un fragment de statue provenant certainement de la plus belle époque de l'art grec. Ce précieux débris avait été apporté de Cyzique en guise de lest, dans un bateau, et on l'avait abandonné pour faire de la place au chargement.

Le capitaine Lindsay Brine, les commandants Holland et Ilammick, M. Napier, et M. Daniel, le même qui périt depuis, si malheureusement, dans l'explosion du *Thunderer*, sont venus luncher ; le capitaine Fitzoy, que nous attendions également, a été retenu par des expériences de torpilles. Il est arrivé plus tard et nous a fait assister à un certain nombre d'explosions.

Dans la journée, il y a eu à bord toute une réception. Nous avions annoncé l'intention de ne pas quitter le yacht, et chacun a été assez aimable pour venir nous dire adieu.

Samedi, 30 *novembre*. — Nous avons mis en route à neuf heures et demie du matin, avec une petite brise qui a faibli peu à peu, mais qui, en se mettant à souffler de l'avant, nous a obligés à louvoyer et à prendre de grandes précautions pour éviter l'île de Pergamos. Notre marche était naturellement des moins rapides, et nous n'eussions rien perdu à revenir en arrière, pour aller luncher avec l'amiral Hornby, comme il nous en avait priés. Il a passé près de nous dans sa baleinière, allant sans doute à la chasse.

Les enfants ont eu une grande émotion, ce matin, en découvrant une tortue à bord. Elle y sera venue, sans doute, au milieu des légumes, car personne ne sait comment elle se trouve là[1]. Les

---

1. Nous avons appris, longtemps après, par le capitaine Holland, qu'un des officiers, à la suite d'une partie de « tennis », avait mis la tortue avec les boules, our faire une surprise aux enfants.

tortues abondent dans ces parages-ci ; on s'en sert même souvent
pour caler les tonneaux et assujettir les colis à bord des bateaux.
C'est ce qui explique, je crois, comment on voit à Londres des
charretées de ces animaux, surtout dans le voisinage des docks.

Nous avons fini par allumer les feux, et après avoir débouché
dans la mer de Marmara, entre la péninsule de Kizik ou d'Artaki
et l'île de Liman, nous avons mis le cap sur Constantinople. La
nuit a été splendide, et, à ma grande satisfaction, beaucoup plus
chaude que précédemment.

Dimanche, 1ᵉʳ décembre. — Un épais brouillard, qu'il y avait ce
matin, s'est dissipé juste comme nous doublions la Pointe du
Sérail, et l'atmosphère de la Corne d'Or nous a paru d'une lim-
pidité extraordinaire. Je partage complètement l'avis de ceux qui
disent qu'il n'y a rien au monde de plus beau que l'entrée de
Constantinople ; les innombrables minarets séparés par de grandes
nappes d'eau, les montagnes d'Asie-Mineure et la haute chaîne de
l'Olympe au fond du tableau, sont d'un indescriptible effet. Un prétendu pilote, qui n'était, en réalité, qu'un courtier d'épicerie, est
monté à bord ; il fut bientôt évident qu'il ne savait rien des choses de
la mer, et Tom s'est chargé seul de nous mener à notre ancien
mouillage de Fundukli, mouillage que nous avons déjà reconnu
excellent. Comme d'habitude, le yacht a été entouré de barques
pleines de juifs, de guides et de drogmans, qui avaient eu
affaire à nous, lors de notre précédent voyage ; mais, notre vieux
Georges nous en a vite débarrassés en prenant ostensiblement
possession de nos personnes. Bientôt, d'anciens amis arrivèrent
pour nous souhaiter la bienvenue et pour nous inviter à passer
avec eux le reste de la journée. Nous les avons accompagnés à
terre, et comme il n'y avait pas de service à la chapelle de l'ambassade, nous avons été entendre l'office au *Memorial Church*, très
beau temple élevé à la mémoire des Anglais tombés sur le champ
de bataille pendant la guerre de Crimée.

Notre hôte a eu la bonté de me prêter un cheval ; Tom, Mabelle
et M. Bingham ont pris des *sowajees* ou chevaux de louage, et

après le luncheon, nous sommes tous partis à cheval. Les *sowajees*
ici remplacent les voitures, et sont, en réalité, le moyen de locomotion le mieux approprié aux rues escarpées et mal pavées de
Constantinople; c'est le complément des caïques. Ils stationnent
près des endroits les plus fréquentés et se comportent toujours
très bien, quoiqu'ils soient loin de manquer de vigueur. Nous
avons d'abord été aux *Eaux douces d'Europe*, qui sont le rendez-
vous, pendant les mois d'été, de tous les Turcs de distinction, de
Stamboul et de Péra. C'est là que le pauvre sultan Abdul-Aziz
entretenait des centaines de paons; mais ils ont disparu maintenant et tout, dans ces parages, a un aspect abandonné, dont la
mélancolie est encore augmentée par la chute des feuilles et les
teintes sombres de l'automne. La journée, pourtant, était aussi
chaude qu'un jour d'été, et les roses, les héliotropes, les giroflées
s'épanouissaient en plein air. Jamais on n'a eu une pareille saison
à Constantinople, ni aux environs. C'est l'été, dans toute sa beauté,
sa chaleur et son parfum, qui se prolonge au cœur de l'hiver.

Des *Eaux douces*, nous sommes allés jusqu'à la lisière de la
forêt de Belgrade, où les Russes ont encore des campements;
puis, nous sommes revenus sur nos pas, dans la direction du
Kiosque Yildiz, résidence du sultan actuel, Abdul-Hamid. Un
sultan n'habite jamais la demeure de son prédécesseur et doit
toujours faire bâtir, sous peine de mourir immédiatement; telle
est, du moins, la croyance des Turcs. De là, la quantité de splendides palais qu'on voit le long du Bosphore, et dont la plupart
restent déserts, pendant que le sultan occupe une habitation relativement étroite, en dehors des grilles de laquelle il ne se montre
presque jamais, sauf le vendredi pour aller à la mosquée. Abdul-
Aziz vivait à Dolmabagtcheh; Mourad V, à Tcheragan; Abdul-
Hamid a pour résidence *Yildiz Kiosque*. Non loin de là, dans
une série de bâtiments, qui ressemblent à de grandes boutiques,
on a installé de pauvres réfugiés de Roumélie, de Bulgarie, etc.,
auxquels le gouvernement fournit un repas par jour. Cela vaut
mieux que rien, et leur sort est encore enviable, comparé à celui
de la plupart de leurs compatriotes qu'on embarque par milliers

dans de misérables bateaux, impropres à la mer, pour les expédier dans des provinces gouvernées par des pachas corrompus, qui s'approprient les sommes destinées à procurer à tous ces malheureux des vivres, des outils et des gîtes.

Lundi, 2 décembre. — Un télégramme de Chypre annonce la mort du pauvre Bonner. Chacun l'aimait à bord, et la pénible nouvelle a été ressentie par tous. Le colonel White, M. et Mrs Williamson se sont montrés pleins de bontés pour lui ; nous sommes bien touchés de la sollicitude et de l'obligeance avec lesquelles ils ont suivi nos recommandations. Le pauvre garçon a dicté, de son lit de mort, une lettre extrêmement émouvante où il remercie des soins qu'on a eus pour lui et où il s'excuse des fautes qu'il a commises. Au moment de mourir, il s'est dressé sur son séant, et, faisant le geste de ramer : « Tous ensemble, camarades ! » a-t-il dit d'une voix ferme. En même temps, il retombait sur l'oreiller et expirait. Que de maux les hommes et les nations s'épargneraient, si l'adieu du matelot Bonner devenait le cri de ralliement de l'humanité !

Le malheureux Kindred a reçu de plus amples détails sur la mort de sa femme ; un autre de nos marins a appris la mort de son enfant. Toutes ces nouvelles sont affligeantes, et ceux qu'elles n'atteignent pas directement, se sentent animés d'une douloureuse sympathie envers les autres. Grâce au ciel, tous les nôtres sont heureux et bien portants.

Vers onze heures du matin, nous sommes allés à terre pour visiter la *Mosquée de Sainte-Sophie*, que Fergusson proclame le plus bel édifice du monde. Je l'avais vue plusieurs fois déjà, lors de notre premier voyage ; mais elle m'a frappée plus que jamais. Quelles proportions, quelle ampleur, quelles merveilleuses mosaïques ! Combien les cinq mille réfugiés qu'elle abritait naguère, devaient se sentir pénétrés par le contraste de sa magnificence et de sa grandeur avec leur navrante misère ! Lady Strangford, qui fut leur ange gardien, a laissé ici de vifs souvenirs ; c'est à qui fera l'éloge de son dévouement et du zèle des personnes charitables qui s'associèrent à son œuvre.

De Sainte-Sophie nous nous sommes fait conduire à l'*Hippodrome* et à la *Mosquée d'Achmet,* aux six superbes minarets. Cette fois, nous nous sommes contentés de l'admirer de dehors. Nous avons vu aussi l'*Obélisque égyptien,* le plus remarquable qu'on connaisse, du moins dans ses détails, car il n'a pas les dimensions de l'Aiguille de Cléopâtre ; la colonne en bronze des *Trois Serpents,* qui supporta, dit-on, le trépied d'or de la prêtresse d'Apollon ; les *Mille et une*

Réfugiés, à la porte de la princesse Nazli.

colonnes, au centre d'un réservoir immense qui alimentait autrefois la ville, quoique personne ne sache d'où venait l'eau, etc.

Après avoir lunché à l'*Hôtel de Byzance,* établissement beaucoup plus confortable que celui de Misseri, où nous allions autrefois et qui doit être maintenant en ruine, nous avons pataugé dans la boue, occupés à regarder les boutiques. Constantinople a beaucoup perdu de son ancien éclat ; en revanche, les parties sales de la ville sont devenues plus malpropres que jamais. Chez lady Thomas, à qui j'ai fait une visite, j'ai rencontré la princesse Nazli, avec laquelle je me suis longuement entretenue des récents événements survenus depuis notre dernier voyage. Elle a vendu tout ce qu'elle possédait pour nourrir les pauvres et pour subvenir à ses propres dépenses. Elle s'est prodiguée dans les hôpitaux, et, à la porte même de son palais de Fundukli, où nous débarquons habituellement, on trouve de nombreux réfugiés, abrités sous des tentes ou sous les portes, qui vivent de ses charités. Maintenant que le temps se fait froid et pluvieux, je me demande ce qu'ils vont devenir, d'autant mieux qu'il y a parmi eux un assez grand nombre de femmes et d'enfants. Ce matin, je les ai vus qui essayaient de faire sécher les haillons qui leur tiennent lieu de lit; c'était navrant.

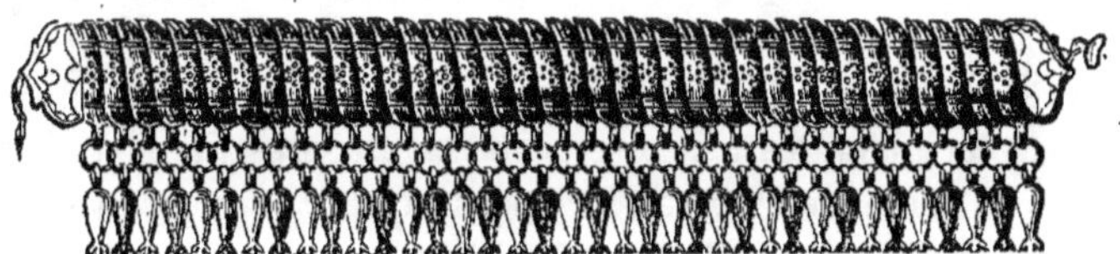

Bracelet turc.

La princesse m'a dit qu'elle venait de lire *Tancrède* et qu'elle avait été vivement impressionnée par le langage que l'auteur a mis dans la bouche de l'émir, « langage prophétique, » a-t-elle ajouté. En effet, le passage qu'elle m'a cité, se rapporte singulièrement à la politique du jour.

Peut-être le lecteur sera-t-il curieux de savoir quelle était la toilette de la princesse. Elle avait une robe de velours grenat, garnie de rubans à double face et de nœuds assortis. Aux poches et aux manches, de la dentelle d'or de Smyrne. Sur la tête, un délicieux chapeau allant avec la robe et à demi caché par un *yashmak* [1] en mousseline fine. Pas de bijoux, sauf des boucles d'oreilles en diamant et une alliance.

1. Voila.

Nous devions avoir des amis à dîner à bord, ce soir; mais le vent soufflait si fort que deux de nos invités seulement sont venus. Ils sont ici pour mettre de l'ordre, si possible, dans les finances du sultan : tâche difficile, je le crains, pour eux.

Mardi, 3 *décembre*. — Ce matin, le beau temps a succédé à la pluie, et nous avons hésité entre une expédition sur le Bosphore ou une visite aux bazars. La seconde perspective l'a emporté sur l'autre ; à dix heures, nous sommes partis tous, à l'exception de Tom, qui est resté à bord pour recevoir Hobart-Pacha.

Les bazars ne sont plus ce qu'ils étaient en 1874. Les Russes ont acheté toutes les curiosités, et le peu qui restait est envoyé à Andrinople dans l'espoir de débouchés faciles. Toutefois, dans le *Bezistan*, bazar central, on a chance de tomber sur de véritables merveilles, en quête d'acheteurs par ces temps durs, à la condition d'être là lorsqu'on les met aux enchères. Du plus grand au plus petit, tout le monde ici paraît être dans la gêne. Les esclaves des harems apportent journellement des bijoux et de la vaisselle qu'on livre aux plus bas prix, n'en soupçonnant pas la valeur. C'est ainsi que nous avons acheté de magnifiques ceintures ornées de turquoises, des tasses en ivoire sculpté, de vieilles pièces d'argenterie et autres objets. Un de nos amis a vu, dans un bazar, cinq magnifiques bagues enrichies de pierres précieuses, qui valaient bien chacune deux mille cinq cents francs, et qu'une esclave vendait pour vingt-cinq francs à un Juif; une autre fois, des montures de tasses à café, couvertes de diamants et de rubis, ont été vendues devant lui pour presque rien. Évidemment, ces objets devaient appartenir à des personnes de l'aristocratie, seules à même de posséder de semblables richesses. Les bazars sont toujours pittoresques, sombres et sales; mais ils ont perdu de leur ancienne animation. Plus de beaux carrosses doublés de soie, attelés de chevaux blancs, escortés d'eunuques, d'esclaves et de soldats, d'où descendaient des femmes vêtues de soie, étincelantes de bijoux, aux yeux brillants, à peine cachés par le *feridjee* et le *yashmak*. Toutes ce belles visiteuses ont disparu ; on ne rencontre plus que des femmes pauvrement habillées, achetant pour le compte de leur petit ménage.

En sortant des bazars, nous avons été à la *Mosquée des pigeons*, où, moyennant quelques piastres, on a donné à manger devant nous à ces curieuses petites bêtes. Les enfants étaient dans le ra-

La Mosquée des Pigeons.

vissement de voir tous ces oiseaux accourir par milliers, et se presser en masses compactes autour des Turcs. Par moments, leurs têtes disparaissaient dans le mouvement qu'elles faisaient pour ramasser les graines, et l'on ne voyait plus qu'un fouillis de queues grises s'agitant en signe d'émotion ; puis, un bruit quelconque faisait redresser tous les becs, les cous s'inclinaient gracieusement à droite, à gauche, en bas, en l'air, jusqu'à ce que, l'alerte étant passée, tout ce petit monde ailé reprît le repas interrompu. Les enfants ont ensuite été voir les derviches tourneurs, pendant que nous allions au bazar des objets en ambre, où j'ai trouvé, par parenthèse, que les prix avaient considérablement augmenté Un collier qu'on aurait payé de deux cent cinquante à cinq cents francs, il y a quatre ans, se vend maintenant quinze cents francs.

Dans l'après-midi, j'ai fait des visites avec Mabelle ; mais nous n'avons rencontré que Mme Ikbal Kiasim. On la prendrait pour une Française du meilleur monde, et on a peine à croire qu'elle ait été esclave circassienne. Elle continue à vivre avec son fils Izzet Bey, qui a épousé la princesse Azizich, mère du vice-roi d'Égypte et demi-sœur de la princesse Nazli. Les sucreries et le café d'usage ont été apportés ; la conversation a roulé sur toutes sortes de sujets, hommes et choses du jour. Toilette : une longue robe de cachemire bleu, garnie de vieilles dentelles et de diamants.

A bord, une surprise m'attendait sous la forme d'une corbeille pleine de ravissantes fleurs, roses, héliotropes, œillets, géraniums, etc. On a agité, pendant le dîner, la question d'une visite aux lignes de Tchekmedje ; il paraît que les permissions sont difficiles à obtenir et Baker-Pacha est impitoyable, même pour les officiers turcs, quand ils ne sont pas de service.

Mercredi, 4 décembre. — Temps humide, le matin ; on en a profité pour écrire des lettres ; puis, après le *luncheon*, chacun a mis ses bottes et un manteau, et nous sommes retournés aux bazars.

C'est demain le « Kourban Bairam ». En mettant pied à terre, nous avons entendu les canons de la rade et des forts qui tonnaient pour annoncer aux Musulmans l'agréable nouvelle que ce soir, au coucher du soleil, leur jeûne cessera, laissant le champ libre aux festins et aux réjouissances de toutes les sortes. Cette fête-ci diffère de l'autre Bairam et a, probablement, quelque rapport avec la Pâque des Israélites. Chaque famille se fait un point d'honneur de sacrifier, à cette occasion, un agneau ou un mouton, en sorte que, depuis quelques jours, la ville est pleine de ces bêtes se rendant au marché ou portées à dos par les acheteurs. Le dessin ci-joint donne une idée de ce spectacle qui est vraiment des plus comiques ; certains moutons ont l'air de goûter beaucoup leur promenade ; d'autres laissent pendre la tête d'un air piteux. On dit que les *hamals* qui se chargent de ces transports, portent tout ce qu'on veut, depuis le paquet d'aiguilles jusqu'au piano à queue. Personnellement, j'en ai vu un qui avait sur le dos un piano droit.

Le temps s'est éclairci peu à peu, et l'après-midi a été belle. J'ai été voir sir Henry et lady Layard, qui ont paru très intéressés par le récit de nos voyages et de notre séjour à Chypre. Plusieurs personnes sont venues pendant ma visite, toutes plus ou moins bouleversées par un changement inattendu de ministère. Tom a passé l'après-midi avec notre Consul général, qui lui a fait un tableau des plus sombres des tribulations de toutes sortes qui nous attendent à Andrinople. D'autres prétendent que nous pouvons très bien y aller, en sorte que nous sommes embarrassés sur le parti à prendre.

Très mauvais temps, ce soir ; la mer était si grosse que nous avons eu de la peine à regagner le bord.

Jeudi, 5 décembre. — Un obligeant ami nous a envoyé chercher par son *cavass,* ce matin à sept heures, pour nous faire voir le sultan se rendant en pompe à la mosquée. Il aurait dû, d'après une habitude immémoriale, aller à la mosquée d'Achmet, à Stamboul, mais il a préféré Fundukli et les préparatifs étaient déjà faits en conséquence, quand il a décidément choisi une mosquée, voisine de Dolmabagtcheh, près du palais de ce nom. Notre interprète Georges ne comptait pas sur un départ aussi matinal, et comme nous fûmes obligés d'attendre les chevaux et la voiture pour les enfants, le sultan était déjà entré dans la mosquée, lorsque nous y arrivâmes. Une foule considérable, mais moins nombreuse, cependant, qu'en 1874, s'était groupée pour le voir sortir. Des broughams de louage, généralement fort mal tenus, avaient amené les femmes du harem, qui sortent, par exception, en cette occasion. Des troupes bien armées, mais moins bien habillées qu'autrefois, surtout au point de vue de l'uniformité dans le costume, étaient massées aux abords de l'édifice, les mieux équipées en avant.

A la fin, la musique et les cris de la foule annoncèrent l'approche du sultan. Deux rangées de ministres, présents et à venir (des anciens on ne parle jamais), ouvraient la marche, dans des costumes couverts d'or et de pierreries, qui donnent envie de croire à l'histoire qu'on raconte des tailleurs de Stamboul et de Péra, travaillant toute la nuit dernière pour permettre aux nouveaux gouvernants de figurer avec leurs insignes dans la cérémonie d'aujourd'hui. Le sultan montait un arabe pur sang, dont la généalogie, raconte-t-on, remonte à plusieurs milliers d'années; derrière lui, venaient cinq splendides chevaux de bataille. De ma vie, je n'ai vu d'aussi belles bêtes, et je m'accuse d'avoir jeté un regard de convoitise sur un jeune cheval gris de fer, et sur un autre autre marron, avec les quatre pattes blanches, qui surpassent tout ce que je sais de parfait en fait d'animaux de ce genre. Le sultan paraît bon cavalier, mais il avait l'air peu rassuré. Il est d'une maigreur de squelette; ses grands yeux assoupis, son aspect mélancolique et soucieux commandent plus de sympathie que de respect. Très curieux tableau, en somme; mais il a passé comme une vision, Sa Hautesse ayant hâte de clore la cérémonie du Bairam et de rentrer dans son palais. Nous sommes restés quelques temps à regarder la foule, les chevaux et les soldats, évoquant nos souvenirs de 1874 et des brillantes parades d'alors; puis nous avons regagné le yacht pour déjeuner.

La princesse Nazli, la princesse Azizieh, et Mme Ikbal Kiasim, accompagnées de leurs suites, sont venues à bord dans la journée. Leurs costumes étaient plus parisiens, et leurs *yashmaks* plus minces que jamais; leurs esclaves habillés à l'européenne, ou à peu près, faisaient beaucoup moins d'effet que dans leurs beaux costumes orientaux d'autrefois. Mes visiteuses ont regardé avec intérêt les diverses curiosités que nous avons rapportées de toutes les parties du globe. Elles ont pris du thé et du café, fumé un nombre illimité de cigarettes, et quoique visiblement incommodées par le mouvement du yacht qui, bien qu'à l'ancre, subis-

sait l'action d'une mer légèrement agitée, elles sont restées à bord
jusqu'à six heures du soir. Les quatre dernières années ont beaucoup ajouté aux libertés, jusques-là fort restreintes des Turques.
La vue des hommes ne les effarouche plus; elles rient et causent
sans embarras avec eux. Plusieurs de ces dames avaient assisté à
bord de l'*Antilope* et de l'*Alexandra,* à des expériences de torpilles;
elles ont été charmées de revoir l'amiral Hornby, qui se trouvait
justement auprès de nous sur le yacht.

Il y a quelques mois, la princesse Nazli étant allée en Egypte,
reçut l'ordre de ne pas retourner à Constantinople. Elle s'enveloppa
dans un *yashmak* et un *feridjee* très épais, emprunta un millier
de francs et partit avec sa femme de chambre, une Anglaise, qui
ne l'a pas quittée depuis cinq ans. Dès qu'elles n'eurent plus peur
d'être reconnues, elles enlevèrent leur voile et voyagèrent en Européennes jusqu'à Constantinople, où elles reprirent le costume
oriental. Une femme mariée, qui se serait permis une semblable
équipée quelques années plus tôt, eut été étranglée et jetée dans
le Bosphore. Il n'y a pas encore bien longtemps, quinze cents
femmes du harem impérial furent noyées de la sorte dans le golfe
de l'Ismid, près de l'endroit où notre flotte stationnait récemment.

Ces malheureuses avaient été accusées de participation à un
complot ayant pour objet de favoriser les prétentions de je ne sais
quel usurpateur; quand, peu de temps après, l'héritier légitime
monta sur le trône, son premier soin fut de les faire tuer. Les
femmes de feu Abdul-Aziz ont eu plus de chance : la plupart ont
été vendues, mariées ou pensionnées. L'orgueilleuse sultane
Validé, qui fut pendant si longtemps la maîtresse véritable de
la Turquie, vit maintenant dans une retraite absolue, à Kau-
diti, où elle peut repasser à son aise les multiples souvenirs de son
extraordinaire destinée. Le sultan actuel a quatre enfants de la
même femme; mais celle-ci n'en est pas moins astreinte à ne pas
s'asseoir en présence de la mère de Sa Hautesse, et les jours de
réception elle se tient debout auprès d'elle. Le sultan Abdul-
Hamid a toujours été impressionnable; il redoute perpétuellemen

l'assassinat et les complots, peur qui est dans sa famille une sorte de maladie constitutionnelle. Depuis la terrible affaire de Tcheragan, il vit dans des transes continuelles ; on a beau lui dire que Mourad[1] est fou, malade, enfermé dans une maison entourée de grilles, il craint toujours qu'on ne cherche à lui donner la couronne. Son unique confident est le *Cafidje*, celui qui lui fait et lui sert son café ;

ce personnage est, en ce moment, l'homme le plus influent de la Turquie.

Toutes les personnes qui ont eu des rapports avec le sou-

Embarquement des princesses.

verain actuel paraissent l'aimer beaucoup. Elles disent qu'il a le vif désir de faire le bien, quoiqu'il se laisse facilement influencer dans le sens contraire. Sir Henry et lady Layard ne se lassent pas de faire son éloge. Hobart-Pacha, sir Collingwood-Dickson, et bien d'autres, qui ont eu l'occasion de l'approcher fréquemment, n'en sont pas moins enthousiastes. C'est le sultan lui-même qui a eu l'idée de faire appeler Baker-Pacha, pour le retranchement des

---

1. Mourad est le jeune homme dont il est question dans la première partie de ce livre, l'aîné des neveux d'Abdul-Aziz. On sait qu'il succéda à son oncle, quand celui-ci fut dépossédé de son trône, et qu'il fut détrôné lui-même, quelques semaines plus tard, au profit de son frère cadet, le sultan actuel.

lignes qu'on installe en ce moment sous son habile direction. Il
dîne toujours à l'européenne, et se montre, en toute chose, bien
plus civilisé que ses devanciers. On le dit très amateur d'animaux,
et, l'autre jour, ayant voulu faire don d'un oiseau rare à lady
Layard, il a tenu à le porter lui-même à l'ambassade, en grande
pompe.

Avant le départ des princesses, d'autres visiteurs arrivèrent,

Débarquement du Sultan à la Mosquée de Fundukli.

et j'étais vraiment fatiguée quand tous ces hôtes de passage
m'eurent quittée. Tom, pendant ce temps, avait assisté à un des
spectacles les plus navrants qu'on puisse voir, m'a-t-il dit. A bord
de l'*Asie*, navire de 900 tonneaux, il a trouvé deux mille réfugiés,
femmes, hommes et enfants, destinés à Chanak, Smyrne, Beyrouth et Larnaka, et tellement entassés les uns sur les autres,
qu'on ne pouvait faire un pas sans les heurter. Les malheureux
n'avaient ni vêtement, ni nourriture, ni place pour se mouvoir. Le bâtiment lui-même est sans lest. Le capitaine paraissait

à demi idiot; l'équipage avait l'air de n'entendre aucune langue,
sauf son patois particulier. Fort heureusement, les deux seconds
s'étaient entendus pour exposer la situation au consul anglais, qui
a empêché le départ et dont l'intervention aura pour résultat
d'alléger les souffrances des passagers. Plusieurs sont morts la
nuit dernière; Tom ne doute pas que d'autres n'aient le même
sort, si l'on n'améliore pas leur condition.

Je crois que nous serons obligés de renoncer à l'expédition de
Tchekmedje, que nous voulions entreprendre; mais on nous a
assuré que le ministre de la guerre nous faciliterait l'accès des
lignes de San Stefano, si tant est que le voyage d'Andrinople nous
permette de profiter de son bon vouloir.

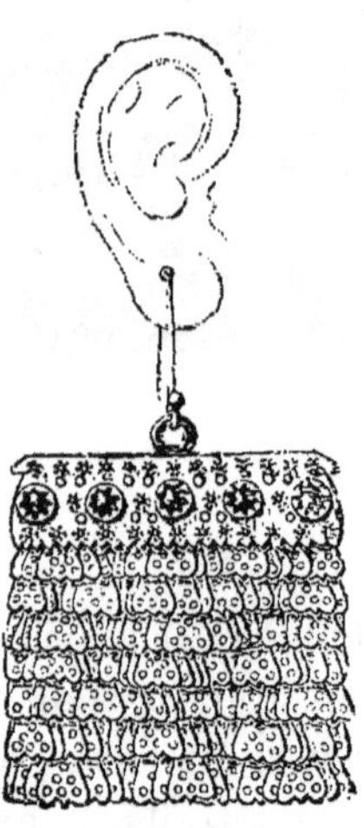

Boucle d'oreille bulgare.

CHAPITRE DIXIÈME

Vendredi, 6 décembre. —Lorsqu'on nous a réveillés à quatre heures ce matin, les éléments semblaient conspirer pour empêcher notre expédition à Andrinople; le vent soufflait avec violence, et la pluie tombait en torrent. Cependant, tout étant prêt, nous avons décidé de partir, M. Bingham, Mabelle et moi. Tom est resté, ayant beaucoup de choses à faire et nombre de lettres à écrire.

Georges, l'interprète, s'est fait attendre, et nous avons failli manquer le train. Il a fallu traverser le port en canot, jusqu'à Stamboul, patauger dans la boue pour gagner la gare, se débarrasser des commissionnaires et des portefaix, et, enfin, le wagon-salon que nous avions retenu n'était pas prêt.

Nous sommes pourtant parvenus à nous installer confortablement dans un compartiment de première classe, en compagnie d'un Turc qui parlait anglais, et d'une Française qui paraissait avoir l'habitude de circuler entre Andrinople et Constantinople. Presque aussitôt le train se mettait en marche et traversait lentement la ville pour gagner San Stefano, où il y a un embranchement vers Tchekmedje.

Toutes les gares étaient encombrées de soldats turcs, et entourées de campements et de bagages. La ligne longe la mer,

et passe près de grands marais salants, aux environs de Baksais et
de Cattaldza. A Tchorlou, on s'arrête pour dîner. Comme on nous
avait prévenus qu'il était souvent difficile de se procurer à manger,
nous avions emporté des provisions et dîné en route, ce qui nous
a permis de nous promener aux abords de la station et de nous
rendre compte du peu qu'il y a à voir. La pluie continuait de
tomber à verse. Une longue route allait de la gare à une ville assez
éloignée; de divers côtés, on découvrait des camps, des soldats et
des tonnes remplies de vivres. C'est ici que, durant la guerre, le
comité de *Stafford House* [1] visitait les trains de malades et de
blessés, pansait les plaies, administrait les remèdes et distribuait
de la soupe, du vin et de l'eau. Quel secours inespéré pour ces
pauvres gens qui venaient d'être secoués, ballottés pendant des
jours, sans personne pour les soigner !

Il n'y a pas d'employés pour le chemin de fer, à part les chefs
de gare et le personnel des trains; les hommes de peine sont rem-
placés par des soldats, qui s'acquittent convenablement de leur
tâche. Les gares sont d'une saleté repoussante; mais les wagons
sont bien tenus et on n'y est pas cahoté, en sorte que le voyage,
bien que long et monotone, n'est réellement pas fatigant. A propos
de cette voie ferrée, on raconte une histoire bien caractéristique des
procédés admis dans ce pays-ci. Il paraît que l'entrepreneur avait
traité à raison de tant par mille, et que pour allonger le parcours
et accroître son bénéfice, aussi bien que pour éviter les viaducs,
les tunnels, les ponts et autres œuvres d'art, il a fait faire à la
ligne des détours considérables, au point d'augmenter le trajet
d'une trentaine de lieues. C'est ainsi que les chrétiens se comportent dans leurs rapports avec les musulmans !

Nous avons aperçu un grand nombre de villages saccagés
brûlés et détruits par les Russes. A Lilli Bourgas, on laisse der
rière soi les camps et les troupes turcs, et on entre dans les ligne
russes. Les Moscovites font le service des gares comme les Otto-

---

2. Comité organisé par le duc de Sutherland dont la résidence, à Londres,
s'appelle Stafford House.

mans, avec cette différence, qu'ils sont encore moins intelligents.
A partir de ce moment, la nuit s'est faite, et je crois que nous
avons tous dormi jusqu'à Andrinople, où nous sommes arrivés
vers neuf heures du matin. Un ami qui nous attendait est
accouru à la portière pour nous saluer et, tandis que nous cau-
sions, un soldat russe s'est glissé de l'autre côté, dans notre compartiment, essayant de nous ,voler nos sacs. Fort heureusement
qu'un de nos domestiques l'a vu et l'a chassé.

Un vrai lac de boue tout autour de la gare! Mais comme notre
ami avait pris la précaution d'amener sa voiture, nous avons pu
franchir sans encombre les quelques centaines de mètres qui nous
séparaient de l'hôtel. J'ai vu rarement un établissement de ce
genre, d'aspect moins engageant : deux grandes chambres pleines
de soldats en train de manger et de boire, une autre pièce pavée
et malpropre, un escalier conduisant à une grande salle carrée, où
des ordonnances d'officiers préparaient le thé en fumant, et autour
de cette salle une vingtaine de petites chambres, aux murs épais,
aux grosses portes, contenant chacune un lit, une toilette et une
chaise. Les meubles, pourtant, sont remarquablement propres, et
les tapis et les rideaux ne semblent pas moins soignés. On a transformé une chambre à coucher en salon à notre intention, et le
couvert était mis pour notre arrivée.

Des fenêtres, on ne voit que des soldats russes, des tentes et
des huttes. Toute la nuit nous avons entendu le bruit des fourgons
transportant du fourrage, des munitions et des provisions de toutes
sortes. Les magasins regorgent, dit-on, ce qui n'indique pas une
évacuation prochaine.

Samedi, 7 *décembre*. — Cessation de la pluie. Les chiens eux-
mêmes, encore plus nombreux ici qu'ailleurs, agitaient ce matin
leurs semblants de queues, secouaient leurs corps décharnés, et
se léchaient l'un l'autre, en signe de joie de revoir le soleil.

Nous, nous étions prêts à sortir de bonne heure. Mais la voiture attendue n'est pas venue, et notre domestique a eu toutes
sortes de peines à se procurer une *telika*, misérable véhicule du

pays, très haut, sans ressorts, recouvert comme un wagon, où l'on pénètre par deux ouvertures étroites et basses, qui obligent à se courber, presque à toucher le fond pour entrer. Une fois dedans et assis, il faut garder le corps incliné et supporter dans cette posture les plus effroyables cahots, sur les moins entretenues des routes. Parfois une roue tournait en l'air, pendant que l'autre s'embourbait dans un trou ; parfois toutes deux roulaient dans une mer de boue qui atteignait jusqu'au marche-pied. Nous avons traversé la Maritza et la Tondja sur deux beaux ponts, et, au bout de quatre kilomètres, nous atteignions Andrinople, où notre ami d'hier, qui nous donna l'hospitalité, a mis à notre disposition une voiture un peu moins primitive. Sa femme, son fils et sa fille nous attendaient, et, ignorant le contretemps qui nous avait mis en retard, commençaient à s'inquiéter de notre sort. Leur habitation est installée moitié à l'européenne et moitié à l'orientale ; nous y sommes aussi bien que possible.

Le bazar d'Ali-Pacha, celui de tous les bazars orientaux qui a le plus de couleur locale, a eu notre première visite. Long de cent mètres, très élevé, il contient des rangées de petites boutiques occupées par des marchands réguliers, puis des places réservées aux marchands de passage, tels que les Persans, qui vendent des turquoises, des tapis et des châles brodés ; des gens des Balkans, débitant des tapis, des rideaux, des broderies ; des trafiquants circulant un peu partout pour écouler leurs marchandises. On y trouve aussi des étalages de montres et de bijoux français, qu'on est assez surpris de rencontrer en pareil lieu. La foule est des plus bigarrées, et j'aurais volontiers passé le reste de la journée à l'étudier, si nous n'avions pas eu en perspective d'autres sujets d'observation et de promenade, entre autres un bois magnifique, autrefois le rendez-vous des habitants d'Andrinople, parsemé de cafés et de kiosques presque entièrement détruits par les Russes.

Au bout de l'avenue principale, il y a une tour carrée, à peu près en ruine, et un pont qui conduit à la porte du *Vieux Sérail,* ou *Eske Serai,* une des curiosités de la Turquie, du moins jusqu'à l'année dernière. Il datait d'une époque, où l'empire ottoman avait tout son éclat, et c'était le seul monument du genre qui fut demeuré debout. Malheureusement, le 17 janvier 1878, il a été détruit accidentellement par les Turcs, qui voulaient faire sauter des munitions emmagasinées à côté, pour les empêcher de tomber aux mains des Bulgares. La tour du *Vieux Sérail* n'est plus qu'un amas de ruines; il n'en reste que l'escalier extérieur et le parvis de marbre.

Le bain de la sultane Validé n'existe plus; la Sublime Porte subsiste encore; mais le petit pavillon voisin, où le Sultan recevait tous les visiteurs importants, est complètement détruit intérieurement, et les quelques fragments qui en restent, montrent seulement combien ses décorations devaient être belles.

La *mosquée de Selim II,* où l'on nous a menés ensuite, est la plus belle du monde. Son dôme manque des riches mosaïques de celui de Sainte-Sophie, mais il est plus vaste. On trouve dans cet édifice d'admirables carreaux en faïence de Perse, des versets du Coran sur fond bleu clair et bleu foncé, écrits dans le plus beau style oriental, et ornés de bordures persanes d'un dessin exquis. Au centre, une singulière tulipe en pierre sculptée, qui rappelle que l'emplacement de la mosquée fut autrefois un jardin de tulipes que son propriétaire abandonna au Calife d'alors.

Comme c'était la fête de Kourban Bairam, on se livrait dans la cour de la mosquée à des divertissements de toutes sortes, danses, escarpolettes, etc.; les marchands de friandises et de boissons pullulaient; la foule, dans ses habits des grands jours, semblait aussi brillante et aussi gaie que possible, et les bambins turcs se balançaient auprès d'énormes soldats russes, sans se préoccuper de ce voisinage. En dehors, appuyées aux murs, des rangées de réfugiés attendaient patiemment leur maigre distribution de vivres. Les enfants eux-mêmes s'abstenaient de crier ou de se plaindre; assis tranquilles, immobiles, indifférents, on les eût pris pour de jeunes stoïciens. J'ai remarqué combien tous ces gens, de nationalités différentes, semblaient se confondre facilement et vivre aisément côté à côté dans ce milieu de rues étroites, sales et encombrées. Toutes les nations sont représentées ici, sans parler des

soldats russes ; et pourtant, même dans les foules les plus compactes, dans les passages les plus obstrués, chacun évite de heurter
les enfants et les femmes en train de faire leurs petits emplettes.
Circassiens, Finlandais, Cosaques, il y a de tout ici, en fait de re-
jetons de l'immense empire moscovite. Quelques-uns sont de beaux
hommes, à l'air intelligent ; beaucoup ne me paraissent pas occu-

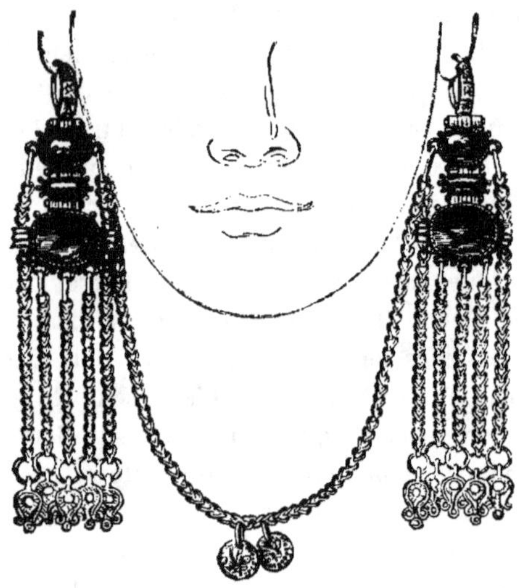

Collier et boucles d'oreilles réunis en un seul bijou.

per parmi les types de la race humaine un degré supérieur à celui
des habitants de la Terre de Feu.

Pour clôre notre promenade, nous avons rendu visite au consul, une ancienne connaissance de Constantinople. Il était en train
de conférer avec ses collègues d'Autriche, de France et de plusieurs autres puissances, à propos d'une affaire qui a failli entraî-
ner de graves complications, et nous a fait attendre quelques instants avant de nous recevoir. Un Anglais, nommé Stock, ayant
acheté de vieilles cartouches dans le but d'en extraire le plomb et

d'en recueillir la poudre, s'est avisé de transporter celles-ci par le
chemin de fer, contrairement aux prescriptions de l'autorité russe,
qui l'a fait arrêter. Sur quoi le consul de le réclamer, et d'obtenir
qu'il lui fût livré pendant qu'on instruirait l'affaire. Mais les Russes
changèrent d'avis le lendemain et voulurent qu'on leur rendît le
prisonnier. Le consul résista, barricada sa résidence ; les soldats
enfoncèrent la porte à coups de hache et emmenèrent l'Anglais.
Finalement, le commandant russe renvoya M. Stock avec force
excuses, mais l'outrage fait au pavillon britannique n'en demeure
pas moins assez grave pour que notre agent juge nécessaire d'en
référer à l'ambassadeur. C'est probablement nous qui porterons
son rapport. Les Russes ouvrent toutes les dépêches, tous les télégrammes, et M. Calvert, notre représentant ici, est heureux d'avoir
une occasion de pouvoir faire parvenir à l'ambassade un certain
nombre de documents confidentiels. Un télégramme que nous
avons expédié de Constantinople pour retenir des chambres, a été
gardé pendant deux jours.

Impossible de dormir cette nuit, à cause du bruit de l'artillerie et des troupes qui n'ont cessé d'être en mouvement. J'ai fini
par me lever et par m'installer à la fenêtre, évoquant dans ma
pensée les sombres et douloureux tableaux qu'on voyait ici naguère encore : les hommes, les femmes, les enfants, groupés en
longues files aux abords de la gare, épiant le passage des trains, se
cramponnant aux wagons au risque de se faire tuer, ou mourant
de faim et de froid. Le matin, des charrettes passaient pour distribuer des vivres et relever les morts ; une fois, il en fallut près de
six pour emporter les corps des malheureux enfants tombés ina-
nimés parmi les réfugiés, après une nuit exceptionnellement froide.

Dimanche, 8 décembre. — Reveillés à quatre heures, par un
temps sombre et froid, nous avons pris en hâte un tasse de café
chaud et couru à la gare, qui était encombrée de soldats russes.
Les environs d'Andrinople sont beaucoup plus intéressants que
ceux de Constantinople, où le pays ne se compose que de marais
et de villages dispersés çà et là et abandonnés pour l'heure, sinon

brûlés. Notre train était très long et rempli de soldats. A chaque arrêt, des bandes de réfugiés s'approchaient dans l'espoir d'obtenir des places, et à Sidler-Tchiflik, trois hommes s'élancèrent aux portières comme la locomotive s'ébranlait. Le surveillant les vit; mais n'osant les repousser de crainte de les tuer, il leur fit signe de venir vers lui en suivant la ligne des wagons. Les malheureux paraissaient épouvantés. Chacun avait un paquet sur l'épaule,

Réfugiés accrochés au train.

suspendu, l'un à un bâton, l'autre à un fusil, le troisième a un sabre. Leur bagage tomba pendant leur périlleuse promenade; mais ils parvinrent du moins à atteindre, sains et saufs, un wagon à bestiaux. Tout le long de la route, des scènes semblables se renouvelèrent. A Tchorlou, où il y a un assez long arrêt, les voyageurs ont déjeuné. Dans deux compartiments contigus, j'ai remarqué un général russe et un général turc, chacun allant inspecter les troupes sous son commandement et trônant dans son majestueux isolement.

Nous étions à Constantinople vers sept heures du soir environ, et, à peine débarrassés de nos bagages par les domestiques et les matelots envoyés à la gare, nous allions à Péra porter, comme nous l'avions promis, nos commissions à l'ambassade. Chez M. Whittakers, pour qui nous avions des lettres, nous avons rencontré Tom qui y dînait, et on a tellement insisté pour que nous entrions, que, malgré le négligé de nos costumes, nous avons

Boucle d'oreille bulgare.

accédé à cet aimable désir. Il y avait là plusieurs diplomates, Izzet-Bey, le mari de la princesse Azizieh, Djamil-Pacha, qui était gouverneur d'Andrinople lors de l'évacuation au mois de janvier, et d'autres notabilités. La conversation a donc été très intéressante. Un des invités, Raouf-Pacha, s'était fait excuser en alléguant une indisposition ; mais nous avons su qu'il avait reçu soudain, du sultan, l'ordre de ne pas bouger de chez lui, d'ici à son départ pour Tripoli. Plusieurs pachas furent arrêtés ce soir-là de la même façon, sans avoir reçu aucun avertissement et sans se douter de la cause de leur disgrâce.

Notre hôte a été pendant longtemps directeur du *Levant Herald*, et s'est acquis en cette qualité l'attachement et le respect de tout Constantinople, Turcs et Européens. Malheureusement, il eut la mauvaise chance de déplaire au gouvernement, en raison de critiques qu'il avait faites dans son journal sur l'administration du pays, et il fallut qu'il se sauvât pour éviter qu'on ne lui fît un mauvais parti. L'accès de colère passé, il est revenu à Constantinople, et il y a repris son journal, mais sous un autre titre.

Nous sommes revenus à bord à minuit, heureux de pouvoir enfin nous reposer.

CHAPITRE ONZIÈME

Lundi, 9 décembre. — Le nouveau grand-vizir, Khaireddin-Pacha, nous ayant accordé une audience pour ce matin, nous nous sommes présentés, à l'heure dite, à la porte de son palais. Sa suite nous attendait, et de magnifiques tapis de Turquie avaient été étendus dans le jardin depuis l'entrée jusqu'au perron. A l'intérieur, un grand feu pétillait dans une belle cheminée d'albâtre, et, à peine avions-nous pris place sur de superbes divans en soie richement brodée, que la tournée habituelle des cigarettes et du café a commencé. J'ai décrit ailleurs le luxe des ustensiles qui servent à ces distributions ; ceux d'aujourd'hui, inscrutés de diamants, ne le cédaient point aux autres, ni en élégance ni en magnificence.

Nous avons attendu très longtemps ; mais le ministre ne se montrant pas, nous nous sommes retirés, malgré les instances de ses gens qui voulaient nous retenir. Dans la journée, le vizir nous a fait exprimer ses regrets d'avoir manqué notre visite ; il avait été mandé, la nuit, par le sultan, qui prétendait qu'on conspirait contre sa vie, et Sa Hautesse ne l'avait laissé libre qu'à midi.

complot n'était d'ailleurs qu'une invention d'un des familiers de la cour, qui avait cherché à effrayer le sultan pour en obtenir une faveur quelconque.

Entre autres fantaisies, le sultan a depuis quelque temps celle de l'agriculture ; il cherche un associé qui cultive de moitié avec lui un certain nombre d'hectares, sans vouloir toutefois qu'il soit seulement son employé. L'idée n'est pas mauvaise, surtout de la part d'un prince si peu prévoyant sur d'autres points.

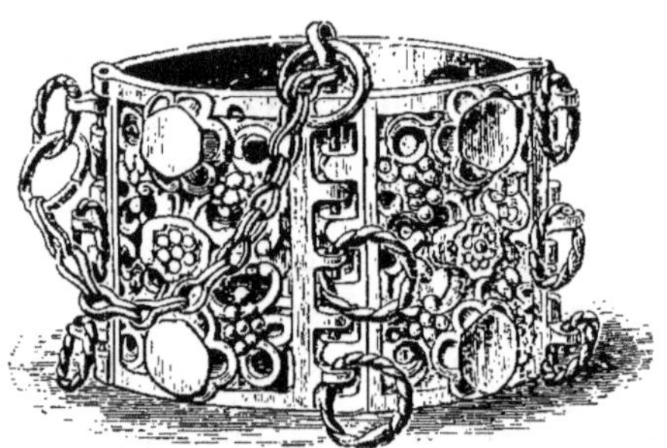

Bracelet d'enfant bulgare.

Tom a été occupé toute la journée à bord ; les enfants sont allés visiter les mosquées ; Mabelle et moi, nous avons fait des visites d'adieu, car nous partirons demain, si le temps le permet. Plusieurs de nos anciennes amies ont fait dire qu'elles étaient sorties, ayant pris l'habitude de consigner leur porte pour qu'on ne s'aperçoive pas du changement survenu dans leur genre de vie. C'est une petite faiblesse de leur part, d'autant mieux que, quand on sait que leurs bijoux ont passé à secourir les blessés, on éprouve pour elles une vive admiration. Les Turques de la haute classe ont été admirables de dévouement et de sacrifice, et elles ont bien tort de se sentir humiliées par les réductions qu'elles ont dû opérer dans leur train de maison. De pareils actes honorent ceux qui les commettent, et provoquent chez ceux qui les constatent un redoublement d'estime et d'affection. Nous avons pourtant été reçues dans quelques maisons ; les domestiques sont moins nombreux, les voitures sont vendues, les belles tasses à café enrichies de rubis ont disparu ; mais on n'entend jamais le moindre mot de plainte, et le charme de l'accueil est resté le même.

Une fois revenue à bord, j'ai reçu visite sur visite. Nous avons dîné chez des amis, après avoir pris le thé chez lady Layard, et nous avons regagné le yacht à une heure avancée de la soirée.

Mardi, 10 décembre. — Vilain temps, mauvais vent qui semble vouloir s'éterniser. Le colonel Allen et le colonel Baker sont venus déjeuner et visiter le yacht. Ils nous ont raconté beaucoup de choses intéressantes au sujet de la dernière campagne, qu'ils ont faite en entier. Le colonel Baker, qui a été le prisonnier des Russes, se loue beaucoup de lady Strangford, à laquelle il est peut-être redevable de la vie. Ces deux officiers estiment que les fameuses lignes dont j'ai déjà parlé, sont imprenables ; elles dominent, en effet, une vaste étendue de terrain et sont protégées par une rivière pendant que, de l'autre côté, elles se trouvent adossées à des pentes élevées ; en outre, leur construction est telle que, si un ouvrage était pris, les autres le couvriraient de leurs feux. Les autorités n'y laissent pénétrer personne ; néanmoins, on peut être certain que les Russes en connaissent le plan, soit qu'ils aient réussi à tromper la consigne en s'affublant d'un déguisement, soit qu'ils aient acheté un Turc qui les aura renseignés.

Après déjeuner, nous avons traversé la Corne-d'Or en caïque pour aller aux bazars ; mais nous n'y avons rien vu qui nous dédommageât de notre peine. De retour à bord, nous avons reçu la visite de l'ambassadeur d'Allemagne et de l'ambassadeur d'Autriche. Le soir, nous avons dîné à la légation anglaise, où l'on a beaucoup parlé des réfugiés ; ces malheureux ont fait preuve d'une résignation admirable, se contentant du peu qu'on leur donnait, le partageant d'abord entre les femmes et les enfants, et s'abstenant entre eux de toute dispute. On s'en occupait beaucoup ; mais ils étaient si nombreux que, quoiqu'on pût faire en leur faveur,

cela faisait l'effet d'une goutte d'eau dans l'Océan. Mrs Hanson s'intéresse beaucoup à ces pauvres gens; elle a installé plusieurs familles dans son voisinage, à Kandili et, non contente de les nourrir
et de les vêtir, elle s'occupe de leur procurer des travaux dont le
produit sert à améliorer leur condition. L'autre jour, le colonel
Blunt se promenait à cheval, sur une route qu'on est en train de
réparer, quand un ouvrier vint à lui et lui rappela qu'il avait eu
l'honneur de l'avoir pour hôte. C'était un réfugié, autrefois propriétaire et *kaimakam* de sa localité, actuellement réduit aux plus
durs travaux pour gagner sa vie. S'imagine-t-on un de nos fonctionnaires, un de nos maires, par exemple, placé dans cette situation? Pourtant, le *kaimakam* est un personnage plus important que
la plupart de nos magistrats municipaux.

Mercredi, 11 *décembre.* — Un changement de vent et l'élévation
du baromètre ont déterminé Tom à partir en hâte. De là une bous-
culade générale, comme on n'en voit guère que si on a soi-même
passé par là. Chacun avait compté que le mauvais temps durerait
au moins toute la semaine, et s'était fait à l'idée d'une prolonga-
tion de séjour. Maintenant qu'il fallait partir, les notes à payer,
les lettres à envoyer à terre pour décliner ou rompre certaines in-
vitations, mettaient tout le monde en l'air.

Divers amis ayant eu connaissance de notre décision, vinrent
nous faire leurs adieux. Ils nous ont rapporté les derniers « on-dit »,
entre autres le bruit que le gouvernement anglais serait résolu à
garder Chypre, et à occuper peut-être encore un autre point sur le
continent : Alexandrette, probablement, dans le golfe de Scande-
roun. C'est, je crois, un endroit très malsain, quoique réputé
dans le monde des chasseurs. Un officier de marine en station
à Bayas, près d'Alexandrette, a tué deux mille pièces de gibier
de toute espèce, du mois de novembre au mois d'avril, et cela
sans autre dépense que la poudre et le plomb.

Mabelle et Philipps, qui étaient à terre pour faire nos dernières
commissions, sont revenus à bord vers midi. Le yacht avait déjà
mis à la voile et attendait près de Scutari. Bientôt il dépassait la

Corne-d'Or, la Pointe du Sérail et le vieux Stamboul, avec ses minarets et ses dômes sans nombre. Des centaines de vaisseaux avaient profité de la brise pour appareiller, et nous nous croisions dans tous les sens selon les caprices du vent et les variations du courant. Un moment nous nous sommes trouvés en ligne avec huit bricks sans qu'aucun réussît, pendant plusieurs minutes, à prendre de l'avance sur le voisin. L'après-midi a été chaude et humide, au lieu du temps froid et neigeux qu'on nous avait prédit. Le soir, la brise a molli en tournant de l'ouest au sud ; nous avons profité du calme pour reprendre nos parties de whist.

Jeudi, 12 *décembre.* — Il faisait si peu de vent ce matin qu'on a allumé les feux et marché à la vapeur ; mais une forte brise debout n'a pas tardé à se lever et elle a soufflé bientôt en tempête. Sur quoi Tom s'est résolu à chercher un refuge soit à Lampsaki ou à Gallipoli, et comme ce dernier mouillage est le plus sûr, c'est de ce côté que nous avons fait route. Il ventait tellement qu'en arrivant, malgré deux ancres mouillées et de nombreuses brasses de chaîne, on a continué à faire tourner l'hélice[1] jusqu'à ce que l'ouragan se fût calmé. Les vagues s'élevaient à une hauteur effrayante et atteignaient en se brisant plusieurs maisons de la ville. Pendant le *luncheon*, un officier du *Flamingo* est venu dans une grande chaloupe à vapeur nous offrir de nous mettre à terre ; nous nous sommes empressés, y compris les enfants, de profiter de sa proposition, car il aurait été tout à fait impossible d'atteindre le rivage avec nos seuls moyens de communication. Jamais nous n'hésitons à descendre à terre, quand nous en trouvons l'occasion ; outre que c'est la seule façon de s'initier aux mœurs des pays que nous côtoyons, c'est en même temps le meilleur moyen d'abréger la durée des traversées. Par exemple, cette fois-ci, il a fallu se résigner à être mouillé : la chaloupe allait très vite et passait plutôt à travers les lames qu'au-dessus.

En débarquant, Philipps s'est mis à la recherche de pro-

---

1. Pour soulager l'action des ancres et empêcher la tension excessive des chaînes qui eussent pu se rompre.

visions fraîches, pendant que nous courions visiter les boutiques et faire quelques emplettes. Il n'y a pas grand chose à acheter ; toutefois nous parvînmes à faire l'acquisition de bibelots en vieil argent qui sont vraiment curieux. Le retour dans la chaloupe a été encore plus pénible que la première traversée ; nous avons pourtant réussi à gagner le bord sans être démesurément mouillés. A la nuit, le *Téméraire* a fait son entrée à la vapeur, revenant de la baie d'Artaki, où il a fait des évolutions avec le reste de la flotte. Son mouillage a été très intéressant ; l'espace où l'on pouvait jeter l'ancre était des plus restreints, et c'était vraiment merveilleux de voir ce gros navire tourner sur lui-même, comme un toton ou comme un chien qui fait son lit, avec une précision inouïe, jusqu'à ce que le capitaine eût trouvé un emplacement convenable.

Plusieurs officiers ont dîné avec nous, et nous ont longuement parlé des Russes, dont ils ne semblent pas goûter les procédés. Dernièrement, un officier de cette nation, qui avait été invité à la table d'un de nos navires de guerre à Bourgas, a prétendu ne pas savoir un mot d'anglais, et on a su plus tard par notre vice-consul qu'il était fils d'une Anglaise et qu'il parlait notre langue couramment. Évidemment, l'ignorance qu'il avait affectée avait eu pour but d'engager ses hôtes à s'exprimer librement devant lui, et c'est justice d'ajouter qu'il avait écouté tout ce qui se disait, de l'air indifférent d'un homme qui ne comprend pas. Une autre fois, un visiteur, venu à bord d'un de nos vaisseaux, parut s'intéresser beaucoup au sort d'un officier russe, qui avait été fait prisonnier par les Turcs et qui passait pour avoir subi, entre leurs mains, de mauvais traitements. Or, ce visiteur n'était autre que le prisonnier lui-même, relâché sur parole par un pacha.

Vendredi 13 décembre. — Le vent étant moins fort, ce matin, et le baromètre ayant remonté, Tom a résolu de partir immédiatement, sans même permettre à Philipps d'aller chercher les provisions commandées. On envoya porter les lettres au *Téméraire*, et à huit heures nous franchissions l'étroite passe des Dardanelles. Comme il fallait stopper à Chanak-Kalesi pour remettre le firman, nous en avons profité pour descendre à terre, et ayant aperçu une longue file de chameaux qui regagnaient leur écurie, nous y sommes entrés pour les examiner à loisir. Ils étaient plus beaux que leurs frères d'Afrique; leur corps était couvert d'un beau poil laineux et frisé, et on n'y voyait ni plaies dégoûtantes ni plaques dénudées.

La journée était superbe; le soleil, chaud et brillant, avec une petite brise du sud-ouest qui s'accrut rapidement quand nous fûmes en pleine mer. En même temps, le baromètre baissait, et, comme nous reconnaissions le feu du cap Sigri, vers neuf heures du soir, des coups de roulis et de tangage commencèrent à se faire sentir. Je me suis couchée de bonne heure; maisles mouvements du yacht m'ont obligée bientôt à me relever et nous avons passé une affreuse nuit. Personne à bord, sauf ceux qui ont affronté avec Tom certain cyclone, quand il a traversé l'Atlantique sur l'*Eothen*, personne, dis-je, n'avait encore vu un pareil coup de vent. Les domestiques s'étaient couchés, confiants dans la tranquillité de la mer: rien n'était attaché : les objets, les meubles, tombaient en pagaïe, et il fallut réveiller les *stewards* pour amarrer tout au plus vite. Philipps, le premier *steward*, qui se couche toujours à demi-vêtu, de peur d'une alerte, fut debout en un instant. Il sentait, disait-il, trop de rochers autour de lui pour se déshabiller complètement, et cet excès de précaution eut ici son utilité, puisqu'il lui permit d'accourir au premier signal. Dans la chambre des enfants, les jouets, les chaises, roulaient de droite et de gauche ; les planches à roulis [1] n'avaient pas été mises aux couchettes, et il aurait pu arriver des accidents sans la présence d'esprit de tout le monde. Mais les enfants et les femmes de chambre ont pris la chose gaiement, en sorte que de ce côté tout a été pour le mieux. Sur le pont, on parvenait à peine à respirer, encore moins à parler, tant la brise cinglait le visage; au ciel, les nuages semblaient lutter de vitesse ou se fondre dans des tourbillons rivaux. Heureusement, que la nuit était claire ; sinon, nous eussions couru de réels dan-

1. Planche qui empêche d'être jeté à bas de son lit par les coups de roulis.

gers au milieu de cette mer démontée, parsemée d'îles sans phares. Nous avons d'abord tenu la cape ; mais, quand nous avons voulu virer, le *Sunbeam* a refusé d'obéir à sa barre, et il a fallu de nouveau laisser porter. Le gréement a pris du mou et les mâts penchent vers l'arrière ; de plus, le yacht est moins lesté que de coutume, en raison de la consommation de charbon et d'eau, en sorte qu'enfonçant moins dans l'eau que d'habitude et ayant déplacé son

Promenade dans l'eau.

centre de voilure, il cède moins facilement à l'action de son gouvernail. Enfin, nous parvînmes à nous réfugier sous l'île de Mitylène ; mais le vent nous poursuivait, et, en définitive, nous avons passé toute la nuit, secoués d'une terrible façon, et, qui pis est, affreusement inquiets par suite du voisinage de la terre. Avec quelle impatience nous attendions le jour !

Samedi, 14 *décembre.* — Le jour si désiré a paru. Nous avons mouillé, sur les neuf heures, dans la baie d'Adramitium [1], et bien que le vent eût molli depuis quelque temps, ç'a été une vraie joie de se sentir en lieu sûr et en mer calme. Beaucoup d'arbres et de hautes montagnes autour de nous; on se croirait en Norwége. Il a plu toute la matinée; dans l'après-midi, une éclaircie a permis de descendre à terre, mais le dessin ci-joint montre dans quelles conditions s'est effectuée notre promenade. Chaque sentier s'était transformé en torrent. Mieux valait pourtant circuler que de rester à bord à deviser sur les incidents de la nuit et sur ceux qui peut-être se préparent pour nous. Yeni-Liman est évidemment un port fréquenté par les petits caboteurs, car toutes les maisons sont autant de dépôts d'approvisionnements. Nous avons rencontré un grand nombre de mules qui venaient de l'intérieur, portant des outres pleines d'huile d'olive. On ne trouve à acheter que des œufs, des poulets et des légumes; encore notre ignorance de la langue a-t-elle rendu notre ravitaillement difficile.

Le temps semblait s'être remis au beau quand nous avons regagné le bord; mais, au milieu de la nuit, le vent a changé de direction et a soufflé si fort, du nord-est, que nous avons allumé les feux et fait tourner l'hélice, de peur d'être jetés à la côte.

Dimanche, 15 *décembre*. — Départ ce matin — à la vapeur, vu le peu de largeur des passes, qui oblige à beaucoup de prudence. On a côtoyé l'île de Lesbos et reconnu la capitale, Mitylène : une grande ville très étendue, ou, plutôt, trois villes réunies en une seule, avec un ancien et beau château au milieu; le promontoire de Kara-Bournou fut ensuite notre objectif; puis nous nous sommes trouvés le long des rives de l'île de Chios. Le pilotage exigeait trop de soins, ce matin, pour que Tom ait pu lire les prières; mais le service religieux a été célébré à quatre heures, juste en vue de la ville de Chios. Je serais curieuse de savoir si notre ex-passager, le consul français, a reconnu le *Sunbeam*?

1. Ou Adramiti.

Lundi, 16 *décembre*. — Il a fait si chaud, cette nuit, que per
sonne n'a dormi ; pour ma part, j'ai tellement souffert de la température et de l'état électrique de l'atmosphère, que je suis
remontée sur le pont jusqu'à deux heures du matin, instant où
le yacht a mouillé devant Syra.

Vue de l'ancrage, la ville paraît jolie et propre ; on dirait
des maisons tirées d'une boîte de jouets d'enfants, montées sur

Syra.

trois rochers et peintes en bleu, blanc, rouge et vert. Point
d'arbres, d'aucun côté, mais des rochers affreusement nus. Je crois,
cependant, qu'on exporte d'ici beaucoup de légumes à Constantinople et dans d'autres ports ; mais ils doivent se trouver dans
des jardins spéciaux, entourés de murs, puisqu'on ne les aperçoit
en aucun endroit de l'horizon.

Beaucoup de monde, sur le quai, quand nous avons débarqué.
Les rues sont bien tenues ; tout le monde semblait actif et affairé.
Nous avons été d'abord chez le consul, qui a eu l'amabilité de

mettre à notre disposition un domestique pour nous conduire à une boutique d'antiquités, située tout au bout de la ville haute. On y arrive par un interminable escalier, composé de marches exposées au soleil et tellement encaissées que l'air n'y arrive pas. Malheureusement, le propriétaire était parti pour Athènes, et avait emporté ses objets les plus curieux, si bien que nous n'avons trouvé à acheter que quelques jolies tasses en vieil argent, et une croix très bien sculptée, terminée par un petit morceau de la « vraie croix », retenu par un peu de cire. Cet annexe la rendait très précieuse, et il a fallu débattre longtemps le prix de l'objet pour en devenir propriétaire. Nous sommes allés ensuite à l'*Hôtel de la Ville*, dans un square, où l'on nous a servi un très bon *luncheon* et d'excellent vin de la Grèce. Après quoi, Mabelle, Muriel et moi, avons pris des ânes, pendant que nos amis allaient à pied, pour faire l'ascension de montagnes qui s'elèvent derrière la ville, et d'où l'on a une vue charmante sur la mer et les îles voisines. Ténos, avec ses blancs villages perchés sur les hauteurs, n'est pas loin de là; en face, on aperçoit Délos. Le muletier nous a conduits à un très beau jardin bien cultivé, arrosé au moyen d'une vieille roue à eau à laquelle des vases en terre étaient attachés avec des liens de jonc. Le jardinier nous a donné des oranges, des citrons et un bouquet de myrte, de géranium et de verveine.

A notre retour à bord, nous avons eu le plaisir de trouver un gros paquet de journaux, de nouveaux livres et toutes sortes d'objets utiles qui venaient d'arriver d'Angleterre. Demain, nous devons aller dans une baie située de l'autre côté de l'île, où le vent du sud-ouest souffle dans toute sa violence, en provoquant un soulèvement des flots qu'on dit des plus imposants.

Mardi, 17 *décembre.* — La brise est moins fraîche, quoique le baromètre soit encore bas. Aussi avons-nous envoyé à terre des télégrammes et des lettres, et nous voici une fois de plus en route pour la vieille Angleterre. Si nous avions été moins pressés de revenir, nous eussions certainement hésité à partir, car le baromètre n'est pas encourageant, et l'on nous a dit que, dans cette saison, on devait se tenir sur ses gardes dès qu'il était au-dessous de 760, ce qui est précisément le cas. Néanmoins, nous avons levé l'ancre. L'appareillage et la sortie du port se sont effectués sans encombre ; nous avons défilé à la voile entre Siphanto, Paros et Antiparos ; à la tombée de la nuit, Polykandro était devant nous.

Paros paraît très fertile ; au milieu, s'élève le mont Elias, haut de 700 mètres environ ; du large, on découvre la ville composée de maisons blanches éparpillées de tous côtés ; les couvents et les monastères y sont en grand nombre. Elle a été bâtie sur les hauteurs, à cause des pirates qui infestaient l'île.

Aujourd'hui, le temps a été froid et désagréable ; le vent a fraîchi un peu pendant la nuit, en même temps que le baromètre inclinait à remonter. Nous avons dépassé Milo.

Mercredi, 18 *décembre*. — Journée d'anxiété. Si nos amis d'Angleterre avaient pu nous voir sur cette mer démontée, ils auraient ressenti plus d'une inquiétude à notre endroit, d'autant mieux que le yacht nous a encoré joué le mauvais tour de ne pas obéir à sa barre, quand nous avons voulu virer [1] sous notre voilure de cape. Il faudra passer une inspection sérieuse des étais et des haubans qui soutiennent les voiles.

Le vent soufflait encore plus fort que vendredi dernier ; du moins nous trouvions-nous davantage à sa merci. Il sifflait, mugissait, grondait avec furie ; on eût dit vraiment qu'il criait dans les cordages. Avec cela, une mer horrible et un ciel de plus en plus menaçant. J'ai engagé Tom à revenir sur Milo, mais il lui en coûtait de perdre tout le gain de la journée d'hier. Cependant, le baromètre baissant toujours, il s'est décidé à virer vers midi et à fuir devant le temps, presque sans voile. Ce fut un terrible moment. Poussé par les flots, par les vents, le *Sunbeam*, au milieu de ces énormes lames qui semblaient prêtes à l'engloutir, qui le frappaient, qui le secouaient dans tous les sens, qui embarquaient parfois sur le pont, qui ébranlaient les embarcations, qui se bri-

1. C'est-à-dire changer la direction du navire par rapport

saient dans le gréement, le *Sunbeam* avait l'air d'un pauvre jouet
aux mains d'un géant en colère. Jamais je n'ai vu Tom plus inquiet
et ce fut pour nous tous un grand soulagement quand la pointe de
Milo se dressa près de nous, comme une barrière protectrice
contre la fureur des flots.

Mais la force du vent croissait encore, et, sans le concours de
la machine dont on avait pris soin d'allumer les feux durant notre
course échevelée, nous n'aurions pu atteindre le port. Il y eut
encore là un instant critique. Lorsqu'on s'est aperçu que le vent
s'opposait à l'entrée dans Milo, la pression n'était pas suffisante
pour faire tourner l'hélice. De là nécessité d'attendre, en mettant
en panne tant bien que mal, et, comme nous étions près de terre,
il eût pu arriver que nous fussions contraints de reprendre le large
si la vapeur n'avait pas été prête au bon moment. Enfin le commandement d' « en avant, à toute vitesse » a retenti ; l'ange qui
orne notre avant a tourné ses ailes vers le refuge souhaité, et nous
nous sommes enfin retrouvés en eau plus calme, après une série
d'heures mouvementées et d'angoisses cruelles. Je ne crois pas
avoir jamais vu de pareilles lames ; sans les dangers que nous
courions, le spectacle eût été des plus grandioses et des plus dramatiques.

En ce moment, nous sommes mouillés à l'abri du mont Elias.
Il faisait tout à fait sombre, quand on a laissé tomber l'ancre, et
Tom a dû déployer tous ses talents de pilote pour diriger le yacht
au milieu de cette obscurité. Il a d'ailleurs pleinement réussi, et
j'ai été toute surprise en voyant le lendemain matin combien l'emplacement choisi par lui pour le mouillage, était commode et sûr.
La journée a été bien dure pour lui, responsable du navire, responsable surtout de l'existence des siens et de celle de l'équipage,
aux prises avec un coup de vent comme nous n'en eûmes jamais
durant notre voyage autour du monde. Il a l'air d'avoir vieilli de
dix ans dans les dernières vingt-quatre heures.

Enfin, nous voici en lieu à peu près sûr ; il vente encore, voire
si fort, qu'on ne peut marcher sur le pont qu'en allant de cordage
en cordage ; mais, avec deux ancres dehors, de nombreuses brasses

de chaîne au bout de chacune, et la machine prête à tourner, il n'y a pas grand'chose à craindre. Aussi, a-t-on soupé tranquillement, en faisant force plans pour le lendemain.

J'ai souvenir d'une journée que nous passâmes à Milo, il y a quatre ans, et d'une charmante promenade entre des murs bâtis avec des fragments de sculpture et des marbres de couleur. L'objet de l'excursion était la petite ville de Castro, puis l'amphithéâtre, où l'on trouve encore de superbes colonnes de marbre. Avec de la patience et la permission de faire des fouilles, on recueillait de très curieux débris; les habitants vendaient des antiquités, même à des prix assez avantageux, parce que les paquebots ne passant pas par l'île, ils ont peu d'occasions de s'en défaire. C'est une expédition de ce genre que nous nous proposons pour demain ; les enfants sont ravis de songer qu'ils monteront à âne.

CHAPITRE DOUZIÈME

19 *décembre*. — Après avoir continué en tempête une
bonne partie de la nuit, le vent s'est calmé soudain. Aussi, en
me réveillant, ai-je appris que Tom voulait profiter de l'accalmie
pour reprendre immédiatement la mer. Ç'a été pour nous tous
un vrai désappointement : pour ceux qui désiraient revoir l'île,
aussi bien que pour ceux qui ne l'avaient pas encore visitée et
dont la curiosité avait été éveillée par nos descriptions de la veille.
Mabel et le docteur se désolaient; les enfants regrettaient leur
promenade à âne; mais mes efforts pour obtenir un sursis de
quelques heures ont été vains, et je dois reconnaître, qu'étant
donnée la nécessité où nous sommes de revenir en Angleterre le
plus promptement possible, il est sage de profiter de toutes les
occasions. Quant à Tom, la nuit l'a reposé; il est plus dispos que
jamais. Nous sommes donc partis vers huit heures, faisant bonne
route sous vapeur, mais affreusement secoués par une grosse houle
qui a survécu au temps d'hier. A midi, on reconnaissait les rocs

1. Ou Mélos.

Falconera et Karavi ; un peu avant la nuit, nous passions entre le cap Malée et l'île de Cerigo, l'ancienne Cythère.

Le cap Malée est une grosse masse de terre, hardiment découpée, et inaccessible du côté de la mer, sauf en un point où un ermite s'est bâti une maison. Plusieurs de nos hommes, qui ont été dans ces parages au cours de voyages dans la Méditerranée, et qui l'ont aperçu, sans d'ailleurs lui parler, rapportent qu'il est très âgé ; sa longue barbe grise descend jusqu'à la ceinture. Il cultive avec soin le petit espace de terre qui entoure sa cabane ; des chèvres et des poules complètent son étroit domaine. Souvent, des steamers et des yachts approchent pour lui laisser des biscuits et de l'huile. Ils font marcher le sifflet de la machine pour l'avertir, et amènent une embarcation ; lui, descend au rivage, dépose des légumes et des œufs et se retire derrière un roc. Alors, le canot vient à son tour mettre à terre les vivres destinés à l'ermite, qui sort de sa cachette et s'en empare dès que les matelots se sont éloignés. On voit que le vieux solitaire s'en remet absolument à la bonne foi d'autrui ; pour l'honneur de mes semblables, j'espère qu'il n'a jamais à s'en repentir.

Il paraît, si j'en crois la légende, que cet étrange vieillard est un ancien armateur d'Athènes, qui, à trois reprises, fit naufrage sur le cap Malée, perdant chaque fois son navire et une partie de l'équipage. A la fin, pris de désespoir et se croyant maudit, il fit le vœu de passer le reste de ses jours sur ce cap solitaire, avec lequel on ne communique que par la mer. Nous avons fait jouer le sifflet, mais sans succès ; et, comme nous sommes à court de temps, nous n'avons pas voulu essayer d'un débarquement qui aurait pu rester aussi infructueux que nos appels. La nuit s'est passée tranquillement, sans incident d'aucune sorte.

Vendredi, 20 *décembre*. — Une jolie petite brise du matin a permis de marcher quelque temps à la voile ; elle n'a pas duré malheureusement, et il a fallu remettre à la vapeur. Toujours beaucoup de houle.

Samedi, 21 *décembre*. — Le vent est revenu; mais sa direction ne nous est pas très favorable, et il a fallu naviguer au plus près toute la journée. Beaucoup de discussions sur le point de savoir : d'abord si nous irons à Malte chercher nos lettres, ensuite si les enfants et moi quitterons le yacht à Malaga ou à Marseille, pour revenir par le chemin de fer en Angleterre. Ce dernier sujet a été agité si souvent déjà, qu'il me semble que j'ai déjà fait plusieurs fois le voyage en wagon qui nous est réservé.

Dimanche, 22 *décembre*. — Tom a lu le service à onze heures ; mais l'auditoire était peu nombreux, en raison du temps qui est redevenu mauvais. Au milieu des prières, un grain est survenu, qui a obligé tout le monde à courir à son poste. On espérait voir Malte au coucher du soleil[1], au moins de la mâture ; c'est seulement après neuf heures qu'on a aperçu le feu du phare. Le temps était des plus désagréables, et chacun s'est couché de bonne heure.

J'imagine qu'enfin je suis faite à la mer. Jamais, depuis dix-huit ans, je ne me suis sentie complètement bien à bord ; les cinq coups de vent, qui se sont succédé dans l'espace de onze jours, ont eu au moins le bon côté de m'aguerrir définitivement. Voilà deux jours que je puis lire, écrire et manger sans être incommodée par les mouvements du navire.

Lundi, 23 *décembre*. — Ce matin, à cinq heures, nous étions à la hauteur de la pointe est de l'île de Malte, et peu d'instants plus tard nous défilions, toujours poursuivis par la houle, entre le fort Ricasoli et le fort Saint-Elme. Quel repos d'être enfin dans un port où l'on est à l'abri de la mer et du vent! Tous les navires sur rade avaient leur pavillon en berne, et nous avons cru un instant que ce signe de deuil indiquait la mort du gouverneur. Mais la première embarcation qui a accosté le yacht nous a appris qu'il s'agis-

---

1. C'est toujours à l'instant du coucher du soleil qu'on aperçoit le mieux la côte, lorsqu'on en est à distance convenable.

sait de la princesse Alice. Quel chagrin pour la reine et pour toute la nation ! Car la princesse était aimée de tous ceux qui avaient le bonheur de la connaître.

Dès notre arrivée, des amis sont venus à bord et nous ont emmenés à terre, où nous attendaient déjà notre vieux cocher et notre vieille voiture d'autrefois. Les enfants y ont pris place, pendant

Le pont, par un temps calme.

que nous remontions à pied les rues escarpées de la ville. J'ai toujours aimé Malte et, à mesure que j'y reviens, je m'y attache davantage, quoique les trois mois que j'y ai passés, très malade, n'aient pas été de nature à me laisser de bons souvenirs. Tout le monde est aimable pour nous, le climat est excellent, le port très animé ; je ne sais pas d'endroit où l'on puisse passer plus agréablement l'hiver.

L'Opéra est bon ; la société, pleine d'entrain. Cette fois, j'ai pris un intérêt particulier aux maisons et aux rues. Pour qui arrive,

comme nous, de Rhodes, il est clair que les chevaliers ont importé
ici l'architecture de leur île favorite. Le palais, les «auberges » de
Bavière, de Provence et de Castille sont des reproductions aug-
mentées des édifices originaux de Rhodes.

En ce moment, et vu l'approche de la
fête de Noël, la ville est pleine de fleurs ;
les petits kiosques, aux coins des rues,
regorgent de bouquets ; on respire de tous
côtés les senteurs de la rose, de l'hélio-
trope et de l'œillet. Tout le
long de la *Strada Reale,* les
marchands nous appelaient
pour que nous entrions dans

L'ermite du cap Malee.

leurs boutiques. Après avoir lunché à l'*Hôtel d'Angleterre,* où l'on
nous a reçus en vieilles connaissances, nous nous sommes pro-
menés en voiture, au champ de courses et à San-Antonio. Dans
l'après-midi, j'ai fait quelques visites, sans avoir la chance de ren-

contrer personne. Le soir, nous avons été entendre la *Norma*, et nous devions, ensuite, assister à un bal ; mais Tom est si fatigué par les cinq dernières nuits qu'il a passées presqu'entièrement debout, que, d'un commun accord, nous avons préféré revenir à bord.

Mardi, 24 décembre. — J'étais levée à quatre heures, pour pouvoir écrire à mon aise. Nous avions décidé hier de fêter la Noël ici ; mais Tom ayant absolument besoin d'être en Angleterre à une date déterminée, il faut profiter du beau temps et se remettre courageusement en route, malgré toutes les séductions de Malte. Ce sera pour ce soir. Les enfants, les domestiques et l'équipage sont désolés d'être en mer un jour de *Christmas;* ils oublient vite les coups de vent que nous avons eus et tiennent peu de compte de la nécessité d'en éviter de nouveaux, en profitant, pour naviguer, des jours qui s'annoncent comme beaux. Au reste, ils auront les cadeaux habituels, car je suis allée à terre précisément pour les acheter. Quelle animation dans les rues, que de fleurs surtout; elles sont particulièrement destinées aux églises qui ressembleront demain à de véritable serres! Les étalages étaient naturellement très soignés, pleins de verdure mêlée à des objets de toute espèce; je n'ai eu, pour mes emplettes, que l'embarras du choix.

Dans la journée, nous avons eu toute une réception d'amis anciens et nouveaux, qui sont venus nous voir et visiter le yacht. En même temps, le *Sunbeam* était entouré de barques, où se débitaient toutes sortes de choses, depuis des légumes jusqu'à des animaux morts ou vivants, depuis des pièces de dentelle jusqu'à des morceaux de corail. Muriel s'est enthousiasmée pour une famille de petits cochons d'Inde, qu'un homme exhibait dans une embarcation ; mais nous avons jugé qu'il y aurait là des compagnons de voyage peu agréables, et nous nous sommes abstenus de les joindre à notre effectif. Toute cette flottille ne s'est retirée qu'en entendant le bruit de l'hélice, et nous étions déjà en route que les bras s'étendaient encore vers nous, tenant qui une éponge, qui une botte de légumes, qui un bouquet. Bientôt, la ville blanche, à l'aspect oriental, a disparu à l'horizon ; nous voici de nouveau en mer, et chacun, j'en suis sûr, en a regret. Quitter un lieu qu'on aime, de vieux amis, des connaissances aimables, cause toujours une impression de tristesse. Puis, c'est la dernière halte que nous faisons probablement, avant de toucher au terme d'une expédition qui, sans être aussi mouvementée que notre voyage autour du monde, n'a pourtant manqué ni de charme, ni d'attrait, et quelles que soient les joies du retour, elles n'empêchent pas de songer avec quelque chagrin à celles qu'on laisse derrière soi.

CHAPITRE TRÉIZIEME

Mercredi, 25 *décembre*. — Le service religieux a été dit de bonne heure, et la matinée s'est passée à arranger les cadeaux destinés aux enfants, aux domestiques et à l'équipage, ainsi qu'à décorer la cabine. Nous n'avons pas pu nous procurer du houx; mais du gui rapporté de la baie d'Artaki et des fleurs prises à Malte en profusion ont permis de festonner les tableaux, les lustres et les murs avec des guirlandes de toutes sortes, pendant que dans tous les coins et tous les vases vides s'étalaient de gros bouquets. Si la fête n'a pas tout l'éclat qu'elle eût pu prendre en Angleterre, l'aspect général n'en a pas moins été satisfaisant.

L'office et la cuisine n'ont pas été moins occupés. On y a préparé toute espèce de bonnes choses pour le dîner et des sucreries pour le dessert, en quantité suffisante pour que l'équipage en eût sa large part. Il n'a pas été possible d'avoir un arbre de Noël ni un « père Noël » pour la distribution des présents; mais les tables et les étagères ont disparu sous les tapis, les châles,

les écharpes, et de jolies cartes portant le nom du destinataire ont indiqué à chacun où il trouverait, parmi les fleurs, le souvenir qui lui était consacré.

Nous nous étions donné beaucoup de peine, Mabelle et moi, pour que cette dernière partie du programme plût à tout le monde ; j'espère qu'on en aura été content. Pour les hommes, il y avait du tabac, des livres, des objets utiles ; pour les enfants, des jeux ; pour nous, des pantoufles et différents petits souvenirs récemment achetés ou envoyés d'Angleterre. Deux ou trois *speeches* et de nombreux échanges de compliments et de vœux ont fait suite à la distribution ; puis les matelots et les domestiques ont été dîner, ce qui n'était pas pour eux la partie la moins intéressante de la journée. Nous avons bu à la santé des absents.

Beau temps, mais une grosse houle qui nous a empêchés d'admirer à notre aise la belle côte occidentale de la Sicile. J'ai découvert ce soir que je n'étais pas encore aussi habituée que je l'espérais, aux mouvements du navire ; le mal de mer m'a prise, comme si je n'avais jamais navigué de ma vie. Heureusement que nous marchions très vite ; c'était une consolation.

Jeudi, 26 *décembre*. — Charmante matinée le long de la côte de Sicile, pleine de villages, de collines, de montagnes, avec l'Etna couvert de neige au second plan. De ce côté pourtant, le paysage est moins imposant que sur la côte nord, du cap Faro à Palerme. C'est toujours pour moi un étonnement que nos yachts ne viennent pas plus souvent dans ces parages. Ils abondent en ports abrités, en sites ravissants et en endroits intéressants. Le climat est excellent toute l'année ; les fleurs et les fruits poussent en profusion. Quant aux brigands, il se peut qu'il y en ait encore dans l'intérieur ; mais on est parfaitement en sûreté dans toute la zone qui avoisine la côte.

Vendredi, 27 *décembre*. — Toute la nuit, le maître d'équipage est venu déranger Tom pour lui demander des instructions, et, me voyant éveillée par ces allées et venues, je me suis levée à deux heures pour écrire jusqu'à cinq. Nous continuons à marcher à la voile et à être tourmentés par la houle. Comme il faut faire ses paquets et s'apprêter à quitter le yacht, cette dernière circonstance ne laisse pas d'être gênante, vu le mouvement perpétuel qu'elle occasionne. Malgré un courant contraire, nous avons fait 216 milles dans les dernières vingt-quatre heures.

Samedi, 28 *décembre*. — Vent debout. Au petit jour, nous étions à vingt milles de Toulon et à vingt-cinq de Marseille. On a allumé les feux, et c'est à la vapeur que nous avons longé la côte rocheuse qui avoisine le grand port français. Cette rive sauvage et aride ne manque pas, d'ailleurs, de grandeur, surtout quand un soleil éclatant rougit les rocs et plonge ses rayons dorés dans le bleu foncé de la mer. Seulement, le froid est si pénétrant aujourd'hui, qu'il a empêché de jouir du spectacle. Un pilote nous a entrés dans le port, où nous avons trouvé deux yachts, la *Sultana* et le *Cuckoo* [1], près desquels nous avons mouillé. Combien le bruit de l'ancre tombant pour la dernière fois, a été triste à entendre ! C'est qu'il annonce aujourd'hui la fin d'un voyage agréable, et le retour aux devoirs et aux responsabilités de la vie.

Michel Venture, qui vint avec nous de Smyrne à Éphèse, en 1874, fut des premiers à accourir à bord pour nous offrir ses services ; il a été bientôt suivi des blanchisseuses, fournisseurs, commissionnaires et autres visiteurs de tout navire nouvellement arrivé. Nous avons trouvé des paquets de lettres et de journaux chez le consul ; puis nous avons dîné en bande à la table d'hôte de l'*Hôtel de Noailles*, où le hasard m'a fait asseoir en face de la fameuse Thérésa. Je ne l'avais jamais vue en dehors de la scène, et je lui ai trouvé très bonne tenue. Le soir, nous avons entendu la *Périchole*, qu'on jouait au Gymnase.

Dimanche, 29 *décembre*. — A l'issue de l'office religieux célébré dans une petite église anglaise, encore toute décorée à l'occasion

1. Le Coucou.

des fêtes de Noël, nous avons fait une longue promenade en voiture sur la route dite de la Corniche : superbe œuvre d'art taillée dans le roc, le long de la mer, avec d'admirables points de vue. L'excursion s'est terminée par une visite à la foire des *presepios* qui se tient à cette époque-ci de l'année dans le voisinage du Prado.

Cette foire rappelle les boulevards de Paris, aux approches du premier janvier. On y voit des centaines de baraques en bois, élevées sous les arbres et remplies de sucreries, de jouets, d'objets de toutes sortes, notamment de *presepios*, qui sont particulièrement en faveur auprès du public.

Ce sont de petites maisons en bois, de toutes les tailles et de tous les styles, représentant l'étable où naquit le Christ, y compris la paille et le foin, l'âne et le bœuf, Marie et Joseph, voire l'enfant Jésus recevant l'hommage des bergers, ou étendu dans sa crèche. La grandeur et le nombre des personnages varient naturellement avec le prix, lequel, à son tour, peut s'élever depuis cinquante centimes jusqu'à deux mile cinq cents francs. Beaucoup de monde à cette foire, mais une foule de belle humeur, marchandant, achetant et se bousculant, sans jamais créer de désordre. Une brave femme qui avait perdu son fils et qui le réclamait à tout venant, en célébrant ses qualités physiques et ses charmes intellectuels, l'a retrouvé dans les bras d'un paysan et lui a administré, séance tenante, une magistrale correction. Les enfants ont pris un vif intérêt à toutes les phases de cette scène, à la dernière notamment ; je suis sûre qu'ils en parleront longtemps.

Marseille a bien changé depuis notre dernier voyage. Les nouveaux bassins, entre autres choses, sont terminés. Nous sommes à l'extrémité de l'un d'eux, et la course est longue pour revenir à bord.

Lundi, 30 *décembre*. — Tout le monde s'est levé de bonne heure pour faire les paquets : paquets d'objets à emporter et d'objets à laisser, pour qu'ils soient expédiés à notre suite. Comme le yacht reste ici pour quelque temps et que toutes nos acquisitions de cinq derniers mois sont à bord, l'emballage n'a pas été une mince affaire. Le pont était couvert de caisses, de foin, de paille, de toile, de rognures, sans parler des chiens, chats, oiseaux, etc., qui se sont ajoutés à notre collection d'animaux. Les étrangers et les amis qui sont venus nous voir au milieu de cette confusion, auront emporté une pauvre opinion de nos habitudes d'ordre.

Pour occuper les enfants et les empêcher de gêner les préparatifs de départ, je leur ai fait faire une promenade en voiture, après avoir achevé le gros de mes apprêts personnels. Nous avons longé le nouveau port, plein de navires de toutes sortes, et regardé les vastes magasins qui l'entourent. Cette partie de Marseille est très curieuse. En même temps que se construisait le port, on a bâti auprès une nouvelle ville, avec de belles rues et de vastes maisons ; mais, pour une raison ou pour une autre, ces demeures sont restées sans habitants, ou bien elles sont louées par des gens pauvres. Il en résulte que sous les grands porches, soutenus par des cariatides, garnis d'ornements en fer travaillé, on voit pendre des haillons ou sécher du linge. Le contraste est singulier et donne à ce quartier un aspect particulièrement misérable.

Près du port de la Joliette, au contraire, bien que les maisons soient petites et modestes, tout le monde semble occupé, à son aise, et il y règne une animation de bon augure.

La Cannebière, ou grande rue de Marseille, conduit directement du port à l'extrémité de la ville ; elle me rappelle, quoique moins longue, la Broadway de New-York, avec ses boutiques, ses maisons, ses arbres et ses passants de toutes les nations. De chaque côté, à angle droit, il y a de belles promenades plantées d'arbres et bordées de grandes maisons.

Après une nouvelle halte à la foire, réclamée par les enfants, nous sommes revenus à bord pour y prendre notre bagage dont il a fallu ensuite régler l'entrée avec la douane ; puis est venue l'heure des adieux. Le yacht est pour nous un second *home* ; l'équipage est presque de la famille ; il y a, parmi ces braves gens, des matelots qui sont à notre service depuis quinze et seize ans. Tous ont fait leur devoir pendant cette traversée ; tous se sont efforcés de nous rendre la vie facile et plaisante ; les regrets qu'ils éprouvent à nous voir partir sont amplement partagés. Maîtres et serviteurs, enfants, amis, marins, tout le monde avait des larmes dans les yeux en se quittant, et les vœux échangés furent vraiment sincères.

Adieu, cher vieux *Sunbeam,* et à bientôt, je l'espère. Tu as bien rempli ta mission, tu nous as, bravement et sûrement, portés à travers les mers. L'affection que l'on voue au coursier favori, l'attachement qu'on ressent pour une maison aimée, pleine de chers et anciens souvenirs, tu y as droit et tu l'obtiens. Bonne chance : *Fare thee well.*

Rendez-vous de chasse, à l'abbaye de Battle.

CHAPITRE QUATORZIÈME

RETOUR AU « HOME »

Le reste de notre voyage offre peu d'intérêt. Après avoir passé une semaine à Paris, au milieu des curiosités et des séductions que cette grande ville présente toujours, même à ceux qui l'ont visitée le plus souvent, nous nous sommes embarqués le 8 janvier au matin, à Boulogne, et, dans l'après-midi, nous revoyions notre cher bourg de Battle [1].

De nouveau [2], les cloches ont salué notre retour par de joyeuses

1. Bourg où eut lieu la bataille dite d'Hastings, et près duquel est située Normanhurst Court, résidence de l'auteur.
2. Allusion au dernier chapitre du *Voyage d'une Famille autour du monde.*

volées ; de nouveau, des visages amis se sont montrés à toutes les portes, pour nous souhaiter la bienvenue ; de nouveau, nos gens ont couru à notre rencontre, heureux de nous saluer et de nous revoir.

Les animaux eux-mêmes paraissaient joyeux et affairés. Les chiens sautaient et aboyaient ; les chevaux et les poneys hennissaient ; les singes gambadaient ; les perroquets criaient ; les oiseaux gazouillaient et sautillaient ; les plus petits de nos pinsons s'agitaient. Les daims, les autruches, les cygnes, les canards, couraient à nous pêle-mêle, en entendant les grelots de notre attelage. Beaucoup de ces animaux proviennent de notre voyage autour du monde, et ont, semble-t-il, gardé un bon souvenir des soins qu'ils ont reçus à bord. Notre vieille vachère prétend que les vaches elles-mêmes mangent mieux, quand elles nous sentent à la maison !

Décidément le *home* est le meilleur des séjours, et il n'est pas de joie qui vaille celle qu'on éprouve à se voir fêté par tout le monde, à se retrouver au milieu de figures et de paysages amis. Les régions que nous venons de parcourir jouissent d'un soleil incomparable, d'un ciel bleu, d'un air tiède ; mais la vieille Angleterre a, elle aussi, ses charmes, même dans cette saison, ne fût-ce que les grandes chasses à courre, à travers les champs et les bois du comté de Sussex.

J'ai terminé le chapitre précédent, toute triste de quitter notre ami, le *Sunbeam*. Je clos celui-ci, heureuse d'être de retour, et pleine de reconnaissance pour les nombreux amis qui nous donnent, en ce moment, tant de marques précieuses de leur fidèle et affectueux souvenir.

NOMS DES PERSONNES

PRÉSENTES A BORD

LORS DE NOTRE DÉPART DE PORTSMOUTH

Le 13 septembre 1874.

THOMAS BRASSEY, membre de la chambre des Communes, propriétaire du yacht.

ANNIE BRASSEY,

G. EVELYN ROBINSON,

Hon. A. Y. BINGHAM,

HERBERT SWIFT, laissé à Gibraltar (21 septembre).

THOMAS ALLNUTT BRASSEY (« Tab »), laissé à Gibraltar (21 septembre).

MABELLE ANNIE BRASSEY, laissée à Gibraltar (21 septembre).

MURIEL AGNÈS BRASSEY « (Muñie) ».

VANDELEUR CRAKE (arrivé à Constantinople le 7 novembre, laissé à Messine le 12 décembre).

FRANCES HOME *nurse* (nourrice).

EMMA WILLIAMS, femme de chambre.

SOPHIA FISHES, femme de chambre des enfants, laissée à Gibraltar.

THOMAS HARRIS, premier *steward*.

FREDERIC PARSONS, *steward* du salon.

GEORGE SOULE, mousse, attaché au service de la salle à manger.

WILLIAM CARTRIDGE, cuisinier.

EBENEZER SOUTHGATE, aide de cuisine.

Thomas Powell, cuisinier de l'équipage.
Wallace C. Howlen, aide de cuisine de l'équipage.
Isaiah Powell, premier premier-maître.
Henri Kindred, second maître.
William Check, charpentier.
Carles Cook, timonier.
Benjamin Walford, patron du grand canot.
John Fale,   »   du second grand canot.
William Percival,   »   de la guigue.
Joseph Wade,   »   du youyou.
John Walford, chargé du magasin des vivres.
James C. Allen, matelot breveté.
Jesse Crranfield,   »   »
Henry Parker,   »   »
Samuel Wade,   »   »
William Sibborn,   »   »
George Clark,   »   »
James Harris,   »   »
Edgar ones,   »   »
Robert Rowbotham, mécanicien.
Adam Russell, second mécanicien (laissé à Constantinople).
Georges Salisbury, chauffeur.
T. Kirkham, chauffeur.

NOMS DES PERSONNES

PRÉSENTES A BORD

LORS DE NOTRE DÉPART DE PORTSMOUTH

Le 20 septembre 1878.

THOMAS BRASSEY, membre de la chambre des
    Communes, propriétaire du yacht.
ANNIE BRASSEY,
MABELLE ANNIE BRASSEY,
MURIEL AGNÈS BRASSEY,
MARIE ADELAIDE BRASSEY (Muñic).
Hon. A. Y. BINGHAM,
James B. HOFFMEISTER.

EMMA ADAMS *nurse* (nourrice).
HARRIETT HOWE, femme de chambre.
ISABELLE BERTHOLET, femme de chambre des enfants.
ALEXANDER PHILIPS, premier *steward*.
WILLIAM PULIN, *steward* du rouf.
HENRY PRATT, *steward* du salon.
WILLIAM PHILIPS, *steward* des chambres à coucher.
JAMES STOKES, mousse de la salle à manger.
EBENEZER SOUTHGATE, cuisinier.
JOSEPH SOUTHGATE, aide de cuisine.
ŒNEAS TURFF, cuisinier de l'équipage.
HENRI KINDRED, premier-maître.
CHARLES COOK, second-maître.
JOHN WALFORD, magasinier.

John Fahe, quartier-maître.
William Huse, charpentier.
Henry Parker, chargé de la soute aux voiles.
Henry Czanmer, patron d'embarcation.
William Moulton,
Charles Bonner (mort à Chypre),
Frederich Wilson,
Benjamin Walford,
Henry Dowman, lampiste.
William Pittuck,   matelot brevete.
James Sturmer,   »   »
Robert Hatch,   »   »
Lavid Appleby,   »   »
Henry Warren,   »   »
George Colbert,   »   »
Thomas Kirkham, premier mécanicien.
Georges Salisbury, second mécanicien.

TABLE DES MATIÈRES

PREMIER VOYAGE

CONSTANTINOPLE ET LES ILES IONIENNES

SECOND VOYAGE

CHYPRE, CONSTANTINOPLE

FIN DE LA TABLE DES MATIÈRES

ÉVREUX, IMPRIMERIE DE CHARLES HÉRISSEY